单一窗口·教育与培训资源库建设项目
国际贸易单一窗口职业技能等级考试教育与培训教材

国际贸易单一窗口操作实务

（企业资质、跨境电商、舱单申报篇）

单一窗口·教学与培训资源开发项目组 著

上海财经大学出版社

内容简介

本书依据对外贸易及海关的相关法律法规、国际贸易单一窗口操作指南等规范性文件编写，是“单一窗口·教育与培训资源库建设项目——企业资质、跨境电商、舱单申报篇”和“国际贸易单一窗口职业技能等级考试教育与培训教材”用书，是专门介绍如何通过单一窗口进行企业资质申报、跨境电商海关申报和海关舱单申报操作的实务性教材。本书的主要内容包括：对外贸易经营者登记备案申报、企业海关通用资质注册登记申报、跨境电商进出口业务海关申报和海、空运海关舱单申报等。

图书在版编目(CIP)数据

国际贸易单一窗口操作实务(企业资质、跨境电商、舱单申报篇)/单一窗口·教学与培训资源开发项目组著. —上海：上海财经大学出版社，2020.11
单一窗口·教育与培训资源库建设项目
国际贸易单一窗口职业技能等级考试教育与培训教材
ISBN 978-7-5642-3636-6/F·3636

Ⅰ.①国… Ⅱ.①单… Ⅲ.①进出口商品-海关手续-中国-职业培训-教材 Ⅳ.①F752·65

中国版本图书馆 CIP 数据核字(2020)第 178013 号

责任编辑：刘晓燕
封面设计：贺加贝

国际贸易单一窗口操作实务(企业资质、跨境电商、舱单申报篇)

著 作 者： 单一窗口·教学与培训资源开发项目组 著
出版发行： 上海财经大学出版社有限公司
地　　址： 上海市中山北一路 369 号(邮编 200083)
网　　址： http://www.sufep.com
经　　销： 全国新华书店
印刷装订： 上海景条印刷有限公司
开　　本： 787mm×1092mm 1/16
印　　张： 13.25
字　　数： 252 千字
版　　次： 2020 年 11 月第 1 版
印　　次： 2020 年 11 月第 1 次印刷
印　　数： 0001—3000
定　　价： 42.00 元

“单一窗口·教育与培训资源库建设项目系列丛书”

编委会成员

丛书序言一

随着国际贸易规模的扩大和各国及地区贸易联系的加强,"贸易的非效率"作为一种"隐形"的市场准入壁垒,越来越受到关注,促使人们开始重视贸易管理程序的合理化和规范化。贸易便利化是在非效率的壁垒得到普遍关注的前提下成熟的,它通过程序和手续的简化、适用法律和规定的协调、基础设施的标准化和改善,为国际贸易创造一个协调的、透明的、可预见的环境。

中国国际贸易单一窗口是我国国际贸易便利化的核心工作,是通过电子口岸平台一点接入,一次性输入和提交满足口岸管理和国际贸易相关部门要求的电子信息和标准化单证,相关部门通过电子口岸平台共享数据信息,实施职能管理,并将结果通过单一窗口反馈给申报人,同时申报人还可以动态地掌握事务办理的进程。单一窗口通过国际贸易供应链各参与方系统间的协同操作,优化了国际贸易业务流程,提高了物流效率,从而降低贸易成本,加快贸易进程,促进贸易便利化。

单一窗口是国际贸易行业的技术革命,给从业人员带来了新的压力和挑战。这是因为,首先,以标准化规则和基于信息技术的交易数据交换,对传统的贸易流程和单证流转进行了再造;其次,基于互联网和大数据的政府外贸管理方式的运用,重新构建了交易的业务链和数据链;最后,行业的技术革命对原有的职业培训和职业院校传统的国际贸易课程体系也带来了严峻的挑战。

职业教育的重要使命是促进充分就业并降低企业用工成本,由中国对外贸易经济合作企业协会和中国商业经济学会牵头,上海美华系统有限公司牵头组建的"单一窗口·教育与培训资源库建设项目"旨在帮助业内从业者和广大的有志于从事国际贸易的人士尽快适应这一行业的技术革命带来的变化。

该项目具有很强的时效性，能及时跟踪国家单一窗口建设步伐，并具有很强的实用性和操作性。从项目开发人员结构来看，既有我国对外贸易信息化工作的奠基者，又有职业教育课程专家和长期从事国际贸易培训与教育工作的专业教师，这个项目的课程结构、教学内容与岗位操作无缝衔接，实现了教育培训与岗位需求零距离匹配。

希望本套资源库的开发和利用能够帮助广大从业者和在校学生迅速、全面地掌握贸易便利化条件下我国国际贸易行业的新规则、新技术和新手段，为院校学生高质量就业和从业人员适应新技术、新要求提供有效的支持和帮助。

在此，感谢为本项目付出许多心血的联合国贸易网络上海中心、上海贸易数据挖掘与应用工程技术研究中心、上海路威供应链管理有限公司、上海鸿明供应链管理有限公司、东方国际集团上海对外贸易有限公司、上海琪祥报关有限公司、上海中鼎教育信息咨询有限公司、河南美华系统有限公司、福州智贸信息技术有限公司、西安智贸信息科技有限公司等单位，感谢你们无私的奉献和支持！

郑楔

中国对外贸易经济合作企业协会副会长

2019 年 12 月于北京

丛书序言二

回顾改革开放以来我国对外贸易的发展，我们可以发现一个事实，就是国际贸易的发展高度依赖于信息技术的改进和发展。对外贸易业务从传统的电报、纸质单证和信件的传送与传递，到现在的互联网数据实时交换和共享，不仅提高了国际贸易的效率，而且为世界各国贸易商更便捷、更广泛的交流提供了便利，因而大大促进了国际技术交流和货物流通。在这当中，互联网和信息技术的从业人员起着革命性的推动作用。

美华系统的前身上海市电子数据交换网络(EDI)中心，专注于上海口岸信息化建设，是对外贸易行业信息化发展的见证者、探索者和亲历者，怀揣着“数字化与智能化，让国际贸易更自由”的愿景与行业和服务对象共存、共赢。在当今以大数据和人工智能为标志的智能化时代，我们提出了智慧贸易(综合)服务生态圈的新理念，以“用技术和数据优化行业配置，构建以技术和数据为基础、以知识和商务服务为主要构成的智慧外贸综合服务体”为企业愿景。希望与行业内的不同部门、不同企业共同打造一个可持续进化的外向型经济生态圈。打造智慧外贸(综合)服务生态圈，离不开专业人才的支撑，需要一大批既懂外贸经营，又能在贸易便利化的前提下，熟练运用现代信息技术和大数据的专业化人才。

美华系统早在企业成立之初就认识到，专业人才队伍建设与信息化建设具有同等重要的意义。我们在2000年就成立了美华系统教育事业发展部，近20年来，我们与全国200多家企业和100多家职业院校共同培养专业人才，为企业和社会提供了3万多个职业培训机会，为职业院校提供了上百种国际贸易教育培训资源。

当前，以单一窗口为重要标志的国际贸易便利化全面实施，以数据的标准化和信息的高度交互为特征的政务、商务数据跨部门的维护和运用对从业人员提出了更高的专业化要求。为此,我们美华系统在中国对外贸易经济合作企业协会和中国商业经济学会的指导下,牵头成立了“单一窗口·教育与培训资源库建设项目”的开发团队,进行单一窗口背景下相关教育与培训资源的开发。

希望通过本项目的开发,能够及时弥补相关教学资源的空缺,能很好地帮助广大对外贸易从业者和有志于从事外贸工作的学生尽快地适应信息技术的发展给行业带来的变化,共同打造智慧外贸综合服务的生态圈。

上海美华系统有限公司董事长

2019年12月于上海

前　言

企业资质申报、跨境电商海关申报和海关舱单申报是国际贸易单一窗口的重要组成部分，是对外贸易经营者和报关单位资质申请、跨境电商海关申报、舱单海关申报的平台。进出口收发货人企业、报关企业、跨境电商相关企业、舱单申报相关企业可以通过单一窗口这些功能模块进行相关的业务操作。

本教材依据《对外贸易经营者备案登记办法》(商务部令 2016 年第 2 号)、《中华人民共和国海关报关单位注册登记管理规定(2017 年修正)》(海关总署令第 221 号)、《关于跨境电子商务零售进出口商品有关监管事宜的公告》(海关总署公告 2018 年第 194 号)、《中华人民共和国海关进出境运输工具舱单管理办法(2018 年修正)》(海关总署令第 172 号)和"中国国际贸易单一窗口(标准版)"发布的相关模块操作指南等规范文件进行开发。本教材在注重实务性操作技能介绍的同时，兼顾了相关理论知识的阐述，以期能使读者在学会单一窗口业务操作的同时，理解和知晓相关的背景知识和法律法规，从而对相关的管理制度和业务流程有一个较为全面、系统的了解。

本教材是"单一窗口·教育与培训资源库建设项目"的一个部分，与之配套的有实训平台、教学资源包和练习实训题库等，相关训练和资源可通过"单一窗口·教育与培训资源库"(edu. metinform. cn)查询。

本书主要的编者(以姓氏笔画为序)有朱京、陈文培、张艰伟、杨佳俊、倪轶帆、顾志浩、韩麟、曹佳旋、董鑫等。

本书是国际贸易单一窗口职业技能等级考试教育培训教材，可以作为职业院校相关课程的教学用书，也可以供从事企业关务工作的人员参考使用。

由于国际贸易单一窗口处于边建设、边运用阶段，其内容在不断地充实、调整和完善，我们的工作将会随着国际贸易单一窗口的发展而进行充实、调整。由于我们的能力有限，本书难免有疏漏和错误，恳请同行和专家提出宝贵意见，我们的联系方式是 singlewindow-edu@metinform.cn。

单一窗口·教学与培训资源开发项目组
2020 年 5 月于上海

目　录

项目一　对外贸易经营者资质申请

项目内容

1. 对外贸易经营者管理规定
2. 对外贸易经营者备案登记规定
3. 办理对外贸易经营者备案登记程序
4. 单一窗口企业资质申报系统
5. 办理单一窗口对外贸易经营者备案登记申请

活动一　对外贸易经营者备案登记

对外贸易管制制度，是指一国政府为维护国家安全和宏观经济利益，以及为履行所缔结或加入的国际条约的义务，为对本国的对外贸易活动实现有效管理，而设立的各种制度、相应机构及其活动的总称，又称进出口贸易管制或贸易管制。贸易管制是一种综合管理制度，主要由海关监管制度、关税制度、对外贸易经营者管理制度、进出口许可制度、出入境检验检疫制度、进出口货物收付汇管理制度以及贸易救济制度等构成。

一、对外贸易经营者管理

对外贸易经营者，是指依法办理工商登记或者其他执业手续，依法从事对外贸易经营活动的法人、其他组织或者个人。为了保障对外贸易经营者的自主经营权，规范其行为，我国制定了《中华人民共和国对外贸易法》(以下简称《外贸法》)及其相关法律、行政法规和部门规章。这些法律、行政法规和部门规章构成了我国对外贸易经营者管理制度。对外贸易经营者管理制度是我国对外贸易管制制度的一个重要组成部分。

对外贸易经营者备案登记是对外贸易经营者管理制度的核心。经过备案登记的对外贸易经营者可以在法律法规的框架内自主地进行贸易活动。但是，对部分关系到国计民生的重要进出口商品，实行国有贸易管理。实行国有贸易管理商品的进出口业务，只能由经授权的企业经营。国有贸易管理的商品和授权企业实行目录管理。目前，我国实行国有贸易管理的商品主要包括：玉米、大米、煤炭、原油、成品油、棉花、锑及锑制品、钨及钨制品、白银等。

二、对外贸易经营者备案登记

1. 备案登记

为促进对外贸易发展，规范对外贸易经营者备案管理，商务部根据《外贸法》第九条的有关规定，制定了《对外贸易经营者备案登记办法》(以下简称《备案登记办法》)，它是对外贸易经营者备案登记的指导性文件。

《备案登记办法》规定，“从事货物进出口或者技术进出口的对外贸易经营者，应当向国务院对外贸易主管部门或者其委托的机构办理备案登记”；商务部是全国对外贸易经营者备案登记工作的主管部门；备案登记工作实行全国联网和属地化登记管理。从事货物进出口或者技术进出口的对外贸易经营者，应当向商务部或者其委托的机构办理备案登记。对外贸易经营者未按照规定办理备案登记的，海关不予办理进出口货物的报关验放手续。

《备案登记办法》规定，对外贸易经营备案登记申请者，须通过指定的信息化平台申请，备案登记机关应自收到对外贸易经营者提交的相关材料之日起 5 日内办理备案登记手续，并在“对外贸易经营者备案登记表”(以下简称“登记表”)上加盖备案登记印章。已经依法取得货物和技术进出口经营资格的，只能在核准的经营范围内从事进出口经营活动，如需从事超出原核准经营范围的进出口经营活动，仍需按照规定办理备案登记。

业务链接

对外贸易经营者备案登记的信息化平台

1. 商务部业务系统统一平台(企业端)：http://iecms.mofcom.gov.cn
2. 中国国际贸易单一窗口——资质申报：https://www.singlewindow.cn

完成备案登记的对外贸易经营者，应凭加盖备案登记印章的“登记表”在 30 日内到当地海关以及检验检疫、外汇、税务等部门办理开展对外贸易业务所需的有关手续。

2. 登记备案变更

已经取得对外贸易经营者资质的企业，如其“登记表”上的任何登记事项发生变更，都需办理登记备案的变更手续。企业应在变更之日起 30 日内，通过注册登记平台发起变更申请。如果逾期未办理变更手续，其"登记表"自动失效。备案登记机关在收到对外贸易经营者提交的变更申请后，会在给定的时间内予以办理变更手续。

如果对外贸易经营者已经在工商部门办理注销或者被吊销营业执照，自营业执照注销或被吊销之日起，其"登记表"自动失效。

三、对外贸易经营者备案登记程序

从事货物进出口或者技术进出口的对外贸易经营者，可向注册地商务部门申请办理对外贸易经营者备案登记，但法律、行政法规和商务部规定不需要备案登记的除外。

1. 备案登记流程

从事货物进出口或者技术进出口的对外贸易经营者，可向注册地商务部门申请办理对外贸易经营者备案登记，但法律、行政法规和商务部规定不需要备案登记的除外。对外贸易经营者备案登记的一般流程如图 1-1-1 所示。

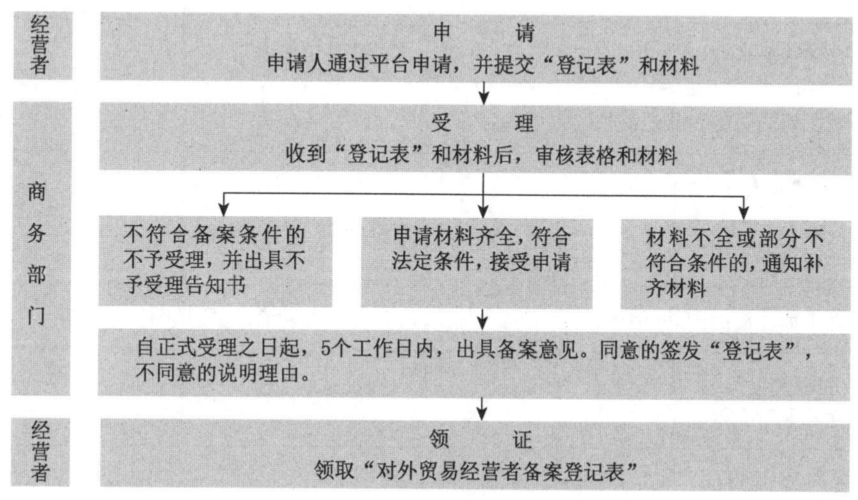

图 1-1-1　对外贸易经营者备案登记流程

2. 经营者申请手续

(1) 网上报送

网上填写并报送"登记表"，"登记表"样式如表 1-1-1 所示。对外贸易经营者应按"登记表"的要求认真填写所有事项的信息，并确保所填写内容是真实、准确和完整的，同时认真阅读"登记表"背面的条款，即承诺书，背面条款样式如图 1-1-2 所示。网上报送的同时，应将填好的"登记表"正、反面内容按网上的固定格式打印在一张 A4 纸上，由企业法定代表人或个体工商户负责人签字并加盖公章。

表 1-1-1　　对外贸易经营者备案登记表

备案登记编号：　　　　进出口企业代码：

<table>
<tr><td>经营者中文名称</td><td colspan="4"></td></tr>
<tr><td>经营者英文名称</td><td colspan="4"></td></tr>
<tr><td>组织机构代码</td><td colspan="2"></td><td>经营者类型
（由备案登记机关填写）</td><td></td></tr>
<tr><td>住　　所</td><td colspan="4"></td></tr>
<tr><td>经营场所(中文)</td><td colspan="4"></td></tr>
<tr><td>经营场所(英文)</td><td colspan="4"></td></tr>
<tr><td>联系电话</td><td colspan="2"></td><td>联系传真</td><td></td></tr>
<tr><td>邮政编码</td><td colspan="2"></td><td>电子邮箱</td><td></td></tr>
<tr><td>工商登记注册日期</td><td colspan="2"></td><td>工商登记注册号</td><td></td></tr>
<tr><td colspan="5">依法办理工商注册的企业还需填写以下内容</td></tr>
<tr><td>企业法定代表人姓名</td><td colspan="2"></td><td>有效证件号</td><td></td></tr>
<tr><td>注册资金</td><td></td><td colspan="3">（折美元）</td></tr>
<tr><td colspan="5">依法办理工商注册的国外(地区)企业或者个体工商户(独立经营者)还需填写以下内容</td></tr>
<tr><td>企业法定代表人/
个体工商户负责人姓名</td><td colspan="2"></td><td>有效证件号</td><td></td></tr>
<tr><td>企业资产/个人财产</td><td></td><td colspan="3">（折美元）</td></tr>
<tr><td colspan="2">备注：</td><td colspan="3"></td></tr>
</table>

填报前认真阅读背面的条款，并由企业的法定代表人或个体工商户负责人签名、盖章。

备案登记机关

签　章

年　　月　　日

本对外贸易经营者做如下保证：

一、遵守《中华人民共和国对外贸易法》及其配套法规、规章。

二、遵守与进出口贸易相关的海关、外汇、税务、检验检疫、环保、知识产权等中华人民共和国其他法律、法规、规章。

三、遵守中华人民共和国关于核、生物、化学、导弹等各类敏感物项和技术出口管制法规以及其他相关法律、法规、规章，不从事任何危害国家安全和社会公共利益的活动。

四、不伪造、变造、涂改、出租、出借、转让、出卖“对外贸易经营者备案登记表”。

五、在备案登记表中所填写的信息是完整的、准确的、真实的；所提交的所有材料是完整的、准确的、合法的。

六、“对外贸易经营者备案登记表”上填写的任何事项发生变化之日起，30日内到原备案登记机关办理“对外贸易经营者备案登记表”的变更手续。

以上如有违反，将承担一切法律责任。

对外贸易经营者签字、盖章

年 月 日

注：1. 备案登记表中“组织机构代码”一栏，由企业、组织和取得组织机构代码的个体工商户填写。

2. 依法办理工商登记的外国（地区）企业，在经营活动中，承担有限/无限责任。依法办理工商登记的个体工商户（独资经营者），在经营活动中，承担无限责任。

3. 工商登记营业执照中，如经营范围不包括进口商品的分销业务，备案登记机关应在备注栏中注明“无进口商品分销业务”。

图 1-1-2 承诺书样式

（2）提交材料

① 填报完成后打印的“登记表”。

② 营业执照复印件并加盖公章（营业执照上的经营范围须包含“货物进出口”或“技术进出口”业务，如没有，请先至工商局变更）。

③ 如为外商投资企业，还应提交外商投资企业批准证书复印件并加盖公章（生产型的外资企业原则上不做备案登记，如果外资企业要求做备案登记，其营业执照及外资批准证书中的经营范围均需有进出口业务）。

④ 个体工商户（独资经营者）须提交合法公证机构出具的财产公证证明（原件）；依法办理工商登记的外国（地区）企业，须提交经合法公证机构出具的资金信用证明文件（原件）。

⑤ 对外贸易经营者企业法定代表人身份证正反面复印件。

⑥ 登录当地商务部门网站，在对外贸易经营者备案登记流程的页面里下载一份承诺书。

需要注意，上述所有资料均需加盖企业公章。另外，根据商务部有关通知，对外贸易经营者备案登记企业新申请、变更备案登记时，可网上提交营业执照复印件及签字盖章的对外贸易经营者备案登记申请表原件等申请材料扫描件。

(3) 领取"登记表"

备案登记管理部门在收到对外贸易经营者提交的上述材料之日起 5 个工作日内办理备案登记手续，在办理完结的"登记表"上加盖备案登记印章。

对外贸易经营者应凭加盖备案登记印章的"登记表"在 30 日内到海关、检验检疫、外汇、税务等部门办理开展对外贸易业务所需的有关手续。逾期未办理的，"登记表"自动失效。

活动二　单一窗口商务部资质申请

一、单一窗口资质申请系统

截至 2020 年 1 月，国际贸易单一窗口资质申报系统涵盖了商务部的对外贸易经营者备案登记、海关总署的报关单位注册登记(包含企业的检验检疫备案登记)、贸易外汇收支名录登记和行政相对人统一管理等备案和管理功能。实现了国际贸易企业通过单一窗口一点接入、一次性提交满足口岸监管部门要求的资质备案信息，各管理部门按照确定的规则审核，并将审核结果通过单一窗口反馈。

每个业务功能模块下都有若干个业务功能，各业务功能模块下的业务功能如表 1-2-1 所列。

表 1-2-1　　单一窗口资质申报业务系统各业务功能

子系统名称	业务功能
对外贸易经营者备案登记	商务部注册申请、商务部变更申请、商务部资质查询和商务部办理状态查询
报关单位注册登记	企业注册登记、查询(申请单查询、基本信息查询、报关人员查询)
贸易外汇收支名录登记	贸易外汇收支名录申请、贸易外汇收支名录变更、贸易外汇收支名录注销、贸易外汇收支名录查询、贸易外汇收支名录状态查询
行政相对人统一管理	进出境动植物检疫(企业申请单查询，进出境动植物相关企业申请等)、商品检验(进口可用作原料的固体废物装运前检验机构管理、进口棉花境外供货企业登记管理)、进出口食品安全(企业申请单查询，进出境卫生管理相关企业申请等)。

由于单一窗口处于边开发、边建设、边使用阶段，有些功能模块还不健全，需要不

断地完善。本教材主要介绍对外贸易经营者备案登记申请和报关企业注册登记申请两个功能模块的操作。

二、商务部资质申请系统

1. 系统功能和基本操作

单一窗口商务部资质申请模块是单一窗口企业资质的一个子系统，具有办理企业的对外贸易经营权备案登记、备案登记变更和资质信息的查询等功能。商务部资质申请系统任务菜单页面如图 1-2-1 所示。

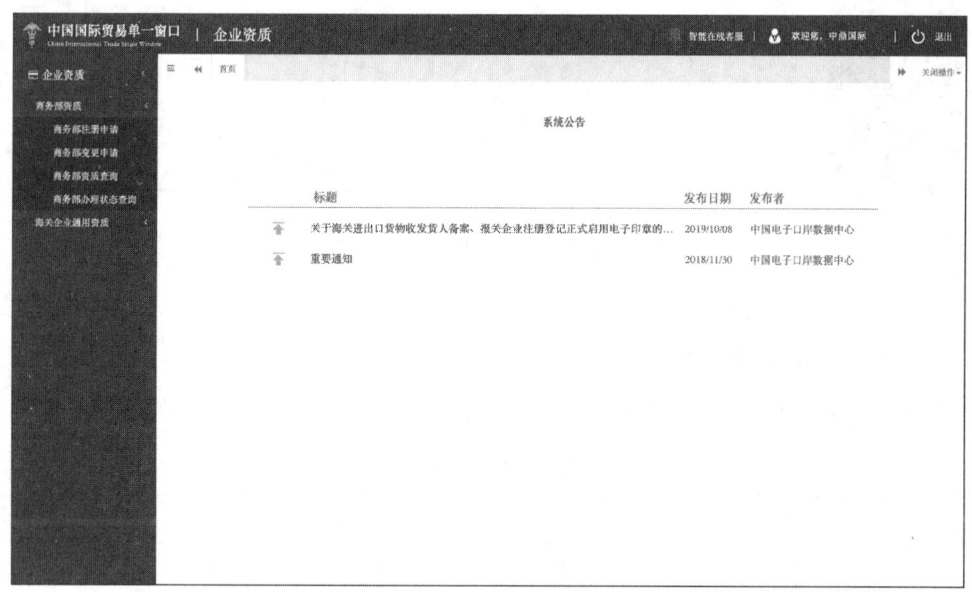

图 1-2-1　商务部资质申请子系统功能菜单栏页面

在国际贸易单一窗口已经注册成功的用户，可以通过用户名、密码与验证码登录。在电脑上已经安装好读卡器或拥有 IKey 等介质，可点击“介质卡”，迅速登录子系统。点击界面右上角“退出”字样，可安全退出本系统。

2. 资质申报步骤

(1) 基本信息录入

对于新申请的对外贸易经营者来说，首先需要通过系统完成申请者基本信息的录入。

点击页面左侧任务菜单的“商务部注册申请”，进入基本信息录入页面，如图 1-2-2 所示。

页面中，所有黄色字段都需要填写，有些字段有浅灰色底纹说明文字，有些无文字说明。有文字说明的字段，则须根据说明的要求填写，不得随意填写。无文字说明的

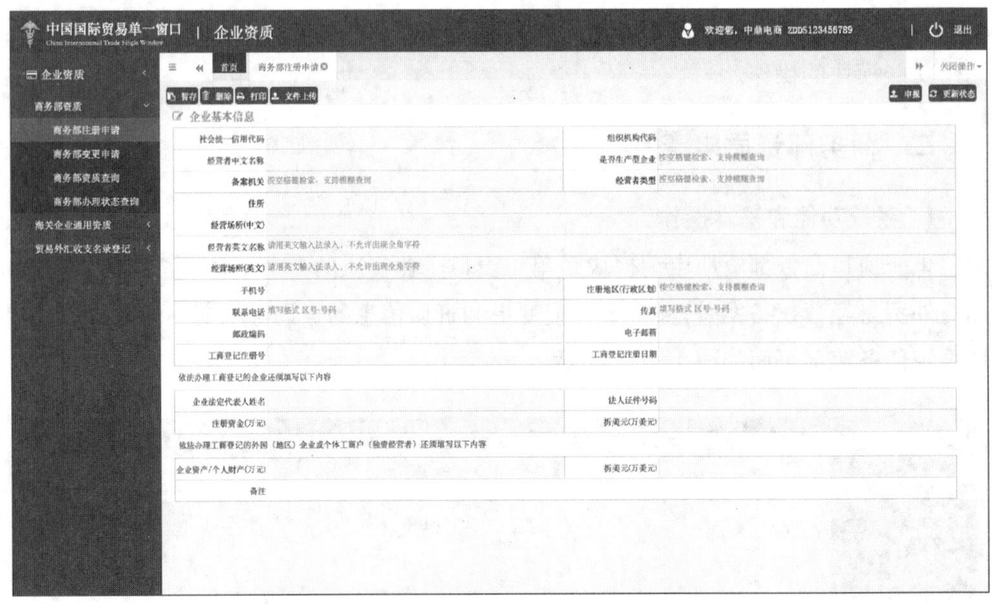

图 1-2-2　对外贸易经营者备案登记信息录入界面

字段，可以根据所填写内容的实际需要，填写相应的文字或数字。另外，有些字段是支持模糊查询的，可以通过按空格键检索，也可以输入关键字检索。基本信息填报各栏目的填报规范，如表 1-2-2 所列。

表 1-2-2　　对外贸易经营者备案登记申请各栏目填报规范

项别	字段名称	填报要求	说明
必填	经营者中文名称	企业名称	工商登记的名称
	社会统一信用代码	注册登记企业信用代码	18 位代码
	组织机构代码	注册企业组织机构代码	9 位代码
	备案机关	申请的备案机关名称或代码	代码见表 1-2-3
	经营者类型	经营者类型或代码	代码见表 1-2-4
	住所	注册地地址	工商登记地址
	经营场所(中文)	企业经营地址(中文)	企业开展经营活动场所地址
	经营场所(英文)	企业经营地址(英文)	
	手机号	手机号码	联系人手机号码
	注册地区(行政区划)	注册地名称或代码	代码见表 1-2-5
	联系电话	座机号码	能够联系的电话、传真和 E-mail 地址
	传真	传真号码	
	电子邮箱	邮箱地址	
	工商注册登记号	工商注册时的登记号	见工商注册登记证
	工商注册登记日期	注册登记证签发日期	

（续表）

项别	字段名称	填报要求	说明
选填	企业法定代表人姓名	法定代表人姓名	工商注册登记企业填写
	法人证件号码	法定代表人身份证号码	
	注册资金(万元)	注册资金	
	折美元(万美元)	注册资产折合美元	
	企业资产/个人财产(万元)	注册资金	外资企业和个体工商户填写
	折美元(万美元)	注册资产折合美元	
	备注	其他需要说明的事项	

表 1-2-3　　对外贸易经营者备案登记机关代码表(节选)

机关名称	代码	机关名称	代码
商务部	000000	苏州工业园区经济贸易发展局	320500
北京市商务委员会	110000	浙江省外经贸厅	330000
东城区商务委员会	110001	杭州经济技术开发区商务局	330100
北京市西城区商务局	110002	宁波市外经贸局	330200
天津市商务委员会	120000	山东省外经贸厅	370000
天津滨海新区行政审批局	120117	济南市对外贸易经济合作局	370100
大连市外经贸局	210200	青岛市外经贸局	370200
上海市商务委员会	310000	广东省外经贸厅	440000
上海市浦东新区商务委员会	310115	广州市商务委员会	440100
上海自由贸易试验区管理委员会保税区管理局	310260	深圳市经济贸易和信息化委员会	440300
江苏省商务厅	320000	深圳市盐田区经济促进局	440308
南京市商务局	320100	东莞市对外贸易经济合作局	440900
无锡市对外贸易经济合作局	320200	重庆市商务委员会	500000

表 1-2-4　　经营者类型代码表(节选)

组织机构类型	代码	组织机构类型	代码
国有企业	110	集体联营企业	142
集体企业	120	国有与集体联营企业	143
股份合作企业	130	其他联营企业	149
联营企业	140	有限责任公司	150
国有联营企业	141	国有独资公司	151

（续表）

组织机构类型	代码	组织机构类型	代码
其他有限责任公司	159	私营有限责任公司	173
股份有限公司	160	私营股份有限公司	174
私营企业	170	一人有限责任公司	175
私营独资企业	171	其他企业	190
普通合伙企业	172	合作经营企业(港或澳、台资)	210

表 1-2-5　　行政区划代码表(节选)

地区	代码	地区	代码	地区	代码
北京市	110000	上海市	310000	福建省	350000
东城区	110101	黄浦区	310101	福州市	350100
西城区	110102	静安区	310106	厦门市	350200
朝阳区	110105	虹口区	310109	山东省	370000
丰台区	110106	浦东新区	310115	济南市	370100
天津市	120000	江苏省	320000	青岛市	370200
和平区	120101	南京市	320100	湖北省	420000
河东区	120102	无锡市	320200	武汉市	420100
河西区	120103	苏州市	320500	重庆市	500000
滨海新区	120116	扬州市	321000	四川省	510000
辽宁省	210000	浙江省	330000	广东省	440000
沈阳市	210100	杭州市	330100	广州市	440100
大连市	210200	宁波市	330300	深圳市	440300
丹东市	210600	温州市	330200	珠海市	440400
营口市	210800	嘉兴市	330400	东莞市	441900

需要说明，填报页面下方是选填项部分，申报者如果属于工商登记的企业，则填写上面部分，如果是外资企业和个体工商户，则填写下面部分。

(2) 打印

填报完成后，点击左上侧蓝色“打印”按钮，系统将企业基本信息部分内容显示在“对外贸易经营者备案登记表”中，可以根据当前的浏览器设置或打印机实际情况打印。

根据商务部的规定，表格打印应该用 A4 纸，正反面打印。正面打印登记表，反面打印承诺书。

(3) 申报资质申请

申请者点击申请界面右上侧蓝色的“申请”按钮，系统将向相关主管部门发送资质申请的数据。

申报完成后，可以通过“商务部办理状态查询”查询申报状态。当查询到“状态为通过”时，可以上传备案文件。

上传文件时，点击页面左上角蓝色“上传文件”按钮，在弹出的编辑框中上传申请文件，如图 1-2-3 所示。需要提醒的是，上传的文件必须符合《备案登记办法》的要求和页面提示要求。

小问答

问：对外贸易经营者备案登记还需要现场提交纸质材料吗？

答：根据商务部《关于进一步优化对外贸易经营者备案登记工作的通知》（商贸函〔2019〕72 号）精神，备案登记时可以“网上提交营业执照复印件及签字盖章的对外贸易经营者备案登记申请表原件等申请材料扫描件”。

3. 变更申请与查询

备案登记变更时，在资质申请系统内打开“商务部变更申请”页面，如图 1-2-3 所示。页面内灰色字段部分为不能更改内容，黄色字段为可以修改部分。变更申请者可以根据变更事项修改。修改完成后还需进行申报和上传文件等操作，操作程序与要求与新申报基本相同，不再赘述。

图 1-2-3　商务部资质变更申请页面

三、对外贸易经营者资质申报实例

1. 背景资料

天津祥瑞进出口有限公司(TIANJIN XIANGRUI IMP&EXP CO.,LTD.)为一家新成立的贸易公司。公司于 2020 年 2 月 10 日通过“国际贸易单一窗口”,向天津滨海新区行政审批局中心商务区分中心申请对外贸易经营者资质。

备案准备资料如下:

公司设立登记申请书(工商登记申请)

表 1-2-6　　　　公司设立登记申请书(申请人填写)

名称	天津祥瑞进出口有限公司		
名称预先核准通知书文号	(津滨)名称预核(内)字[2019]第 768980 号	联系电话	137××××9001
住所	天津市滨海新区世纪大道 1888 号 11 层 03 室	邮政编码	200120
法定代表人姓名	黄瑞福	职务	执行董事
注册资本	300(万元)	公司类型	有限责任公司
实收资本	300(万元)	设立方式	货币
经营范围	机器设备进出口(涉及许可经营的,凭许可证经营),货物和技术进出口业务(国家法律规定应经审批方可经营或禁止进出口的货物和技术除外)(依法须经批准的项目,经相关部门批准后方可开展经营活动)		
营业期限	长期/30 年	申请副本数量	1 个

本公司依照《公司法》《公司登记管理条例》设立,提交材料真实有效,谨此对真实性承担责任。

法定代表人签字:黄瑞福

2019 年 11 月 2 日

注:1. 手工填写表格和签字时请使用黑色或蓝黑色钢笔、毛笔或签字笔,请勿使用圆珠笔。

2. 在“公司类型”栏应当填写“有限责任公司”或“股份有限公司”。其中,如为国有独资公司,应当填写“有限责任公司(国有独资)”;如为一人有限责任公司,应当注明“有限责任公司(自然人独资)”或“有限责任公司(法人独资)”。

3. 如为股份有限公司,应在“设立方式”栏选择填写“发起设立”或者“募集设立”。

4. 营业期限:请选择“长期”或者“××年”。

表 1-2-7　　　　　　　　　法定代表人信息

姓名	黄瑞福	联系电话	137××××9001
职务	执行董事	任免机构	股东会
身份证件类型	身份证		
身份证件号码	12010219×××××4345		
公务员标志	是□　否☑注:在对应的□中打✓		

法定代表人签字:黄瑞福
2019 年 11 月 2 日

以上法定代表人信息真实有效,身份证件与原件一致,符合《公司法》《企业法定代表人登记管理规定》关于法定代表人任职资格的有关规定,谨此对真实性承担责任。

黄瑞福
(盖章或者签字)黄瑞福
2019 年 11 月 2 日

注:依照《公司法》和公司章程的规定程序,出资人、股东会确定法定代表人的,由二分之一以上出资人、股东签署;董事会确定法定代表人的,由二分之一以上董事签署。

注:"法定代表人"由董事长、执行董事或经理担任。

- **企业的营业执照**

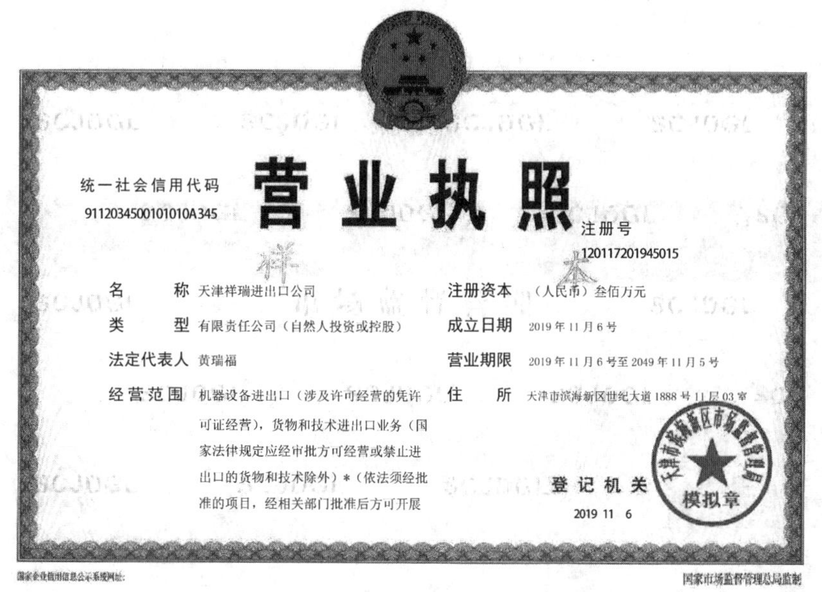

统一社会信用代码
9112034500101010A345

营业执照

注册号
120117201945015

样本

名　　称　天津祥瑞进出口公司
类　　型　有限责任公司(自然人投资或控股)
法定代表人　黄瑞福
经营范围　机器设备进出口(涉及许可经营的凭许可证经营),货物和技术进出口业务(国家法律规定应经审批方可经营或禁止进出口的货物和技术除外)*(依法须经批准的项目,经相关部门批准后方可开展

注册资本　(人民币)叁佰万元
成立日期　2019 年 11 月 6 号
营业期限　2019 年 11 月 6 号至 2049 年 11 月 5 号
住　　所　天津市滨海新区世纪大道 1888 号 11 层 03 室

登记机关
2019 11 6

模拟章

国家企业信用信息公示系统网址:
国家市场监督管理总局监制

图 1-2-4　营业执照

- **法定代表人身份证复印件(样张)**

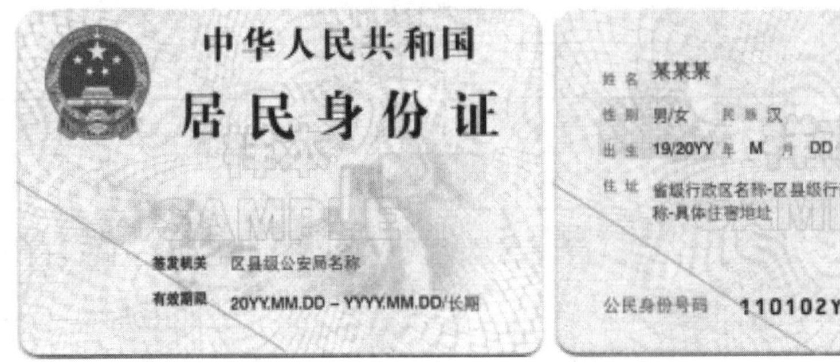

图 1-2-5　法定代表人身份证

- **补充资料**

企业的组织机构代码:120991023;

经营者类型:有限责任公司;

电话/传真:022-65758000/022-65758001;

邮政编码:300450;

属行政区划:天津市滨海新区。

2. 操作要求

根据背景资料,申请对外贸易经营者备案登记。

3. 示范操作

(1) 进入申报系统

打开"单一窗口"标准版门户网站(https://www.singlewindow.cn),点击门户网站"标准版应用"页签,点击"企业资质",选择"对外贸易经营者备案",进入"单一窗口"标准版界面,如图 1-2-6 所示。

图 1-2-6　单一窗口标准版界面

在“账号登录”中输入已注册成功的用户名、密码与验证码，点击登录按钮，即可进入企业资质申报系统。单一窗口标准版用户登录界面如图 1-2-7 所示。

图 1-2-7　单一窗口标准版用户登录界面

（2）新建资质申报页面

点击“商务部资质”下的“商务部注册申请”，即可进入对外贸易经营者备案登记页面，企业资质申报系统的界面如图 1-2-1 所示。

（3）备案登记信息录入

按照页面字段的要求，依据公司设立登记申请书、营业执照等相关资料，完成数据的填报，并暂存。填报完成后的页面如图 1-2-8 所示。

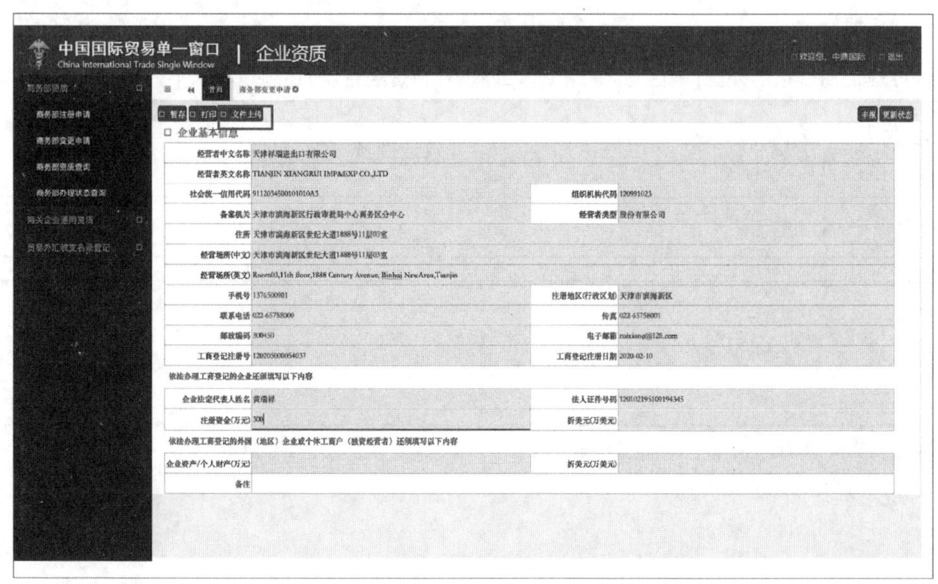

图 1-2-8　对外贸易经营者备案登记填报完毕界面

（4）完成资质申请

完成业务数据填报后，打印纸质的“对外贸易经营者备案登记表”和承诺书。需要注意的是登记表和承诺书正反面打印在一张 A4 纸上，并签名和加盖公章。打印的登记表如表 1-2-8 所示，加盖公章后的承诺书如图 1-2-9 所示。

表 1-2-8　　　　对外贸易经营者备案登记表

备案登记表编号：　　　　　　　　　　　　　　　进出口企业代码：

经营者中文名称	天津祥瑞进出口有限公司		
经营者英文名称	Tianjin Xiangrui Import and Export Co.，Ltd		
组织机构代码	120115245	经营者类型 （由备案登记机关填写）	
住　所	天津市滨海新区世纪大道 1888 号 11 层 03 室		
经营场所（中文）	天津市滨海新区世纪大道 1888 号 11 层 03 室		
经营场所（英文）	Room 03，11th floor，1888 Century Avenue，Binghai New Area，Tianjin		
联系电话	022-33007788	联系传真	022-33007788
邮政编码	102120	电子邮箱	xiangrui@126.com
工商登记注册日期	2019 年 11 月 5 日	工商登记注册号	120102××××××××4345
依法办理工商登记的企业还须填写以下内容			
企业法定代表人姓名	黄瑞福	有效证件号	120102××××××××4345
注册资金	300 万元	43 万（折美元）	
依法办理工商登记的外国（地区）企业或个体工商户（独资经营者）还须填写以下内容			
企业法定代表人/ 个体工商户负责人姓名		有效证件号	
企业资产/个人资产		（折美元）	

备注：	

填表前请认真阅读背面的条款，并由企业法定代表人或个体工商户负责人签字、盖章。

备案登记机关

签　　章

年　　月　　日

本对外贸易经营者做如下保证：

一、遵守《中华人民共和国对外贸易法》及其配套法规、规章。

二、遵守与进出口贸易相关的海关、外汇、税务、检验检疫、环保、知识产权等中华人民共和国其他法律、法规、规章。

三、遵守中华人民共和国关于核、生物、化学、导弹等各类敏感物项和技术出口管制法规以及其他相关法律、法规、规章，不从事任何危害国家安全和社会公共利益的活动。

四、不伪造、变造、涂改、出租、出借、转让、出卖“对外贸易经营者备案登记表”。

五、在备案登记表中所填写的信息是完整的、准确的、真实的；所提交的所有材料是完整的、准确的、合法的。

六、“对外贸易经营者备案登记表”上填写的任何事项发生变化之日起，30 日内到原备案登记机关办理“对外贸易经营者备案登记表”的变更手续。

以上如有违反，将承担一切法律责任。

对外贸易经营者签字、盖章

2020 年 1 月 6 日

注：1. 备案登记表中“组织机构代码”一栏，由企业、组织和取得组织机构代码的个体工商户填写。

2. 依法办理工商登记的外国（地区）企业，在经营活动中，承担有限/无限责任。

依法办理工商登记的个体工商户（独资经营性者），在经营活动中，承担无限责任。

3. 工商登记营业执照中，如经营范围不包括进口商品的分销业务，备案登记机关应在备注栏中注明“无进口商品分销业务”。

图 1-2-9　承诺书样式

将“对外贸易经营者备案登记表”和加盖公章后的“承诺书”“营业执照”复印件和法人身份证复印件（正反面）上传。

巩固练习

一、名词解释

1. 对外贸易管制制度

2. 对外贸易经营者备案登记

二、填空题

1. 对外贸易经营者是指依法办理________或者________手续，依法从事对外贸易经营活动的法人、其他组织或者个人。

2. 我国对外贸易管制制度是一种综合管理制度，主要由________制度、关税制度、________管理制度、________制度、出入境检验检疫制度、进出口货物收付汇管理制度以及贸易救济制度等构成。

3. 我国对部分关系到国计民生的重要进出口商品实行________管理。实行国有贸易管理商品的进出口业务，只能由________的企业经营。

4. ________是全国对外贸易经营者备案登记工作的主管部门，备案登记工作实行全国联网和________登记管理。

5. 完成备案登记的对外贸易经营者，应凭加盖备案登记印章的“登记表”在________日内到当地其他部门办理开展对外贸易业务所需的有关手续。

6. 对外贸易经营者备案登记时，需要认真阅读“登记表”背面的“承诺书”条款，并由企业法定代表人或个体工商户负责人________和加盖________。

7. 单一窗口商务部资质申请模块是单一窗口企业资质的一个子系统，具有办理企业的对外贸易经营权备案登记、________和资质信息的查询等功能。

8. 已经注册成功的企业用户，可以通过用户名、密码与________登录国际贸易单一窗口。

三、判断题

(　　)1. 对外贸易经营者是指依法办理了工商登记手续，依法从事对外贸易经营活动的法人、其他组织或者个人。

(　　)2.《中华人民共和国对外贸易法》是对外贸易经营者备案登记的指导性文件。

(　　)3. 对外贸易经营者备案登记实行全国联网和属地化登记管理。

(　　)4. 如果对外贸易经营者在工商部门办理的营业执照被吊销，其“对外贸易经营者备案登记表”自动失效。

(　　)5. 已经依法取得对外贸易经营资格的企业可以自主地开展对外贸易经营活动。

(　　)6. 对外贸易经营者可向工商注册地的对外贸易部门申请办理对外贸易经营者备案登记。

(　　)7. 对外贸易经营者备案登记管理部门在收到对外贸易经营者提交的备案登记材料后，15个工作日内完成备案登记手续。

(　　)8. 对外贸易经营者备案登记所需文件材料，可以以扫描件的形式通过单一窗口提交。

四、单选题

1. (　　)是全国对外贸易经营者备案登记工作的主管部门。

A. 国务院　　B. 商务部

C. 国家口岸管理办公室　　D. 海关总署

2. 我国对玉米、大米、煤炭、原油、成品油、棉花、锑及锑制品、钨及钨制品、白银等关系到国计民生商品的进出口实行(　　)。

A. 国有贸易管理　　B. 许可证制度

C. 配额制度　　D. 限制进出口制度

3. 下列关于对外贸易经营者管理的表述中,不正确的是(　　)。

A. 只能在核准的经营范围内从事进出口经营活动

B. 可以在企业所在地范围内从事进出口经营活动

C. 从事超出原核准经营范围的进出口经营活动,仍需备案登记

D. 可以在核准的经营范围内自主确定商品的价格

4. 从事货物进出口或者技术进出口的对外贸易经营者,应向(　　)申请办理对外贸易经营者备案登记。

A. 商务部　　B. 企业注册地商务部门

C. 海关总署　　D. 隶属海关

5. 对外贸易经营者备案登记管理部门自正式受理备案登记之日起,(　　)内必须出具备案意见。

A. 15 日　　B. 15 个工作日　　C. 5 日　　D. 5 个工作日

6. 对外贸易经营者备案登记时,需要在(　　)上签名、盖章。

A. 企业工商注册登记证书复印件

B. “对外贸易经营者备案登记表”

C. 承诺书

D. 公证机构出具的资金信用证明文件(原件)

7. 对外贸易经营者备案登记申报完成后,在单一窗口上企业可以通过下列(　　)功能查询申报状态。

A. 备案登记查询　　B. 企业资质查询

C. 商务部资质查询　　D. 商务部办理状态查询

8. 个体工商户进行对外贸易经营者备案登记时,在完成表头信息填写后还需要填报(　　)。

A. 企业名称　　B. 企业住址

C. 个人财产　　D. 注册资金

五、多选题

1. 不可以进行对外贸易经营者备案登记的平台是(　　)。

   A. 商务部业务系统统一平台(企业端)

   B. 互联网+海关

   C. 中国国际贸易单一窗口——资质申报

   D. 商务部官网

2. 国有对外贸易经营者备案登记时,需要提交(　　)。

   A. 背面“承诺书”签名和加盖公章的“对外贸易经营者备案登记表”

   B. 营业执照复印件并加盖公章

   C. 法人身份证正反面复印件

   D. 公证机构出具的财产公证证明(原件)

3. 在国际贸易单一窗口已经注册成功的用户,需要通过(　　)登录。

   A. 用户名　　B. 企业名　　C. 密码　　D. 验证码

4. 在单一窗口进行对外贸易经营者备案登记变更操作时,下列(　　)操作是必不可少的。

   A. 进入商务部申请变更页面　　B. 对变更事项进行修改

   C. 上传变更所需文件影印件　　D. 变更申请申报

项目二　报关企业通用资质申请

项目内容

1. 报关单位的含义和报关单位的分类
2. 不同类型报关单位的报关范围和性质
3. 报关单位注册登记管理
4. 报关单位注册登记申请程序
5. 单一窗口海关通用资质申请系统
6. 单一窗口申请海关通用资质

活动一　报关单位注册登记管理

一、海关对报关单位管理

1. 报关单位概述

报关单位是指在海关注册登记，向海关办理进出口货物报关纳税等海关事务的境内法人或其他组织。依法向海关注册登记是法人或其他组织成为报关单位的前提。报关单位分为进出口货物收发货人和报关企业两种类型。

进出口货物收发货人是指依法直接进口或者出口货物的境内法人、其他组织或者个人。进出口货物收发货人只能为本企业的进出口货物报关。进出口货物收发货人主要有具有进出口经营权的贸易公司、工贸公司，以及出口生产型企业等。

报关企业是指依法经海关准予注册登记，接受进出口货物收发货人的委托，以进出口货物收发货人的名义或者以自己的名义，向海关办理代理报关业务，从事报关服务的境内企业法人。报关企业实际上是一个提供公共报关服务的企业。

进出口货物收发货人、报关企业办理报关手续，必须依法经海关注册登记，未依法经海关注册登记，不得从事报关业务。报关企业主要有国际货运代理、国际物流、国际快递，以及专业报关（含报检）等企业。

报关单位办理报关业务，应当遵守国家有关法律、行政法规和海关规章的规定，承担相应的法律责任。报关单位对其所属报关人员的报关行为应当承担相应的法律责任。报关企业和报关人员不得非法代理他人报关,或者超出其业务范围进行报关活动。

2. 报关注册登记制度

报关注册登记制度是指报关单位依法向海关提交规定的注册登记申请材料,经注册地海关依法审核其申请注册登记材料,准予其办理报关业务的制度。报关注册登记的单位有两类:一类是报关企业,如报关行、国际货运代理企业等,另一类是在外贸部门备案登记的进出口货物收发货人。根据报关单位的不同类型,海关注册登记的手续是不同的。对于报关企业,海关要求其必须具备规定的设立条件,并在办理海关注册登记许可手续后可以成为报关单位。对于进出口货物收发货人,注册登记实行的是备案制,凡是经外贸部门备案登记的对外贸易经营者,可直接向海关申请注册登记。

3. 报关范围及性质

进出口货物收发货人在海关登记注册后可在我国关境内口岸或海关监管业务集中地办理本企业的报关业务,其分支机构在海关备案后也可在全国办理报关业务。进出口货物收发货人只能为自己的进出口货物办理报关手续,这种报关行为称为自理报关。

自 2017 年 7 月 1 日实施全国通关一体化后,在海关注册的报关企业和经过备案的报关企业分支机构也可以在全国任一海关办理通关手续。由于报关企业可以接受他人的委托代理报关,因此这种报关行为又称为代理报关。

目前,在代理报关中,根据代理报关的法律责任不同,又可分为直接代理和间接代理,两者之间的性质区别,如表 2-1-1 所列。

表 2-1-1　代理报关行为及性质

类别	界定	法律作用
直接代理报关	接受委托人的委托,以委托人的名义办理报关业务的行为	代理行为的法律后果作用于被代理人
间接代理报关	接受委托人的委托,以自己的名义办理报关业务的行为	报关企业承担与委托人的连带责任

另外,海关对未取得对外贸易经营者备案登记表,但依照国家有关规定要从事非贸易性进出口活动的有关单位,允许其向进出口口岸或者海关监管业务集中地海关办理临时登记手续,临时登记有效期最长为 7 天。

小问答

问:哪些行为属于直接代理,哪些行为属于间接代理?

答：直接代理报关，如：专业报关企业代理报关，货运代理企业为代理货物报关；间接代理报关，如：快递企业为所承揽的快递货物报关，邮政企业为邮递包裹报关。

二、报关注册登记管理

1. 报关企业注册

报关企业需要办理注册登记许可手续的，应当向所在地直属海关或者其授权的隶属海关申请注册登记。报关企业注册登记许可申请手续办理的要点如表 2-1-2 所列。

表 2-1-2　　报关企业注册登记许可手续办理要点

<table>
<tr><th colspan="2">要点</th><th colspan="2">内容</th><th>备注</th></tr>
<tr><td rowspan="3">报关企业申请</td><td>注册登记条件</td><td colspan="2">1. 具备境内法人资格条件
2. 法人代表无走私记录
3. 无因走私违法行为被海关撤销注册登记许可记录
4. 有符合从事报关服务所必需的固定经营场所和设备
5. 海关监管所需要的其他条件</td><td></td></tr>
<tr><td>递交材料</td><td colspan="2">1. “报关单位情况登记表”
2. 企业法人营业执照副本复印件以及组织机构代码证书副本复印件
3. 报关服务营业场所所有权证明或者使用权证明
4. 其他与申请注册登记许可相关的材料</td><td>提交复印件的，同时交验原件</td></tr>
<tr><td>注册登记地点</td><td colspan="2">所在地直属海关或者其授权的隶属海关</td><td></td></tr>
<tr><td rowspan="4">海关受理</td><td>材料齐全</td><td colspan="2">受理报关企业注册登记许可申请</td><td rowspan="4">现场初步审核</td></tr>
<tr><td rowspan="3">材料不齐</td><td>不具备资格</td><td>不予受理</td></tr>
<tr><td>材料不齐或不符合要求</td><td>5 日内一次告知需要补齐的全部内容</td></tr>
<tr><td>当场更正</td><td>允许当场更正，但要签章确认</td></tr>
<tr><td rowspan="2">审核结果</td><td>符合条件</td><td colspan="2">核发中华人民共和国海关报关单位注册登记证书</td><td rowspan="2">20 日内审查完毕</td></tr>
<tr><td>不符合条件</td><td colspan="2">做出不准予注册登记许可的书面决定</td></tr>
</table>

另外，报关企业如要在注册登记许可关区外从事报关服务，应当依法设立分支机构，并且要向分支机构所在地海关备案。

2. 进出口货物收发货人注册登记

进出口货物收发货人需要注册登记的，即自理报关单位注册登记，可以按照规定到所在地的直属海关或其授权的隶属海关办理相应手续。

进出口货物收发货人可以通过两种方式申请注册登记，即多证合一方式和提交申请的方式。采用多证合一方式的，申请单位可在申请工商注册登记时，同步办理报关单位注册登记，海关收到企业注册信息后，随即完成注册登记手续。选择提交申请方式的，申请单位可通过“单一窗口”或“互联网＋海关”在网上提交申请材料，收到海关回执后，到所在地海关提交申请材料，海关核准后准予注册登记。

另外，进出口货物收发货人需要设立分支机构的，可凭“报关单位情况登记表”向分支机构所在地海关进行备案申请。

三、报关注册登记程序

进行网上注册登记时，报关单位需要采用网上申请、现场提交材料的方式。自2018年10月29日起，企业在互联网上申请办理报关单位注册登记有关业务（含许可、备案、变更、注销）的，可以通过“中国国际贸易单一窗口（标准版）”中“企业资质”模块的海关企业通用资质系统或“互联网＋海关”的企业管理子系统向海关提交。企业网上申请并收到海关回执后，需向所在地直属海关或其授权的隶属海关的企业管理部门现场交验书面材料。

1. 网上申请

报关单位的类别不同，注册登记的程序和所需提交的材料也会有差别。报关单位注册登记时，需填写“报关单位情况登记表”和“报关单位情况登记表（所属报关人员）”两个表格，并通过平台提交。两个表格的纸质样式如表2-1-3和表2-1-4所示。

表2-1-3　　报关单位情况登记表

统一社会信用代码					
经营类别		行政区划		注册海关	
中文名称					
英文名称					
工商注册地址				邮政编码	
英文地址					
其他经营地址					
经济区划				特殊贸易区域	
组织机构类型		经济类型		行业种类	
企业类别		是否为快件运营企业		快递业务经营许可证号	

（续表）

法定代表人（负责人）		法定代表人（负责人）移动电话		法定代表人（负责人）固定电话	
法定代表人（负责人）身份证件类型		身份证件号码		法定代表人（负责人）电子邮箱	
海关业务联系人		海关业务联系人移动电话		海关业务联系人固定电话	
上级单位统一社会信用代码		与上级单位关系		海关业务联系人电子邮箱	
上级单位名称					
经营范围					

序号	出资者名称	出资国别	出资金额（万）	出资金额币制
1				
2				
3				

本单位承诺，我单位对向海关所提交的申请材料以及本表所填报的注册登记信息内容的真实性负责并承担法律责任。

（单位公章）
年 月 日

表 2-1-4 **报关单位情况登记表（所属报关人员）**

所属报关单位统一社会信用代码				
序号	姓名	身份证件类型	身份证件号码	业务种类
1				□备案 □变更 □注销
2				□备案 □变更 □注销
3				□备案 □变更 □注销
4				□备案 □变更 □注销
5				□备案 □变更 □注销

我单位承诺对本表所填报备案信息内容的真实性和所属报关人员的报关行为负责并承担相应的法律责任。

（单位公章）
年 月 日

申请企业应根据上述表格的内容，通过互联网平台进行申请。

2. 现场提交资料

申请提交成功后，企业需到所在地海关企业管理窗口现场提交申请材料。需要注意的是，提交的“报关单位情况登记表”应加盖企业印章。

3. 领取证书

根据海关的最新规定，进出口货物收发货人的“报关单位注册登记证书”不再核发，需要注册登记书面信息的可通过在线打印，并到所在地海关加盖海关印章。企业可以到办理注册登记的直属海关或其授权的隶属海关领取证书。报关企业获得“报关单位注册登记证书”(见图 2-1-1)后，可以办理报关手续。

QG07

中华人民共和国海关
报关单位注册登记证书

海关注册编码：3206680005
组织机构代码：MA1UXBYB2
企业名称：江苏佳途国际货运代理有限公司
企业住所：南通市经济技术开发区中央路59号内2幢202AI室
企业经营类别：报关企业
注册登记日期：2018年6月14日
法定代表人：蒋传抒
有效期：2020年6月14日

注册海关：南通海关
核发日期：2018年6月25日

重要提示

报关单位应当在每年6月30日前向海关提交《报关单位注册信息年度报告》，不再另行通知。

中华人民共和国海关总署监制

图 2-1-1 报关单位注册登记证书样式

小问答

问：关检融合后企业的报检资质如何办理？

答：无须办理。自 2018 年 10 月 29 日起“报关单位注册登记证书”自动体现企业报关、报检两项资质，原“出入境检验检疫报检企业备案表”“出入境检验检疫报检人员备案表”不再核发。

活动二 单一窗口报关企业资质申请

一、报关企业资质申请系统

1. 系统的基本功能

报关企业资质申请是单一窗口企业资质模块的一个子系统，具有向海关进行注册登记申请的数据的录入、暂存和注册登记申报、变更申请，报关单位的信用认证和行政处罚等信息查询等功能。另外，随着单一窗口建设的进程，还将有报关单位年检申报等其他功能。与对外贸易经营者备案登记不同，不能进行网上申报材料的上传和审批。

可以通过该系统申请注册登记的企业主要有：进出口货物收发货人、报关企业（自贸区内）、报关企业分支机构（报关单位分支机构）、特殊监管区双重身份企业（自贸区内）、临时注册登记单位、无进出口经营权的生产企业、进出境运输工具负责人、无报关权的其他企业。报关企业和特殊监管区域企业应申请注册登记许可等。

海关企业通用资质申请系统界面如图 2-2-1 所示。

图 2-2-1 海关企业通用资质申请系统页面

小问答

问：除单一窗口外，还有什么途径可申请报关单位注册登记？

答：还可以在企业所在地的直属海关或授权的隶属海关的企业管理部门现场办

理，也可以通过“互联网＋海关（海关行政审批网上办理平台）”办理，网址：http://online.customs.gov.cn。

本子系统有企业注册登记和查询两个子系统，具有企业注册登记申请、申请单查询和基本信息查询等功能。

2. 注册登记申请

（1）基本信息填报

点击“海关企业通用资质”申报页面的左侧任务栏“企业注册登记”，系统展开基本信息填报页面和“自理、代理业务选择”对话框，如图 2-2-2 所示。

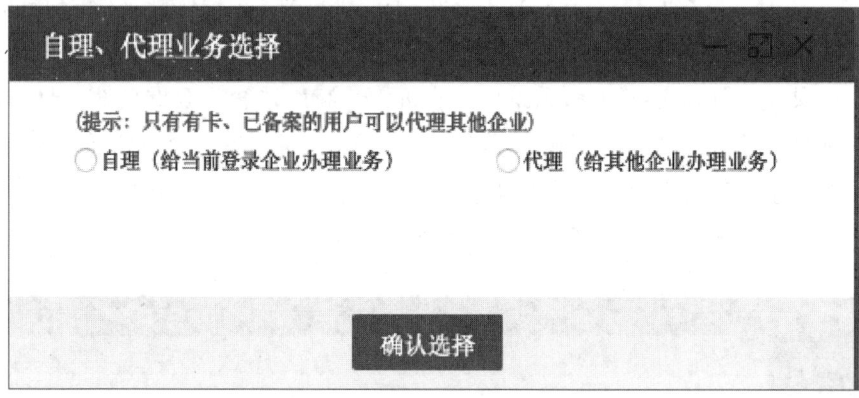

图 2-2-2　申报企业类别选择页面

在“自理、代理业务选择”对话框中勾选申请企业类别后，进入企业基本信息填报页面。企业基本信息填报规范如表 2-2-1 所列。

表 2-2-1　对外贸易经营者备案登记申请各栏目填报规范

项别	字段名称/栏目	填报要求/内容	说明
系统信息	企业数据中心统一编号	申报后自动生成	
	作业统一编号		
	状态		
企业基本信息	社会统一信用代码	18 位代码	工商注册信用代码
	海关注册编码	10 位编号	注册成功后，系统返填信息
	检验检疫备案号	10 位编号	
	企业经营类型	类别名称或代码	代码见表 2-2-2
	行政区划	展开页编辑	展开页见图 2-2-3
	注册海关	关区代码或名称	

（续表）

项别	字段名称/栏目	填报要求/内容	说明
企业基本信息	企业中文名称	企业名称	工商登记名称
	企业英文名称	企业名称(英文)	
	公司注册地址	企业经营地址(中文)	工商注册地
	邮政编码	所在地邮政编码	
	企业英文地址	企业经营地址(英文)	
	经济区划	经济区划名称或代码	代码见表 2-2-3
	特殊贸易区域	名称或代码/其他	不是特殊贸易区域的，填其他
	组织机构类型	组织机构类型名称或代码	代码见表 2-2-4
	经济类型	经济类型名称或代码	代码见表 1-2-4
	行业种类	展开页编辑	展开页见图 2-2-4
	企业类别	企业类别名称或代码	代码见表 2-2-5
选填	是否快件运营企业	是/否或代码	0-否，1-是
	快件业务运营许可证号	快件许可证(选填)	快件企业用
人员信息	法定代表人	姓名、身份证件号码、联系方式	分字段填报
	海关业务联系人	姓名、联系方式	分字段填报
上级单位信息	上级单位统一社会信用代码	18 位代码	工商注册信用代码
	上级单位名称	单位名称	工商注册名称
	与上级单位关系	关系代码	0-其他，1-总/分公司，2-母/子公司，3-内设机构
	市场主体类型	市场主体类型代码或名称	代码见表 2-2-6
业务	经营范围	经营内容	在展开页面编辑
其他	备注	其他需要说明的内容	

表 2-2-2　　企业经营类别代码(节选)

企业经营类别	代码	企业经营类别	代码
无报关权的其他企业	0000000001	报关企业分支机构	00100000
进出境运输工具负责人	000000001	报关企业	01000000
无进出口经营权的加工生产企业	00000010	进出口货物收发货人	10000000
临时注册登记单位	00000100	进出口货物收发货人分支机构	20000000
特殊监管区双重身份企业	00010000		

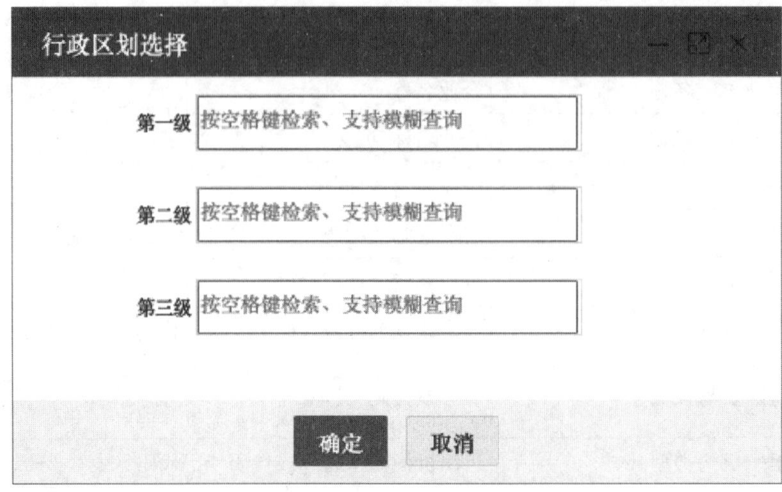

图 2-2-3　行政区划编辑页

第一级：省级区划（自治区、直辖市、特别行政区）

第二级：县级区划（自治县、市）

第三级：乡级区划（镇、自治乡）。

表 2-2-3　经济区划代码（节选）

经济区划名称	代码	经济区划名称	代码
国际边界合作中心	0A	出口加工区	5
保税物流中心	0W	保税港区/综合保税区	6
经济特区	1	保税物流园区	7
经济技术开发区	2	综合试验区	8
高新技术产业开发区	3	一般经济区域	9
保税区	4		

表 2-2-4　组织机构类型代码（节选）

组织机构类型	代码	组织机构类型	代码
公司	11	国家司法机关法人	34
非公司制企业法人	13	政协组织	35
企业分支机构	15	民主党派	36
个人独资企业、合伙企业	17	人民解放军、武警部队	37
其他企业	19	其他机关	39
中国共产党	31	事业单位法人	51
国家权力机关法人	33	事业单位分支、派出机构	53

（续表）

组织机构类型	代码	组织机构类型	代码
其他事业单位	59	其他社会团体	79
社会团体法人	71	民办非企业单位	91
社会团体分支、代表机构	73		

表 2-2-5　　企业类别代码

企业类别	代码	企业类别	代码
外贸企业	11	出境动物产品运输单位	24
有自营权的生产企业	12	进境动物隔离场	25
集装箱场站	13	出境动物隔离场	26
注册厂(库)	14	进境动物饲养场	27
出口货物生产企业	15	出境动物饲养场	28
代理报检单位	16	进境植物产品仓储单位	31
熏蒸单位	17	出境植物产品仓储单位	32
国内定点加工厂	18	进境植物产品运输单位	34
国外定点加工厂	19	出境植物产品运输单位	35
配餐料使用单位	20	进境植物隔离场	36
进境动物产品仓储单位	21	出境植物隔离场	37
出境动物产品仓储单位	22	出境植物种植场	38
进境动物产品运输单位	23		

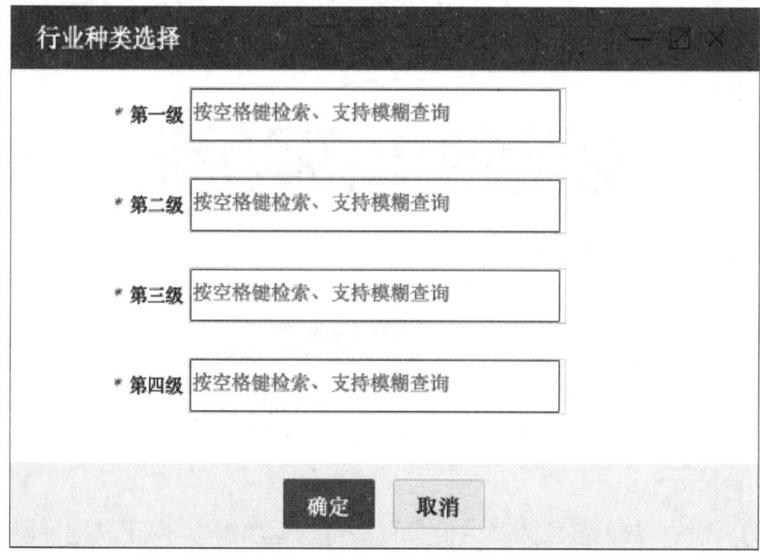

图 2-2-4　行业种类编辑页

行业种类按照国民经济行业分类区分，须通过四级菜单编辑。如航空货运代理企业的行业种类选择方法，第一级为 G-交通运输、仓储和邮政业，第二级为 56-航空运输业，第三级为 563-航空运输辅助活动，第四级为 5633-其他航空运输辅助活动。具体参考国民经济行业分类与代码(GB/T 4754—2017)。

表 2-2-6　　　　市场主体类型代码(节选)

市场主体类别	代码	市场主体类别	代码
内资公司	1000	股份有限公司	1200
有限责任公司	1100	股份有限公司(上市)	1210
有限责任公司(国有独资)	1110	股份有限公司(上市、外商投资企业控股)	1211
有限责任公司(外商投资企业投资)	1120	股份有限公司(上市、自然人投资或控股)	1212
有限责任公司(外商投资企业合资)	1121	股份有限公司(上市、国有控股)	1213
有限责任公司(外商投资企业与内资合资)	1122	全民所有制	3100
有限责任公司(自然人控股)	1130	事业单位营业	4100
有限责任公司(国有控股)	1140		

完成基本信息数据录入后，点击页面下方蓝色“保存企业基本信息，下一步”按钮。保存录入信息，可进入其他信息填报状态。

(2) 其他信息填报

点击“保存企业基本信息，下一步”按钮，系统将展开投资人信息页面，并弹出投资人员类型选择对话框，如图 2-2-5 所示。选择个人投资时，系统弹出“新增出资者信息—个人”编辑页面，如图 2-2-6 所示；选择公司/其他机构为投资类型时，系统弹出“新增出资者信息—公司/其他机构”编辑页面，如图 2-2-7 所示。

图 2-2-5　投资人类型选择对话框

填报的页面中，灰色字段为基本信息页面自动返填内容，对于其他字段，根据实际

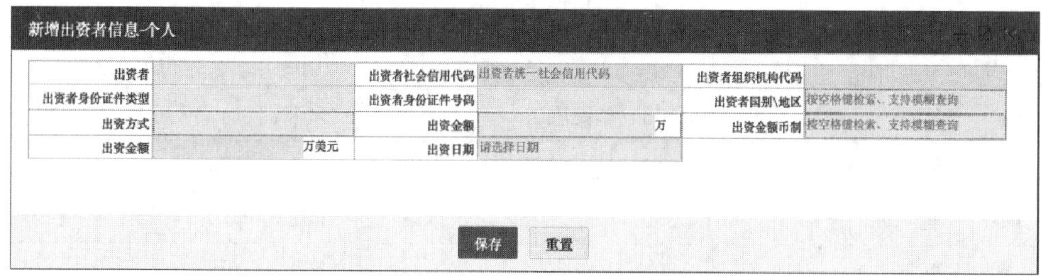

新增出资者信息-个人

出资者		出资者社会信用代码	出资者统一社会信用代码	出资者组织机构代码	
出资者身份证件类型		出资者身份证件号码		出资者国别\地区	按空格键检索、支持模糊查询
出资方式		出资金额	万	出资金额币制	按空格键检索、支持模糊查询
出资金额	万美元	出资日期	请选择日期		

保存　重置

图 2-2-6　个人投资者信息编辑页面

新增出资者信息-公司/其他机构

出资者		出资者社会信用代码	出资者统一社会信用代码	出资者组织机构代码	
出资者身份证件类型		出资者身份证件号码		出资者国别\地区	按空格键检索、支持模糊查询
出资方式		出资金额	万	出资金额币制	按空格键检索、支持模糊查询
出资金额	万美元	出资日期	请选择日期		

保存　重置

图 2-2-7　公司/其他机构投资者信息编辑页面

情况填写。其中:“出资者国别/地区”栏目,须根据国别(地区)代码表填写(国别(地区)代码表见表 2-2-7),“出资金额币制”栏目,须根据币制代码表填写(币制代码表见表 2-2-8)。

表 2-2-7　　　　国别(地区)代码表(节选)

代码	国家(地区)名称	代码	国家(地区)名称	代码	国家(地区)名称
110	中国香港	136	泰国	309	荷兰
113	伊朗	137	土耳其	312	西班牙
115	以色列	142	中国	330	瑞典
116	日本	143	中国台湾	331	瑞士
118	科威特	215	埃及	344	俄罗斯联邦
121	中国澳门	244	南非	402	阿根廷
122	马来西亚	301	比利时	410	巴西
127	巴基斯坦	302	丹麦	429	墨西哥
129	菲律宾	303	英国	434	秘鲁
130	卡塔尔	304	德国	501	加拿大
131	沙特阿拉伯	305	法国	502	美国
132	新加坡	306	爱尔兰	601	澳大利亚
133	韩国	307	意大利	609	新西兰

表 2-2-8　　　　币制代码表(节选)

代码	币制名称	代码	币制名称	代码	币制名称
110	港币	136	泰国铢	501	加拿大元
116	日本元	142	人民币	502	美元
121	澳门元	300	欧元	601	澳大利亚元
132	新加坡元	303	英镑	602	新西兰元

投资人的信息需要逐条录入。投资人信息填报并保存后，投资人信息记录就会在页面中显示，如图 2-2-8 所示。

投资人员信息

+新增

序号	出资者	出资者社会信用代码	出资者身份证件类型	出资者身份证件号码	出资国别\地区	出资方式	出资金额(万)	出资金额币制	出资金额(万美元)	出资日期	操作
1	王丽英		身份证	320113198002204322	中国	现汇	150	美元	-	2020-02-09	编辑 删除
2	JAEMS		护照	PK1234567	美国	现汇	50	美元	-	2020-02-01	编辑 删除
3	付媛媛		身份证	310109198512121234	中国	现汇	50	美元	-	2020-02-01	编辑 删除

图 2-2-8　投资人信息记录截图

完成投资人信息填报后，点击页面下方的"报关人员信息"下白色"新增"按钮，进行报关人员信息编辑，编辑页面如图 2-2-9 所示。编辑方法与投资人信息相似。

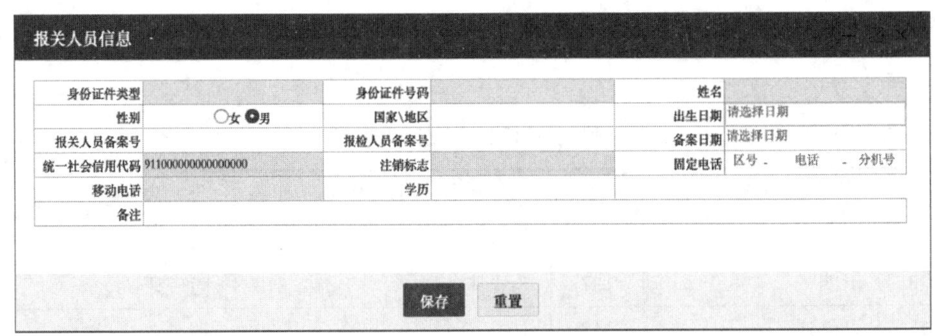

报关人员信息

身份证件类型		身份证件号码		姓名	
性别	○女 ●男	国家\地区		出生日期	请选择日期
报关人员备案号		报检人员备案号		备案日期	请选择日期
统一社会信用代码	911000000000000000	注销标志		固定电话	区号 - 电话 - 分机号
移动电话		学历			
备注					

保存　重置

图 2-2-9　报关人员信息编辑页面

(3) 注册登记申报

完成申报数据录入后，可点击页面右上侧蓝色的"申报"按钮，系统将向海关发送申报数据。

申报完成后，如果状态为"海关通关"，申请人可以到注册地海关现场提交纸质文件。

小问答

问：如果单一窗口海关备案审批不通过，会怎样？

答：如果不通过，申请海关会给企业退回，退回后可在“企业资质申请”页面直接修改内容，并重新点击“申报”按钮。

3. 注册登记变更申请

报关单位注册登记成功后，报关单位情况登记表上的信息发生变化的，需要在发生变更之日起30日内向海关申请报关单位注册登记的变更。

通过单一窗口方式发起变更时，企业应该使用IC卡通过“卡介质”的方式登录单一窗口，在“企业资质—海关企业注册备案—海关企业通用资质—企业注册登记—企业信息变更”界面发起变更申请。

系统先根据当前的登入账号自动校验。对于注销、超期、临时注册登记等有待人工审核的变更作业企业的申报数据，系统予以提示，不能进行变更作业。

变更页面中的灰色字段是不可变更的，可变更的字段为：企业中文名称、企业英文名称、企业中文地址、企业英文地址，企业类别、财务软件管理名、海关业务联系人等、记账方式、经营场所性质、经营总建筑面积、开户银行和账号、企业传真和电子邮件与网址、是否上市公司、是否实行会计电算化、委托代理记账单位、员工人数、快递业务经营许可证号、认证标准类型、跨境电子商务企业类型、投资人信息、报关人员信息等。

小问答

问：在单一窗口中，能否为其他企业办理企业资质操作？

答：目前不能。企业资质备案模块自动读取当前操作账号在单一窗口的注册信息，企业基本信息均为自动带出且不可更改，所以只能为本企业申请注册。

二、对外贸易经营者备案登记实例

1. 背景资料

青岛富稻国际物流有限公司是一家新近完成工商注册的物流企业。根据业务需要在完成工商注册后，须向海关办理注册登记许可手续。

- **报关单位情况登记表(草表)**

报关单位情况登记表

统一社会信用代码	91115236101115211A				
经营类别	报关企业	行政区划	山东省青岛市市南区	注册海关	青岛大港
中文名称	青岛富稻国际物流有限公司				

（续表）

英文名称	QINGDAO FUDAO INTERNATIONAL LOGISTICS CO. ,LTD				
工商注册地址	河东北路 201 号 301 室			邮政编码	266021
英文地址	HEDONG RD. NORTH No. 201 ROOM 301#				
其他经营地址					
经济区划	一般经济区			特殊贸易区域	其他
组织机构类型	公司	经济类型	其他	行业种类	商务代理代办服务
企业类别	合资企业	是否为快件运营企业	否	快递业务经营许可证号	
法定代表人（负责人）	王丽英	法定代表人（负责人）移动电话	130×××5091	法定代表人（负责人）固定电话	0532-28128900
法定代表人（负责人）身份证件类型	身份证	身份证件号码	320113××××××××4321	法定代表人（负责人）电子邮箱	
海关业务联系人	王芳	海关业务联系人移动电话	189×××0200	海关业务联系人固定电话	0532-28128900
上级单位统一社会信用代码		与上级单位关系		海关业务联系人电子邮箱	
上级单位名称					
经营范围	国际海上运输代理、国际航空运输代理服务、报关服务、报检、分拨、仓储等				

序号	出资者名称	出资国别	出资金额（万）	出资金额币制
1	王丽英	中国	150	美元
2	JAMES（护照 PK1234567）	美国	50	美元
3	付媛媛（310109××××××××1239）	中国	50	美元

本单位承诺，我单位对向海关所提交的申请材料以及本表所填报的注册登记信息内容的真实性负责并承担法律责任。

（单位公章）

年　　月　　日

- **报关人员**

➢ 黄　明，男，身份证号为 310110××××××××3457，手机号为 136×××4561

➢ 杜欣欣（台湾同胞），女，台胞证号为 R203011900，出生日期为 19××年 3 月 1 日，手机号为 138×××5233

➢ 胡雯晴，女，身份证号为 320201××××1129，手机号为 137××××2001

• **补充资料**

备案日期为 2020 年 3 月 1 日；特殊贸易区域为青岛市其他地区；行业种类为多式联运。

2. 操作要求

根据相关材料，在单一窗口相关系统中进行青岛富稻国际物流有限公司申报操作。

操作提示：(1) 报关企业和进出口贸易性企业的“企业类别”填报：外贸企业；(2)“行业种类”字段：第一级 L—租赁和商务服务业，第二级 72—商务服务业，第三级 729—其他商务服务业，第四级 7297—商务代理代办服务。

3. 示范操作

(1) 进入“海关通用资质申报”系统

进入系统的方法在项目一中已经详细阐述，不再赘述。

(2) 新建申报页面

点击“海关企业通用资质→企业注册登记”，即可进入“企业注册登记——基本信息”填报页面。

(3) 基本信息录入

根据页面字段的填报要求，根据“报关单位情况登记表(草表)”和补充资料完成数据的填报。填报完成后的页面如图 2-2-10 所示。

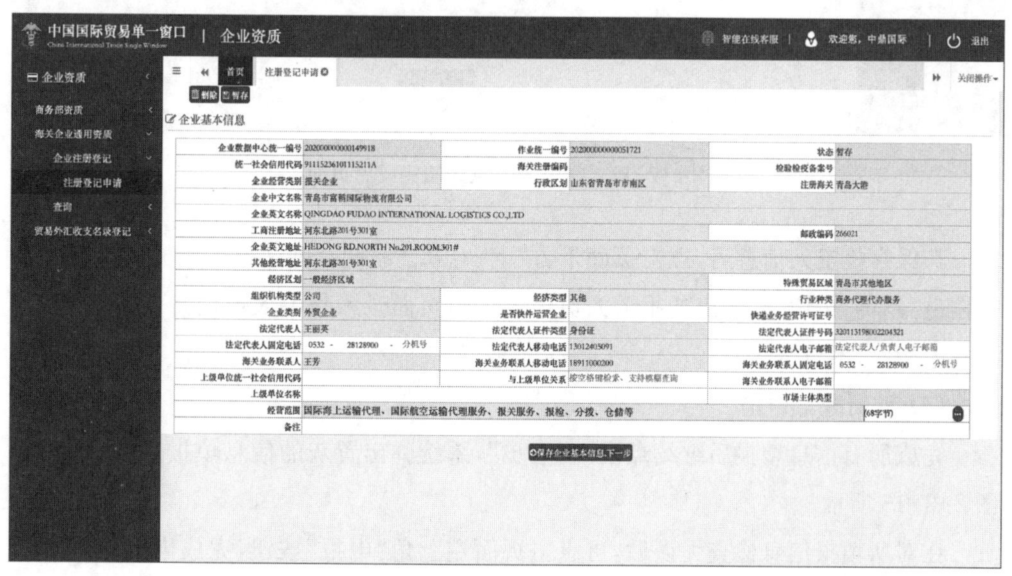

企业数据中心统一编号	202000000000149918	作业统一编号	202000000000051721	状态	暂存
统一社会信用代码	91115236101115211A	海关注册编码		检验检疫备案号	
企业经营类别	报关企业	行政区划	山东省青岛市市南区	注册海关	青岛大港
企业中文名称	青岛市富稻国际物流有限公司				
企业英文名称	QINGDAO FUDAO INTERNATIONAL LOGISTICS CO.,LTD				
工商注册地址	河东北路201号301室			邮政编码	266021
企业英文地址	HEDONG RD.NORTH No.201.ROOM.301#				
其他经营地址	河东北路201号301室				
经济区划	一般经济区域			特殊贸易区域	青岛市其他地区
组织机构类型	公司	经济类型	其他	行业种类	商务代理代办服务
企业类别	外贸企业	是否快件运营企业		快递业务经营许可证号	
法定代表人	王丽英	法定代表人证件类型	身份证	法定代表人证件号码	320113198002204321
法定代表人固定电话	0532 - 28128900 - 分机号	法定代表人移动电话	13012405091	法定代表人电子邮箱	法定代表人/负责人电子邮箱
海关业务联系人	王芳	海关业务联系人移动电话	18911000200	海关业务联系人固定电话	0532 - 28128900 - 分机号
上级单位统一社会信用代码		与上级单位关系	按空格键检索、支持模糊查询	海关业务联系人电子邮箱	
上级单位名称				市场主体类型	
经营范围	国际海上运输代理、国际航空运输代理服务、报关服务、报检、分拨、仓储等 (68字节)				
备注					

图 2-2-10 录入完成后的企业基本信息页面

(4) 其他信息录入

在保存企业基本信息后,点击页面中间“投资人信息”栏目下白色“新增”按钮,在选择投资人员类型页面中,点击“个人”。

在弹出的编辑页面中,逐页编辑投资人信息。第一位投资人信息编辑完成后的页面如图 2-2-11 所示。

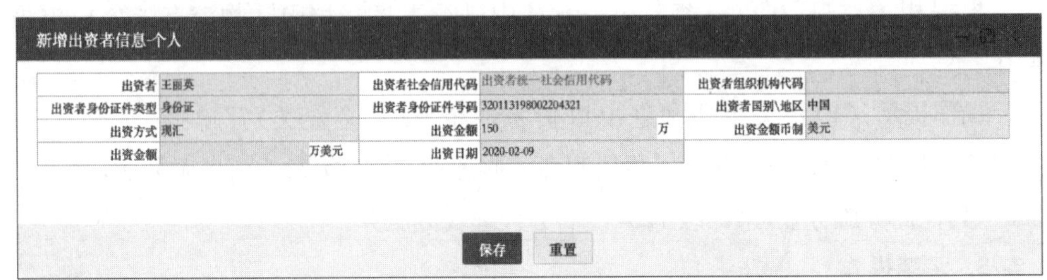
新增出资者信息-个人

出资者	王丽英	出资者社会信用代码	出资者统一社会信用代码	出资者组织机构代码	
出资者身份证件类型	身份证	出资者身份证件号码	320113198002204321	出资者国别\地区	中国
出资方式	现汇	出资金额	150 万	出资金额币制	美元
出资金额	万美元	出资日期	2020-02-09		

保存 重置

图 2-2-11　第一位投资人信息编辑完成后页面

按照上述步骤完成另外两位投资人信息编辑。完成填报后的页面如图 2-2-12 所示。

中国国际贸易单一窗口 | 企业资质

投资人员信息

序号	出资者	出资者社会信用代码	出资者身份证件类型	出资者身份证件号码	出资国别\地区	出资方式	出资金额(万)	出资金额币制	出资金额(万美元)	出资日期	操作
1	付媛媛		身份证	310109198512121239	中国	现汇	50	美元		2020-02-09	编辑 删除
2	JAMES		护照	PK1234567	美国	现汇	50	美元		2020-02-09	编辑 删除
3	王丽英		身份证	320113198002204321	中国	现汇	150	美元		2020-02-09	编辑 删除

显示第 1 到第 3 条记录,总共 3 条记录

图 2-2-12　投资人信息编辑完成后页面

在保存投资人信息后,点击页面下方“下一步”。系统会弹出报关人员信息栏。点击白色“新增”按钮,在弹出的报关人员信息编辑页面录入报关人员信息,录入方法与投资人相同,不再赘述。

(5) 注册登记申请

完成所有信息填报后继续点击“下一步”,系统弹出置灰的信息填报后的页面,如图 2-2-13 所示。

在对所填报信息检查无误后,可点击页面左上角“申报”按钮,完成申报。完成申报后,可以继续点击左上角的“企业信息打印”和“报关人员信息打印”按钮,打印日后现场提交纸质材料时需要提交的相关表格。

图 2-2-13　所有信息编辑完成后页面

巩固练习

一、名词解释

1. 报关单位
2. 进出口货物收发货人
3. 报关企业
4. 报关注册登记制度

二、填空题

1. 依法取得海关的________是法人或其他组织成为报关单位的前提。

2. 报关单位分为________和________两种类型。

3. 按照报关单位的性质，具有进出口经营权的贸易公司报关范围是________的进出口货物，国际货运代理、国际物流和国际快递公司的报关范围是________的进出口货物。

4. 不同类型的报关单位，其注册登记方式是不同的，报关企业实行的是________，而进出口货物收发货人实行的是________制。

5. 进出口货物收发货人的报关行为称为________报关，报关企业的报关行为称为________报关。

6. 根据代理报关行为的法律责任，可分为直接代理和间接代理。直接代理的代理行为法律后果作用于________人，对于间接代理的代理行为，需要报关企业承担与委托人的________责任。

7. 报关企业需要办理________手续时，应当向所在地直属海关或者其授权的隶属海关申请注册登记。

8. 进出口货物收发货人申请注册登记的方式，可以是________方式，也可以是________方式。

9. 关检融合后，企业的“报关单位注册登记证书”自动体现企业________两项资质。

10. 根据海关的最新规定，进出口货物收发货人的“报关单位注册登记证书”________核发。

三、判断题

(　　)1. 报关单位必须是向海关办理进出口货物报关纳税等海关事务的境内法人或其他组织。

(　　)2. 在海关注册的报关企业和经过备案的报关企业分支机构只能在注册地海关办理通关手续。

(　　)3. 直接代理报关是接受委托人的委托，以自己的名义办理报关业务的行为。

(　　)4. 在海关注册的报关企业和经过备案的报关企业分支机构也可以在全国任一海关办理通关手续。

(　　)5. 对于符合注册登记许可条件的申请企业，海关必须在15个工作日内核发“中华人民共和国海关报关单位注册登记证书”。

(　　)6. 采用多证合一方式进行报关单位注册登记时，进出口货物收发货人可在申请工商注册登记时，同步办理报关单位注册登记。

(　　)7. 报关企业如要在注册登记许可关区外设立分支机构，需要向注册地海关备案。

(　　)8. 采用网上注册登记时，报关单位在网上完成“报关单位情况登记表”并提交后，还需到海关业务现场递交纸质材料。

(　　)9. 进出口货物收发货人备案成功后，需要到所在地海关企业管理部门领取“报关单位注册登记证书”。

(　　)10. 通过单一窗口进行企业报关通用资质申请时，自理报关企业和代理报关企业注册登记是通过一个系统进行的。

四、单选题

1. 下列(　　)不能成为海关注册登记的进出口货物收发货人。
   A. 境内法人　　B. 境外法人
   C. 境内组织　　D. 中华人民共和国公民
2. 下列(　　)属于进出口货物收发货人企业。
   A. 国际物流企业　　B. 国际货运企业
   C. 出口加工型企业　　D. 特殊监管区的保税仓库
3. 报关企业的海关注册登记实行的是(　　)。
   A. 注册登记许可　B. 备案登记　　C. 备案制　　D. 注册制
4. 进出口货物收发货人的海关注册登记实行的是(　　)。
   A. 注册登记许可　B. 备案登记　　C. 备案制　　D. 注册制
5. 下列关于直接代理报关法律责任的阐述中，(　　)是正确的。
   A. 代理行为的法律后果作用于被代理人
   B. 代理行为的法律后果作用于代理人
   C. 报关企业承担与委托人的连带责任
   D. 代理行为的法律后果作用于第三人
6. 下列(　　)不能成为报关单位。
   A. 境内专业报关公司　　B. 境内国际货运代理公司
   C. 境外国际货运代理公司　　D. 境外注册的国际货运代理公司
7. 进出口货物收发货人需要在注册登记地以外关区设立报关的分支机构的，应该在(　　)办理备案申请。
   A. 注册登记地海关　　B. 注册登记地上级海关
   C. 分支机构所在地海关　　D. 分支机构所在地上级海关
8. (　　)是报关企业注册登记时不需要向海关提交的材料。
   A. 对外贸易经营者备案登记证书　　B. 报关单位情况登记表
   C. 企业法人营业执照副本复印件　　D. 组织机构代码证书副本复印件
9. 对于符合注册登记许可条件但材料不齐的申请单位，海关必须在(　　)内告知需要补齐的材料。
   A. 5日　　B. 5个工作日　　C. 15日　　D. 15个工作日
10. 进出口货物收发货人需要设立分支机构的，可凭“报关单位情况登记表”向

(　　)进行备案申请。

A. 海关总署

B. 注册地海关

C. 分支机构所在地海关

D. 注册地海关或分支机构所在地海关

五、多选题

1.(　　)不能成为海关注册登记的报关企业。

A. 进出口贸易公司　　B. 国际货运代理企业

C. 国际快递公司　　D. 境外国际货运企业

2.(　　)能够注册登记成为报关单位。

A. 在商务部门备案登记的进出口货物收发货人企业

B. 在商务部门备案的国际物流企业

C. 工商登记注册贸易性企业

D. 在交通部门的运输企业

3. 在我国注册登记的报关单位可以在(　　)办理货物进出口报关手续。

A. 中国香港地区 B. 上海地区　　C. 天津地区　　D. 北京地区

4. 进出口货物收发货人可以通过(　　)方式向海关申请注册登记。

A. 向所在地海关企业管理部门书面提出报关单位注册登记申请

B. 在企业的工商注册登记申请时,同步办理报关单位注册登记

C. 通过国际贸易单一窗口在网上提交申请材料,线下提交材料方式

D. 通过互联网+海关在网上提交申请材料,线下提交材料方式

5. 专业性报关企业可以通过(　　)向海关注册登记。

A. 国际贸易单一窗口

B. 互联网+海关

C. 企业所在地海关企业管理部门

D. 各地区的一网通政务平台

6.(　　)可以通过单一窗口申请企业报关资质。

A. 进出口货物收发货人

B. 报关企业

C. 特殊监管区双重身份企业(自贸区内)

D. 临时注册登记单位

项目三　跨境电商进口申报

项目内容

1. 跨境电子商务的含义和形式
2. 跨境电子商务的参与主体
3. 跨境电商物流服务形式
4. 跨境电商进口业务相关主体
5. 跨境电商进口模式
6. 跨境电商进口通关
7. 跨境电商进口环节
8. 单一窗口跨境电商系统基本操作
9. 跨境电商进口的“三单”查询
10. 跨境电商进口清单申报和撤改单申请

活动一　跨境电子商务

一、跨境电子商务概述

跨境电子商务，是指分属不同关境的交易主体，通过电子商务平台达成交易、进行支付结算，并通过跨境物流及异地仓储送达商品，完成交易的一种国际商业活动。跨境电子商务又被习惯地称为跨境电商。从广义上来说，跨境电商就是外贸电商，是传统的国际贸易流程的网络化、电子化和数字化。从狭义的角度讲，跨境电商相当于跨境零售。

1. 跨境电子商务的形式

根据商务主体不同，跨境电商主要有 B2B、B2C、C2C、B2B2C 等几种基本形式。B2B 形式，即企业—企业，是指企业与企业之间通过互联网交换产品、服务及信息。B2C 形式，即企业—消费者，是指企业直接面向消费者个人销售产品或服务的商业零售模式。C2C 形式，即消费者—消费者，是指消费者与其他消费者进行商品或服务的交易。B2B2C 形式，即企业—企业—消费者，是指一家企业向另一家企业提供某种产品或服务，由另一家企业为消费者提供产品或服务的商业模式。

业务链接

跨境电商的不同形式

1. 跨境电商 B2B 形式。如国内某企业通过跨境电商平台售卖服装，国外企业客户看到后在平台下单。这就是典型的出口跨境 B2B 模式。

2. 跨境电商 B2C 形式。如国内某企业通过跨境电商平台售卖服装，国外消费者看到后在平台下单。B2C 模式相对于 B2B 模式来说订单量通常较少，订单金额也较小，不过客户数量比较多，这是由于消费者数量众多造成的。

3. 跨境电商 C2C 形式。现在流行买手制模式，售卖商品的并非企业，而是个人商家，个人在跨境平台上开店并售卖商品，其销售的对象也是海外个人。

4. 跨境电商 B2B2C 形式。这是目前比较流行的一种跨境模式。首先海外商家将商品售卖给平台企业，然后平台企业再将商品售卖给消费者，消费者购买商品后如出现相关售后问题，则直接找平台企业索偿。

2. 跨境电子商务管理

跨境电商作为一种新型的国际贸易经营方式，国务院及各部委从促进和规范跨境电商行业健康发展的角度出发，制定了一系列的鼓励注册和监管制度。

这些管理政策和措施主要有：(1)跨境电商进口零售商品实行正面清单管理，凡列入清单的商品，准予进口，跨境电子商务零售进口商品清单每年公布一次。(2)跨境电子商务零售进口商品，不按行邮税计征税费；单笔交易限值为 5 000 元人民币；个人年度交易额限值为 2.6 万元人民币；在限值以内进口的商品，关税税率为零；进口环节增值税、消费税按法定应纳税额的 70%征收，超过限值的部分均按照一般贸易方式征税等。(3)跨境电商单笔限额由 1 万美元提升至 5 万美元。(4)增设以下监管方式代码：9610，电子商务；1210，保税电商；1239，保税电商 A。(5)利用“跨境电子商务通关服务平台”“中国国际贸易单一窗口”等平台，通过与跨境电商企业的数据共享，简化跨境电商零售进出口商品的通关申报流程。

二、跨境电子商务的参与主体

跨境电子商务作为一种新型国际贸易经营方式，参与当事人与传统贸易有所区别，其主要特点是贸易活动依托电子商务平台进行。根据业内约定，跨境电商的参与主体可以按表 3-1-1 归类。其中的主要当事人之间的关系如图 3-1-1 所示。

表 3-1-1　　跨境电商业务的参与主体

序号	当事人	界定	角色
1	跨境电子商务平台企业	为跨境电商企业和个人提供交易的虚拟平台经营企业	自身不拥有商品，提供的是信息交互平台
2	跨境电子商务企业	经营跨境电商业务的企业	拥有商品所有权的国际贸易经营者
3	支付企业	提供跨境电子商务零售支付服务的企业	银行、非银行支付机构以及银联等
4	物流企业	提供跨境电子商务零售进出口物流服务的企业	提供的货物从经营者向消费者转移
5	报关企业	为跨境电商企业或平台企业提供报关申报服务的企业	代理申报的企业
6	特殊监管场所企业	提供跨境电子商务零售进出口特殊监管场所服务的企业	提供跨境商品在特殊监管区存储服务的企业
7	担保企业	为跨境电商企业提供担保的企业	通过向海关缴纳保证金或提交保证函的方式，保证其担保的企业在一定期限内履行其承诺义务的企业
8	消费者	零售商品的购买人	商品的接受方

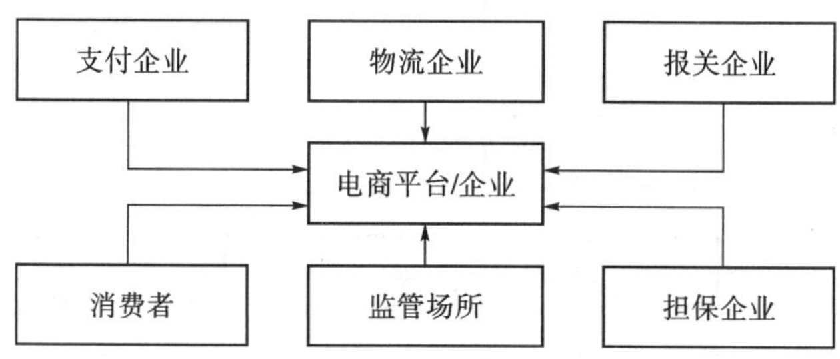

图 3-1-1　跨境电商各参与主体的关系

在跨境电商实际业务中，不同主体企业的功能会产生交叉，如一些跨境电商平台采用自营的方式，承担了跨境电商企业的功能，一些大型电商企业有自己的物流系统等。另外，不同流向、不同类型的跨境电商的业务模式也不一样。

根据海关规定，跨境电子商务平台企业、物流企业、支付企业、跨境电子商务企业境内代理人等参与跨境电子商务零售业务的企业，需要向所在地海关申请办理注册登记手续。根据注册登记企业的类型不同，海关赋予了各自的权利与义务。

业务链接

跨境电子商务企业境内代理人

在跨境电商行业中，还存在一类被称为跨境电子商务企业境内代理人的企业。

跨境电子商务企业境内代理人，是指开展跨境电子商务零售进口业务的境外注册企业所委托的境内代理企业，由其在海关办理注册登记，承担如实申报责任，依法接受相关部门监管，并承担民事责任。

三、跨境电商的交易流程

跨境电商业务不仅涉及交易信息传输、国际支付、货物的存储和运输等环节，还涉及海关申报、检验检疫、关税征收、外汇结算等相关手续办理，与国内电子商务相比，具有时间长、手续复杂、贸易壁垒多等复杂因素。跨境电商可以通过图 3-1-2 所示的业务流程得到大致的体现。

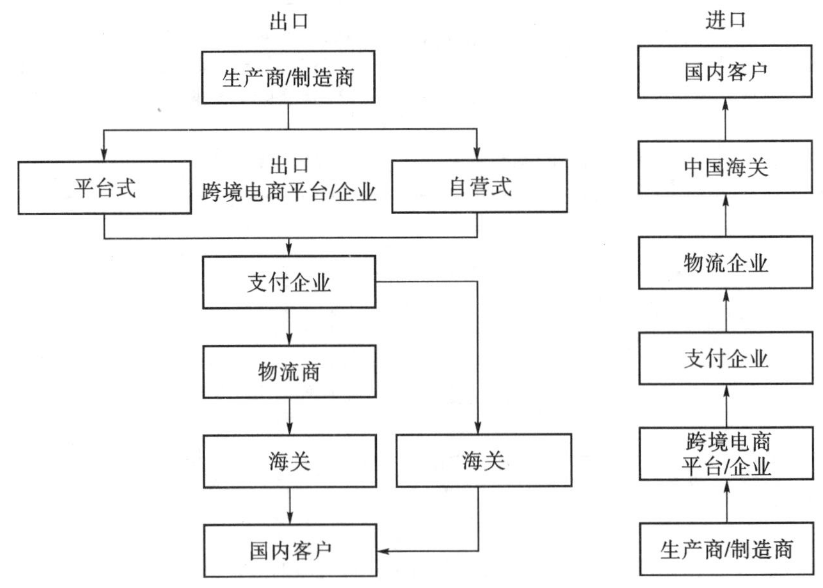

图 3-1-2　跨境电商进出口流程

从上述流程图可以看到，跨境电商的出口流程从生产商或出口商将商品在电商平台上展示开始，一旦商品被买家下单并完成支付，商品就交由跨境物流服务商完成货物的配送。在货物配送的过程中，商品需要经过出口国和进口国的两次海关通关。在整个出口业务的流程中，跨境电商企业是商品交易中间商或参与方，第三方综合服务平台是交易履行的串联者。进口流程也是如此，只是方向相反，但其内容基本相同。

在跨境电商中的物流环节往往是由第三方完成，物流的形式可以确定跨境电商的经营方式。在跨境电商业务中，物流的服务形式主要有：邮政包裹、国际商业快递、跨境专线物流、海外仓储物流和国内快递国际化等。

邮政包裹服务，是指交易的商品通过邮政网络实现由销售者向消费者转移的一种物流方式。邮政包裹实际上是传统邮政业务在跨境电商中的应用，其特点是价格相对低廉，速度比较慢。

国际商业快递服务，是指在两个或两个以上国家（或地区）之间所进行的快递、物流业务。商业快递是现代物流业发展的一种新的形式，其特点是价格相对较高，速度快。

跨境专线物流服务，是指通过航空包板包舱方式将货物运输到国外，再通过合作公司进行目的国国内的派送。跨境专线物流相对于邮政包裹成本较低、速度较快，但覆盖范围有限。

海外仓储物流服务，是指由网络交易平台、物流服务商为卖家在销售目标地提供的货品仓储、分拣、包装、派送的一站式控制与管理服务。海外仓储物流服务实际上是世界经济一体化背景下贸易形式的新变化，主要适应季节性强、周转较快的商品。

国内快递国际化服务，是指国内快递企业拓展的国际快递业务，它是物流业自身发展的一种新的业务形式，与商业快递相比，由于海外网络的覆盖面有限，便利性不够。

活动二　跨境电商进口业务

一、跨境电商进口模式

1. 直邮进口模式

（1）直邮进口模式的含义

直邮进口是消费者在购买境外商品之后，从海外直接通过快递发货、清关、入境的消费形式。

直邮进口，消费者可以在国内的跨境电商平台购买，也可以直接在国外网站购买，还可以是代购。它的特点是：产品种类丰富多样，消费者可以直接购买稀缺、优质、新奇的全球商品，但是运费可能比较高，运输时间比较长。

直邮进口分为直购进口和快件进口两种进口模式，都是采用行邮清关的模式。行邮清关是指对入境行李、物品、包裹征收行邮税的清关方式。

业务链接

行邮物品清关流程

1. 正常流程：预申报→发送 EDI 数据→海关审单→打印放行货物缴纳证→现场清关查验→打印缴纳证→货物放行。

2. 查验流程：现场查验→打印查验单→派单→货物过机→开箱查验→查验放行。

（2）直邮进口模式的流程

直邮进口模式的具体流程如图 3-2-1 所示：

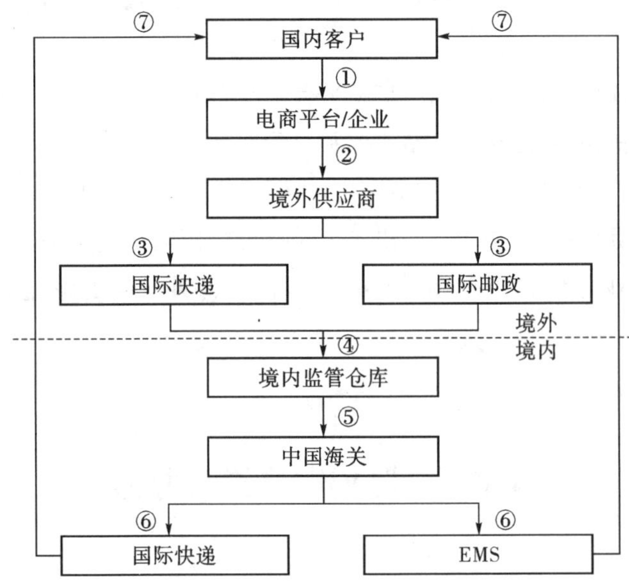

图 3-2-1 直邮进口模式的流程

在直邮进口模式下，国内客户在跨境电商平台下订单后，电商企业将订单、支付企业将支付单、物流企业将物流运单等三单信息发送至海关，境外商家获取订单信息后备货并粘贴商标，然后交付给国际商业快递或者国际邮政，委托其运输至国内后运入我国国内保税仓，海关查验商品、审核三单信息无误后放行，货物从监管仓库出库，交付商业快递或者国内邮政 EMS 配送，最终将货物交付给国内消费者。

2. 保税进口模式

（1）保税进口模式的含义

保税进口模式，是指跨境电商企业通过集中海外采购，统一由海外发至国内保税仓库，消费者网上下单后由物流公司直接从保税仓库配送至客户。保税进口模式又称为保税备货进口。由于保税进口模式下的商品是由电商企业委托国内快递派送到消费者手中,因此有别于直邮进口模式下的海外发货。

小问答

问:能通过实例来说明直邮进口与保税进口的区别吗?

答:保税进口模式是先有物流后有订单,属于 B2B2C 方式,分两个步骤:第一步,跨境电商企业从海外采购完货物后先把商品整批运入保税区;第二步,等国内消费者下单支付后再从保税区发货。直邮进口也称一般进口方式,是先有订单后有物流,也就是国内消费者先在网站上下单支付后,电商企业根据订单从国外发货。我们平时在一些跨境电商平台上购买跨境商品时可以留意一下发货地址,如果是原产地发货,那么就是直邮进口模式,如果是从国内某保税仓库发货,则属于保税进口模式。

(2) 保税进口模式的流程

保税进口模式的流程是先将境外货物运至境内保税区存储,再根据订单分批销售给国内消费者。保税进口模式又称为保税备案模式。这种模式综合了一般贸易进口和直邮进口的双重特点,但与传统一般贸易进口和直邮进口又有明显的差异。

保税进口模式的具体流程如图 3-2-2 所示。

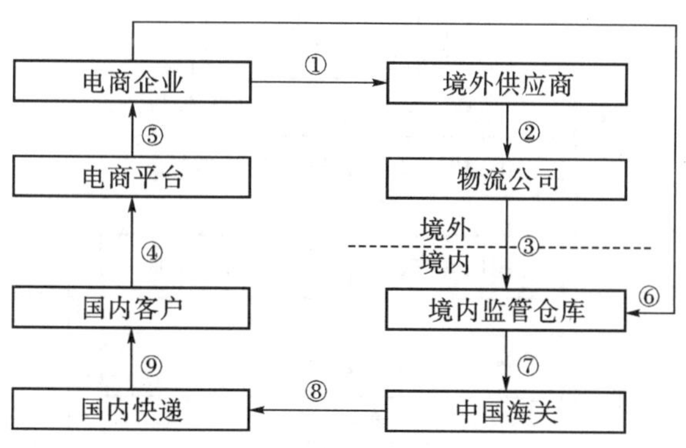

图 3-2-2　保税进口模式的流程

在保税进口模式下,国内跨境电商企业结合国内市场情况向境外商家采购跨境商品,然后国内跨境电商企业向海关进行企业、商品等信息备案。境外商家将货物打包、贴标后交付给物流公司(货运公司),接着物流公司通过海运或者空运的方式将货物运至国内保税仓库。待国内客户在跨境电商平台下订单后,电商企业将订单、支付企业将支付单、物流企业将物流单等三单信息发送至海关。跨境电商平台企业获取订单后发送给仓库，货物清关后商品出库，跨境电商企业将货物交付给国内快递进行配送，配送企业将货物交付给国内消费者。

3. 集货进口模式

(1) 集货进口模式的含义

集货进口模式，是指跨境电商企业根据消费者在跨境电子商务平台上产生的订单，先在国外采购货物，统一打包，集中进入境内保税物流中心后，由物流企业根据消费者订单信息，在商品上分别粘贴运输面单，由报关企业汇总申报，经海关清单核放，查验放行后配送到消费者手中。集货进口又称为保税进口集货模式。这种模式与其他模式相比，具有商品种类广、风险小的特点，但劣势在于需要有海外仓、周期长和境外人工成本高。

(2) 集货进口模式的流程

与保税备货模式不同，集货进口模式下电商无须将未出售的货物预先囤积在仓库内，可极大地降低资金成本和销售风险。劣势在于没有备货模式发货快。

在具体操作流程上，集货进口模式对比保税进口模式，主要是多了在海外整理、包装商品的步骤，而到了国内，根据具体情况还要分包，并根据不同的客户安排国内第三方物流公司发货。这导致集货进口模式的物流效率比保税进口模式要低。

集货进口模式的具体流程如图 3-2-3 所示。

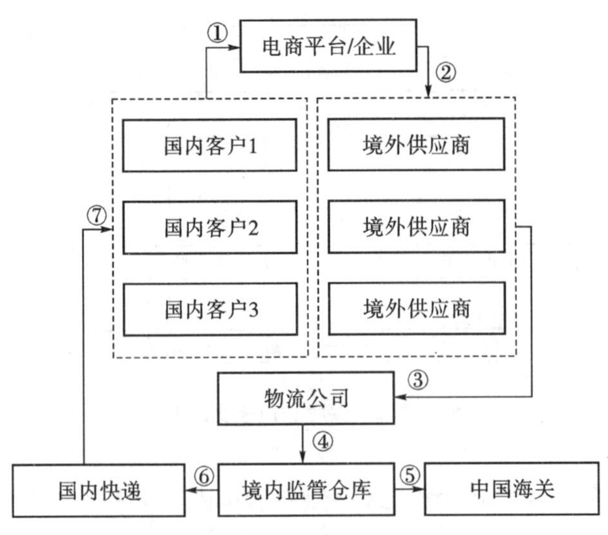

图 3-2-3 集货进口模式的流程

在集货进口模式下，很多国内客户在跨境电商平台下订单，跨境电商平台集中获取订单后发送订单信息给多个境外商家。跨境电商企业向海关进行企业、商品等信息备案，相关的境外商家获取订单信息后备货、贴标。备货完成后，跨境电商企业委托海外代理公司将所有采购的境外商品集货，海外代理公司将商品交付给物流公司，物流公司将货物运输至国内保税仓，海关查验货物，货物清关。跨境电商企业分别将多个消费者的货物交付给国内快递配送，国内快递将商品依次交付给不同的国内消费者。

集货模式如今更受青睐，尤其是有实力的跨境电商平台，纷纷布局跨境快递业务，力图抢占集货模式下的国际转运业务。

二、跨境电商进口通关

1. 进口通关规定

根据《关于跨境电子商务零售进出口商品有关监管事宜的公告》(海关总署公告2018年第194号)(以下简称"海关总署第194号公告")的规定，采用跨境电商零售方式进口的商品，需要遵守如下规定：

(1) 海关监管条件

采用直购进口商品及适用"网购保税进口"政策的商品，按照个人自用进境物品监管适用"网购保税进口A"进口政策的商品，按《跨境电子商务零售进口商品清单(2019版)》(以下简称《零售清单》)尾注中的监管要求执行。《零售清单》每年发布一次。

(2) 检验检疫规定

跨境电商进口货物检验检疫的要求与一般进口货物一致，对属于检验检疫范围的零售进出口商品及其装载容器、包装物，仍需按相关规定施检和监管。

(3) 申报方式

商品进口时，应向海关提交"中华人民共和国跨境电子商务零售进出口商品申报清单"(以下简称"申报清单")，采取"清单核放"方式办理报关手续。一般情况下，采用通关无纸化方式进行申报。

2. 申报信息传输

根据海关总署第194号公告的规定，跨境电商零售进口商品申报前，平台企业或跨境电商境内代理人、支付企业、物流企业应当分别通过国际贸易单一窗口或跨境电子商务通关服务平台①向海关传输交易、支付、物流等电子信息。直购进口模式下，邮政企业、进出境快件运营人可以接受平台企业或电商企业境内代理人、支付企业的委托，向海关传输交易、支付等电子信息。向海关传输的数据信息必须及时、有效，并对数据真实性承担相应法律责任。

---

① 通过国际贸易单一窗口或跨境电子商务通关服务平台向海关传输跨境电商数据，具有同等的效力。

业务链接

跨境电商相关企业的海关责任

开展跨境电子商务零售进口业务的跨境电子商务平台企业、跨境电子商务企业境内代理人应对交易真实性和消费者（订购人）身份信息真实性进行审核，并承担相应责任；身份信息未经国家主管部门或其授权的机构认证的，订购人与支付人应当为同一人。

（1）订单信息

订单的信息，由电商平台推送给跨境通关服务平台。订单信息主要包括：电商平台信息、顾客信息（身份证信息）、收货信息、商品信息（价格、数量、HS 编码、产品国检备案编号等）、支付信息（实付金额、优惠金额等）等。

（2）物流信息

出库的物流信息，由物流企业推送给单一窗口平台。物流信息主要包括：物流企业信息、运输信息（物流单号、运费、收货信息）、货物详情信息等。

（3）支付单信息

订单对应的支付单，由支付公司推送给跨境通关服务平台。支付单中的信息主要包括：支付企业信息、交易信息（支付流水、订单编号等）、电商平台信息、支付人信息等。

办理进口跨境电商货物通关手续时，海关需要将“申报清单”中的申报信息与订单信息、物流信息和支付单信息进行比对。只有订单、运单、支付单与“申报清单”中的信息比对通过后，海关才准许进入后续的通关环节。跨境电商进口商品通关信息传输示意图如图 3-2-4 所示。

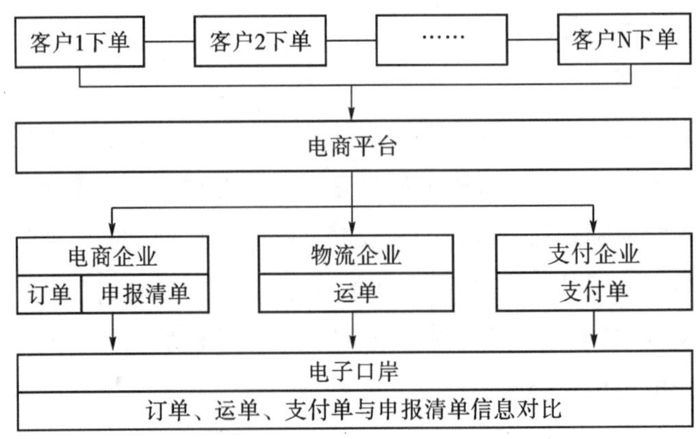

图 3-2-4　跨境电商进口商品通关信息传输示意图

三、跨境电商进口环节

1. 平台下单

由境内消费者在跨境电商平台下订单，平台企业获取订单信息，并将信息发送至相关境内服务商，其中仓储企业获取商品备货分拣信息，物流企业获取物流配送信息。

2. 跨境支付

由境内消费者向平台缴纳货款及相关税费，支付企业获取支付信息。

3. 向海关申报

清关申报企业抓取“三单”(即交易订单、物流单和支付单)信息，制作“申报清单”并向海关申报。交易信息由电商企业或电商平台企业提供；物流信息由物流企业提供；支付信息由支付企业传输。邮政企业和进出境快件运营人在对所传信息真实性承担法律责任的前提下，可由其代为向海关传输交易、支付信息。

4. 货物出仓

在跨境直邮模式下，货物是从海外仓库发出。在保税进口模式下，货物由本国保税仓库发出。

5. 物流配送

选择相应的跨境电商物流模式，进行境内物流配送。

6. 消费者收货

消费者收取货物，值得注意的是消费者在购买跨境商品的时候有额度限制，在一定额度范围内消费者可以享受关税全免以及增值税和消费税打 7 折的优惠，否则就需要全款缴纳。

活动三　单一窗口跨境电商进口操作

一、跨境电商业务模块

1. 系统介绍

国际贸易单一窗口跨境电商系统实现了跨境电子商务通关事务数据信息的政企共享、一网统管，消费者或企业一次性录入数据、一次性提交单证，完成向政府各监管部门的申报，并实时查询通关状态。

国际贸易单一窗口跨境电商模块共有进口申报、出口申报和公共服务三个业务系统。进口申报和出口申报系统的主要功能是供跨境电商企业用户查询相关数据，向海关申报跨境电商货物的清单。公共服务系统主要是为个人消费者提供跨境电商个人消费记录信息查询。

2. 进口申报系统

在海关注册登记的跨境电商相关企业可以通过用户名、密码与验证码登录跨境电商系统。登入时，点击“跨境电商”菜单下的“进口”字样，便可进入跨境电商进口系统，系统的主页面如图 3-3-1 所示。

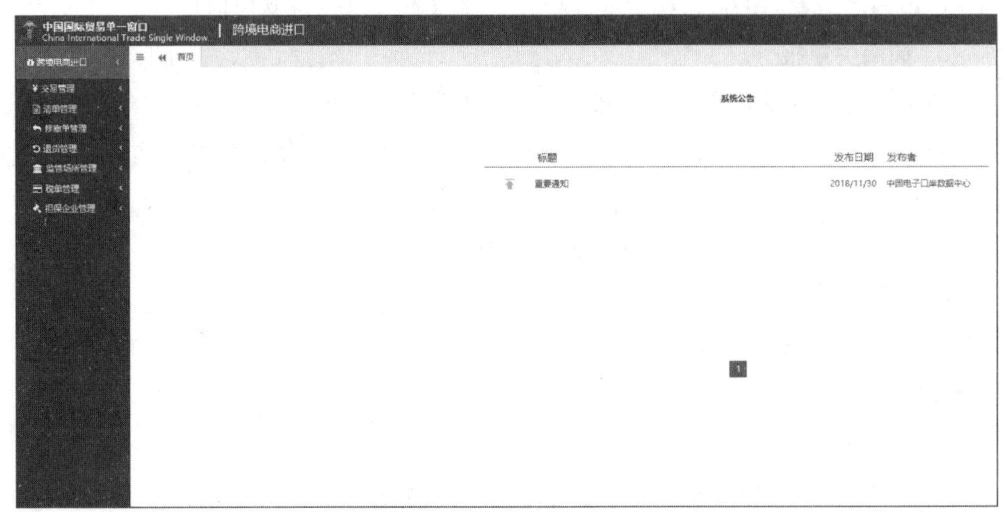

图 3-3-1　进口申报业务模块

单一窗口跨境电商进口业务系统有交易管理、清单管理、修撤单管理、退货管理、监管场所管理、税单管理和担保企业管理七个功能菜单，不同的跨境电商参与主体的权限是不同的，具体的功能和权限如表 3-3-1 所示。

表 3-3-1　　单一窗口跨境电商系统进口申报模块列表

业务模块	功　能	权　限
交易管理	订单查询	电商企业
	支付单查询	
	物流运单查询	物流企业
	物流运单状态查询	
清单管理	清单申报	电商企业 平台企业 报关企业
	待申报清单查询	
	已申报清单查询	

（续表）

业务模块	功　　能	权限
修撤单管理	可修改清单查询	电商企业 报关企业
	可撤清单查询	
	撤单查询	电商企业 报关企业
退货管理	退货单管理(待申报)	电商企业 报关企业
	退货单查询	
监管场所管理	入库明细单查询	监管场所企业
税单管理	缴款书查询	电商企业
	缴款书详情查询	
	电子税单查询	
担保企业管理	担保余额查询	电商企业、平台企业、物流企业

从系统设置来看，交易管理、清单管理、修撤单管理、监管场所管理和税费管理为系统的核心功能。其中，交易管理主要提供跨境电商交易过程中的订单、支付和物流等状态信息的查询；清单管理和修撤单管理主要是跨境电商货物的申报及修撤单管理。监管场所管理和税费管理分别是跨境电商货物进出保税仓库记录和税费缴纳信息的查询。

单一窗口跨境电商进口申报是围绕订单、支付单、运单、进境申报清单、退货单和税单等展开。这些业务单证的业务功能和责任主体各不相同，具体如表 3-3-2 所示。

表 3-3-2　　单一窗口跨境电商进口申报单证分析列表

序号	单证名称	概念解释	责任主体
1	订单	电商企业根据网上实际交易形成的订单电子数据	电商企业、电商平台或受委托的快件运营人、邮政企业
2	支付单	支付企业根据订单的实际交易情况形成的支付凭证电子数据	支付企业或受委托的快件运营人、邮政企业
3	运单	物流企业根据订单的物流运输安排形成的电子数据	物流企业
4	运单状态	物流企业向通关服务系统发送货物妥投的电子数据	物流企业
5	申报清单	电商企业或申报企业应提交"中华人民共和国跨境电子商务零售进出口商品申报清单"	电商企业或申报企业

（续表）

序号	单证名称	概念解释	责任主体
6	撤销申请单	电商企业或申报企业向海关发起撤销申报清单的电子数据	电商企业或申报企业
7	退货单	电商企业或申报企业根据已有订单发起退货申请	电商企业或申报企业
8	入库明细单	直邮进口的货物必须进海关监管场所，监管场所经营人理货后形成的入库明细数据	海关监管作业场所经营企业
9	税单	根据清单中的商品信息、税率等生成税单并凭以核扣	电商企业或申报企业
10	缴款书	海关定期汇总电子税单并生成缴款书，企业凭缴款书缴纳税款的凭证	电商企业或申报企业

3. 系统操作基本规则

进口申报系统主要有信息查询和清单申报两大操作。

在系统操作的各个界面中，灰色字段表示不允许录入，系统将会在相应操作或步骤后自动返填。部分需要手工录入的字段中，有浅灰色录入提示，则需根据业务主管部门的要求，规范填写。

右侧带有三角形标识的字段，表示该类字段需要在参数中调取，不允许用户随意录入。填报时，直接点击三角形图标，调出下拉菜单并在其中选择。也可直接输入已知的相应数字、字母或汉字，迅速调出参数，使用上下箭头选择后，点击回车键确认录入。

日期类字段（例如进口日期/申报日期等），需点击录入框后，在系统自动弹出的日历中选择日期。

在操作过程中，可随时点击界面中的“暂存”蓝色按钮，保存当前正在录入的基本信息数据，以防数据丢失。

二、“三单”查询

跨境电商进口的核心操作是围绕订单、支付单、物流运单和清单展开。前三者即我们之前的活动中提到的“三单”。在单一窗口操作中，“三单”无法录入和更改，是消费者在电商平台交易时自动生成，并通过数据共享的形式传输到单一窗口。清单，即“申报清单”，需要通过单一窗口向海关申报。所以，在单一窗口操作环节中“三单”主要的使用场景是数据和状态的查询，而清单则为申报单据。

1. 订单查询

订单是当客户在电商平台上下单后，由平台自动生成的信息。在单一窗口跨境电商进口申报系统中，点击“订单查询”菜单后，我们可以通过编辑“订单编号”“电商企业代码”“电商平台代码”“订购人”等相关条件查询订单。查询页面如图 3-3-2 所示。

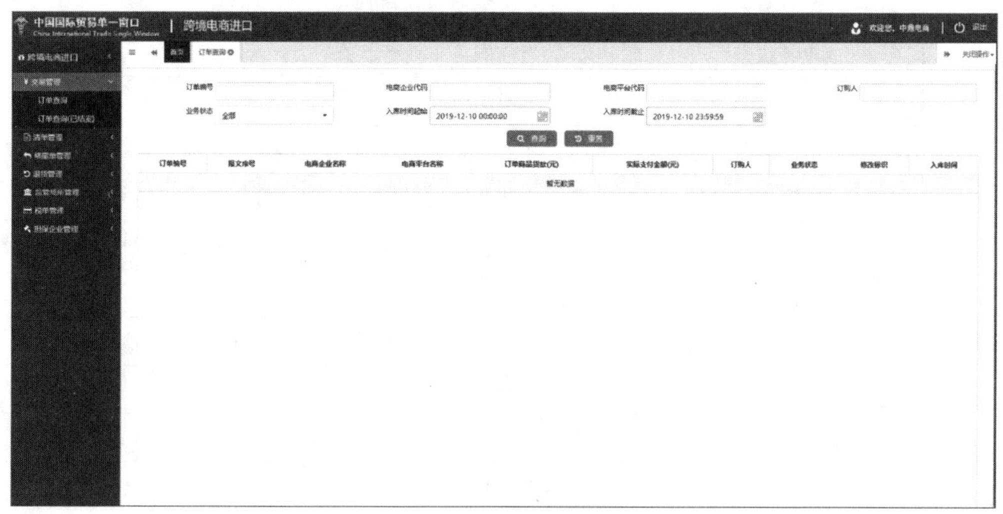

图 3-3-2 订单查询——根据相关条件查询订单

当根据相关查询条件查得信息后，我们可以点击该票信息的“订单编号”，进入该票订单的详情展示页面。订单信息包括订单详细信息和订单表体信息两个部分。订单详细信息部分主要是订单交易相关人信息，表体信息部分主要是交易的商品信息。订单详情页面如图 3-3-3 所示。

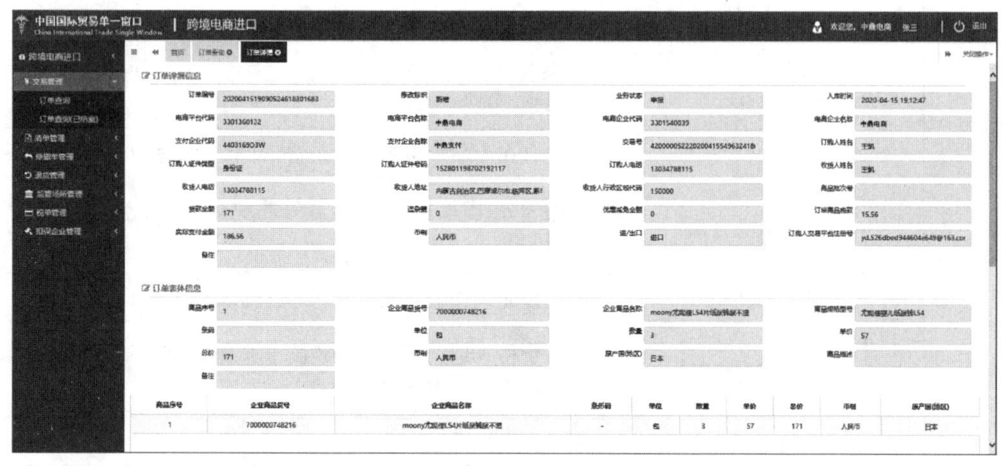

图 3-3-3 订单查询——订单详情页面

订单详情的主要字段详细说明如表 3-3-3 所示。

表 3-3-3　　订单信息说明

区域	分类	字段名称	字段说明
订单详细信息	订单标识	订单编号	电商平台的交易订单编号
		修改标识	企业报送类型包括:新增、变更、删除等
		业务状态[1]	显示当前的订单业务状态
		入库时间	订单生成的时间
	电商平台信息	电商平台代码	海关注册登记平台:注册登记编号和名称
		电商平台名称	海关未注册登记平台:电商平台标识编号和名称
	电商企业信息	电商企业代码	海关注册登记编号和名称或统一社会信用代码(必须与清单的收发货人一致)
		电商企业名称	
	支付企业信息	支付企业代码	支付企业的海关编码,如为境外企业,为空
		支付企业名称	支付企业的名称,非线上支付,填"现金支付"
		交易号	支付企业唯一的支付流水号
	订购人信息	订购人姓名	订购人的真实姓名
		订购人电话	订购人的联系电话
		订购人证件类型	1-身份证,2-其他。限定为身份证,填写"1"
		订购人证件号码	订购人的身份证件号码
	收货人信息	收货人姓名	实际收货人姓名、联系电话、详细地址(必须与电子运单中的收货人一致)
		收货人电话	
		收货人地址	
		收货人行政区域代码	
	交易详情	商品批次号	商品批次号
		货款金额[2]	含非现金抵扣金额
		运杂费[3]	不包含在商品价格中的运杂费,如无,则填写"0"
		优惠减免金额[4]	使用积分、虚拟货币、代金券等非现金支付金额,如无,则填写"0"
		订单商品税款[5]	企业预先代扣的税款金额,如无,则填写"0"
		实际支付金额[6]	商品价格+运杂费+代扣税款－非现金抵扣金额,与支付凭证的支付金额一致
		币制	限定为人民币
		进/出口	电子订单类型,选择 I-进口
		订购人交易平台注册号	订购人的交易平台注册号
		备注	需要说明的其他情况

（续表）

区域	分类	字段名称	字段说明
订单表体信息	商品企业标识	商品序号	从 1 开始的递增序号
		企业商品货号	电商企业自定义的商品货号，即 SKU
		企业商品名称	交易平台销售商品的中文名称
		条码	国际通用的商品条形码
	商品信息资料	单位	按海关标准填写计量单位代码
		数量	商品实际数量
		单价	若为赠品，单价填写为“0”
		总价	商品总价，等于单价乘以数量
		币制	限定为人民币
		原产国	按海关标准填写国别代码
		商品描述	交易平台销售商品的描述信息
		备注	需要说明的其他情况

备注：1. 常见业务状态：电子口岸已暂存、电子口岸申报中、发送海关成功、发送海关失败、海关退单、海关入库等。
2. 货款金额：订单的支付金额及使用优惠券或者积分等抵扣的金额相加后的总金额。
3. 运杂费：订单的运输配送费用。
4. 优惠减免金额：使用积分、虚拟货币、代金券等非实际支付金额。
5. 订单商品税款：缴纳的跨境电商综合税费用。
6. 实际支付金额：货款金额＋运杂费＋订单商品税款－优惠减免金额。

2. 支付单查询

支付单是指客户在电商平台选购商品后支付生成的信息。在单一窗口跨境电商进口申报系统中，点击“支付单查询”后，我们可以通过“支付交易编号”“支付企业代码”“订单编号”等相关条件查询支付单。查询页面如图 3-3-4 所示。

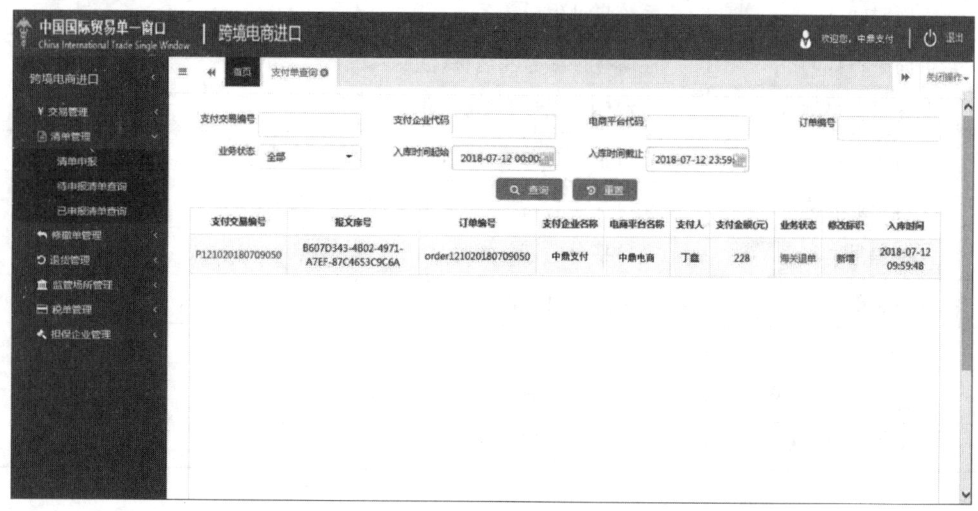

图 3-3-4　支付单查询——根据相关条件查询支付单

当根据相关查询条件查得信息后，我们可以点击该票信息的“支付交易编号”，进入该票支付单的详情展示页面。支付单查询主要适用于支付企业查询支付单数据。支付单详情查询界面如图 3-3-5 所示。

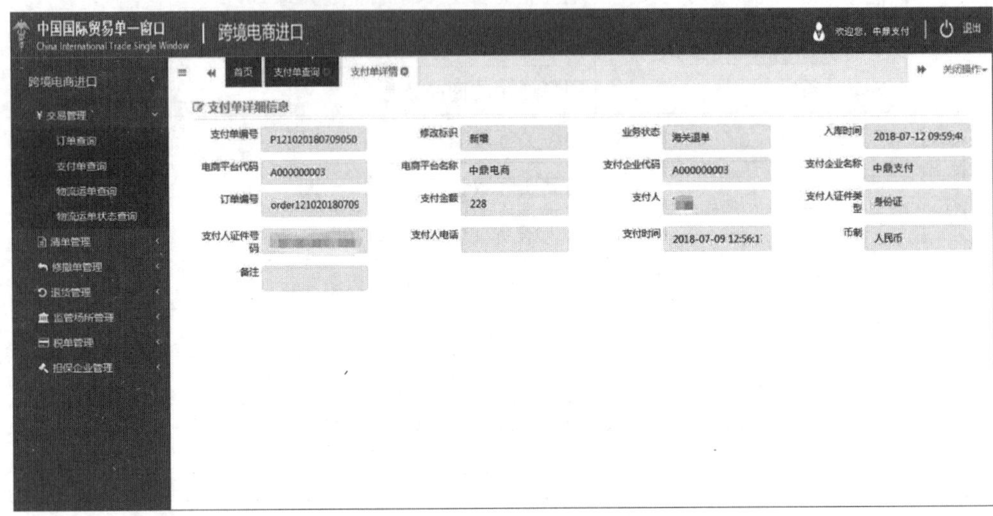

图 3-3-5　支付单查询——支付单详情

支付单详情的主要字段和详细说明如表 3-3-4 所示。

表 3-3-4　支付单信息说明

字段名称	支付单显示内容说明
支付单编号	支付企业唯一的支付流水号
修改标识	标识：新增、变更、删除等
业务状态	支付单的业务状态
入库时间	系统自动生成
电商平台代码	注册登记编号和名称（注册）
电商平台名称	平台标识编号和名称（非注册）
支付企业代码	支付企业的海关编码，如为境外企业，为空
支付企业名称	支付企业的名称，非线上支付，填“现金支付”
订单编号	交易平台的订单编号
支付金额	实际的支付金额
支付人	支付人的真实姓名及身份证件号码
支付人证件类型	
支付人证件号码	

（续表）

字段名称	支付单显示内容说明
支付人电话	支付人电话
支付时间	支付人支付的时间
币制	限定为人民币
备注	需要说明的其他情况
——	——

3. 物流运单查询

物流运单是指客户在电商平台购买商品后生成的物流信息。在单一窗口跨境电商进口申报系统中，点击“物流运单查询”后，我们可以通过“物流运单编号”“提运单号”“物流企业代码”“收货人”等相关条件查询物流运单。查询页面如图 3-3-6 所示。

图 3-3-6 物流运单查询——根据相关条件查询物流运单

当根据相关查询条件查得信息后，我们可以点击该票信息的“物流运单编号”，进入该票物流运单的详情展示页面。物流运单查询主要适用于物流企业查询运单数据。物流运单详细信息查询界面如图 3-3-7 所示。

物流运单的主要字段和详细说明如表 3-3-5 所示。

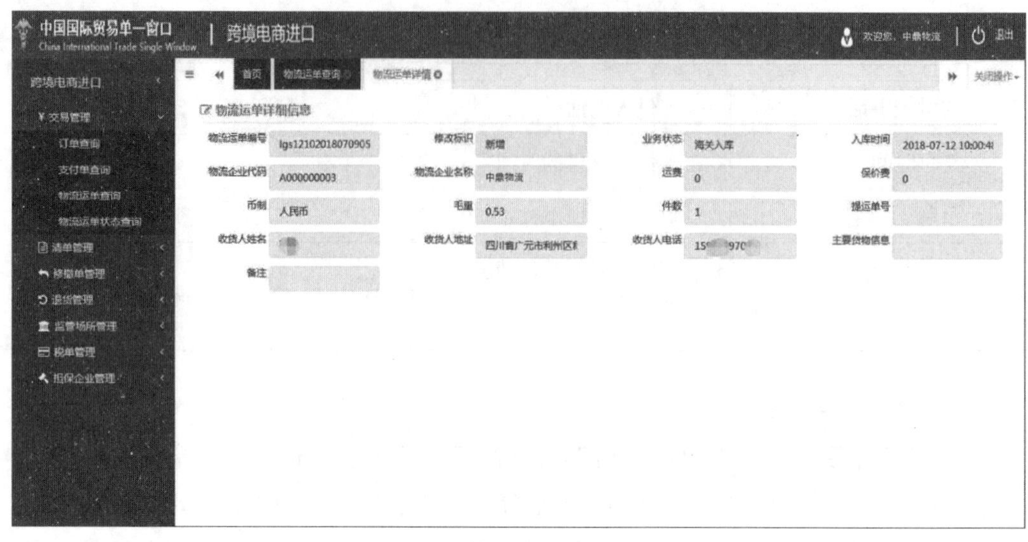

图 3-3-7 物流运单查询——物流运单详情

表 3-3-5 物流运单信息说明

字段名称	运单显示内容说明	字段名称	运单显示内容说明
物流运单编号	物流企业的运单包裹面单号	币制	限定为人民币
修改标识	标识:新增、变更、删除等	毛重	单位为千克
业务状态	运单的业务状态	件数	单个运单包裹数,限定为“1”
入库时间	系统自动生成	提运单号	运输单据编号
物流企业代码	海关注册登记编号和名称	收货人姓名	收货人姓名
物流企业名称		收货人地址	收货人地址
运费	商品运输费用,如无,则填“0”	收货人电话	收货人电话
保险费	商品保险费用,如无,则填“0”	备注	需要说明的其他情况
主要物流信息	配送商品信息(名称、数量等)	——	——

三、清单申报

清单管理是指用户在系统的界面手工录入清单数据、申报清单数据,并向海关申报。清单管理包括清单申报、待申报清单查询、已申报清单查询三个模块。

清单申报包括新增、暂存、申报、删除等操作。

清单信息包括清单表头信息和清单表体信息。清单申报表头录入界面如图 3-3-8 所示,清单表头信息填报说明如表 3-3-6 所示。

图 3-3-8　清单申报表头录入页面

表 3-3-6　　　　清单表头信息说明

字段名称	填报内容	填报说明
预录入编号	预录入 18 位编号	系统自动生成
海关清单编号	清单 18 位编号	
申报类型	报送类型	系统返填，实时更新
业务状态	实时状态	
企业内部编号	单证编号	电商企业内设编号
申报口岸	申报关区代码	按“关区代码表”填报
进口口岸	进境地关区代码	
申报企业代码	海关注册编号	货主企业海关注册登记编号/名称
申报企业名称	海关注册名称	
进口日期	货物进境日期	系统控件，运输工具申报进境日期，如无法确定，免填
申报日期	海关接受申报日期	系统返填
电商企业代码	海关注册编号	电商企业海关注册登记编号或统一社会信用代码及名称，对应清单的收发货人
电商企业名称	海关注册名称	
电商平台代码	海关注册编号	海关注册登记：注册登记编号及名称 海关未注册登记：电商平台标识编号及名称
电商平台名称	海关注册名称	
物流企业代码	海关注册编号	海关注册登记：注册登记编号及名称 海关未注册登记：电商平台标识编号及名称
物流企业名称	海关注册名称	

（续表）

字段名称	填报内容	填报说明
物流运单编号	运单包裹面单号	物流企业内部编号
订单编号	交易平台订单编号	交易平台的订单流水号
区内企业代码	仓储企业代码	如为保税模式，必填，区内仓储企业的海关注册登记编号/名称
区内企业名称	仓储企业名称	
账册编号	账册编号[1]	如为保税模式，必填，在海关备案的账册编号
监管场所代码	监管场所代码	海关注册监管场所代码
订购人	订购人名称	订购人的真实姓名/身份证号/联系电话号码
订购人证件类型	自动“身份证”	
订购人证件号码	18 位身份证号	
订购人电话	电话号码	
启运国（地区）	国别代码	直购进口：始发国（地区）代码；保税进口：代码“142”
许可证号	许可证件编号	涉证货物进口时填写
收货人地址	收货地址	收货人的详细地址
运输方式	运输方式代码	直购进口：跨境段运输方式；保税进口：二线出区运输方式
运输工具编号	载货运输工具名称或编号	直购进口，必填，与报关单填制规范一致；保税进口，免填
航班航次号	载货运输工具航班航次编号	
提运单号	载货提运单编号	
运费	运输费用	物流企业实际收取的运输费用
保费	运输保险费	物流企业实际收取的商品保价费用
币制	人民币	限定为人民币
担保企业编号	担保扣税企业编号	担保扣税的企业海关注册登记编号，只限清单上的电商平台企业、电商企业、物流企业
包装种类	包装方式代码[2]	填报外部包装方式的标识代码
件数	货物数量	件数为包裹数量，限定为“1”
净重	货物净重	货物本身的实际重量，计量单位为千克
毛重	货物毛重	货物及其包装材料的重量之和，计量单位为千克
备注	其他需要说明的情况	

备注：1. 用于保税进口业务，在特殊区域辅助系统记账（二线出区核减）

2. 包装方式代码包括：1-木箱；2-纸箱；3-桶装；4-散装；5-托盘；6-包；7-其他。

清单申报表体录入界面如图 3-3-9 所示，清单表体信息填报说明如表 3-3-7 所示。

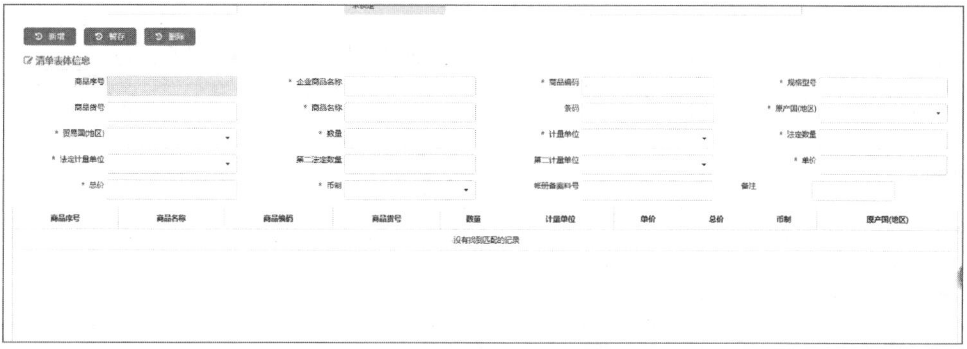

图 3-3-9　清单申报表体录入页面

表 3-3-7　　清单表体信息说明

字段名称	填报内容	填报说明
序号	顺序号	从 1 开始，与关联的电子订单表体序号一一对应
账册备案料号	备案手册编号	如为保税进口，必填，保税货物的海关备案手册号
企业商品货号	商品货号	电商企业自定义的商品货号(SKU)
企业商品品名	商品名称	交易平台销售商品的中文名称
商品编码	10 位商品编码	商品的 10 位 HS 编码
商品名称	商品名称	与电子订单一致
商品规格型号	规格、型号等	必须满足海关归类、审价以及监管的要求[1]
条码	商品条形码	国际通用的商品条形码，如没有条码，则填“无”
原产国(地区)	原产国代码	填写商品的实际原产国(地区)
贸易国	贸易国别代码	填写电商企业与实际签订进出口合同的国家(地区)代码
币制	填写“142”	限定为人民币
数量	成交数量	按成交计量单位计算的实际数量
法定数量	第一计量单位的数量	按照商品编码规则对应的法定第一计量单位计算的实际数量填写
第二数量	第二计量单位的数量	按照商品编码规则对应的法定第二计量单位计算的实际数量填写

（续表）

字段名称	填报内容	填报说明
计量单位	成交单位	实际成交单位
法定计量单位	第一计量单位	按照商品编码规则对应法定第一计量单位
第二计量单位	第二计量单位	按照商品编码规则对应法定第二计量单位
单价	商品单价	实际成交单价
总价	商品总价	实际成交总价
备注	需要说明的其他情况	

备注：1. 规格型号包括：品名、牌名、规格、型号、成分、含量、等级等。

四、其他操作

在跨境电商进口操作过程中，除了最常见的订单查询、支付单查询、物流运单查询以及清单申报外，还涉及其他操作，比如说退货单管理、监管场所管理、税单管理以及担保企业管理等操作。这里面涉及退货单、入库明细单、电子税单等单据。

1. 退货单申报

退货单管理适用于电商企业/代理申报企业根据清单数据生成退货申请单。退货单查询页面及退货单详情页面具体如图 3-3-10 以及图 3-3-11 所示。

图 3-3-10 退货单查询页面

退货单需要申报的信息如表 3-3-8 所示。

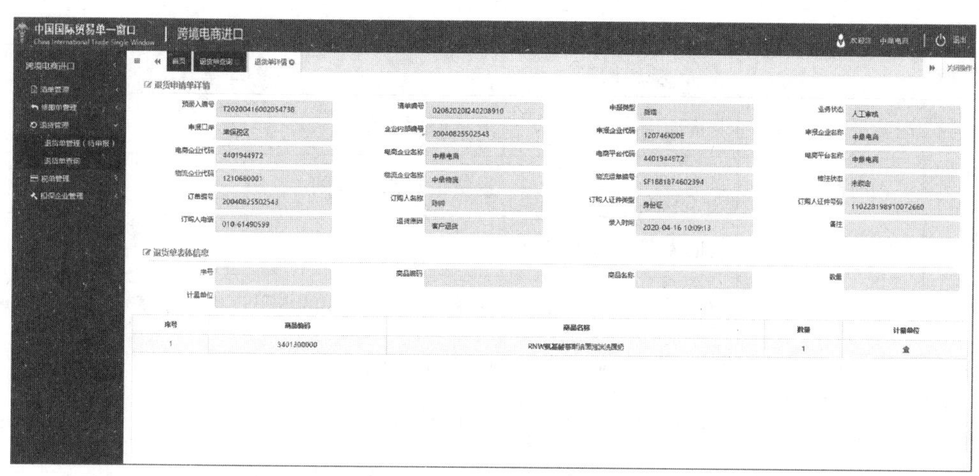

图 3-3-11 退货单详情页面

表 3-3-8 退货单信息

区域	字段名称	填报内容	填报说明
退货单详细信息	预录入编号	预录入编号 18 位	原订单预录入编号
	清单编号	清单 18 位编号	海关接受申报后生成的清单编号
	申报类型	报送类型	系统返填,实时更新
	业务状态	实时状态	
	申报口岸	海关关区代码	接受清单申报的海关关区代码
	企业内部编号	单证编号	企业内部标识单证的编号
	申报企业代码	海关注册编号	退货单申报单位的海关注册登记编号/名称
	申报企业名称	海关注册名称	
	电商企业代码	海关注册编号	电商企业海关注册登记编号或统一社会信用代码及名称,对应清单的收发货人
	电商企业名称	海关注册名称	
	电商平台代码	海关注册编号	海关注册登记:注册登记编号及名称 海关未注册登记:电商平台标识编号及名称
	电商平台名称	海关注册名称	
	物流企业代码	手动录入	海关注册登记:注册登记编号及名称 海关未注册登记:电商平台标识编号及名称
	物流企业名称	手动录入	
	物流运单编号	快递包裹面单号	同一物流企业的运单编号在 6 个月内不重复
	订单编号	交易平台订单编号	交易平台的订单流水号
	订购人名称	订购人名称	订购人的真实姓名/身份证号/联系电话号码
	订购人证件类型	自动“身份证”	
	订购人证件号码	18 位身份证号	
	订购人电话	电话号码	

（续表）

区域	字段名称	填报内容	填报说明
退货单详细信息	退货原因	退货原因	退货原因说明
	录入时间	系统自动生成	退货信息录入时间
	备注	其他需要说明的情况	
退货单表体信息	序号	顺序号	从1开始，与关联的电子订单表体序号一一对应
	商品编码	10位商品编码	商品的10位HS编码
	商品名称	商品名称	与电子订单一致
	数量	成交数量	按成交计量单位计算的实际数量
	计量单位	成交单位	实际成交单位
	备注	其他需要说明的情况	

2. 入库明细单查询

入库明细单查询适用于电商企业/代理报关企业查询入库单明细信息。

操作者只可对显示页面进行查看，无法进行修改等操作。显示界面如图3-3-12所示。

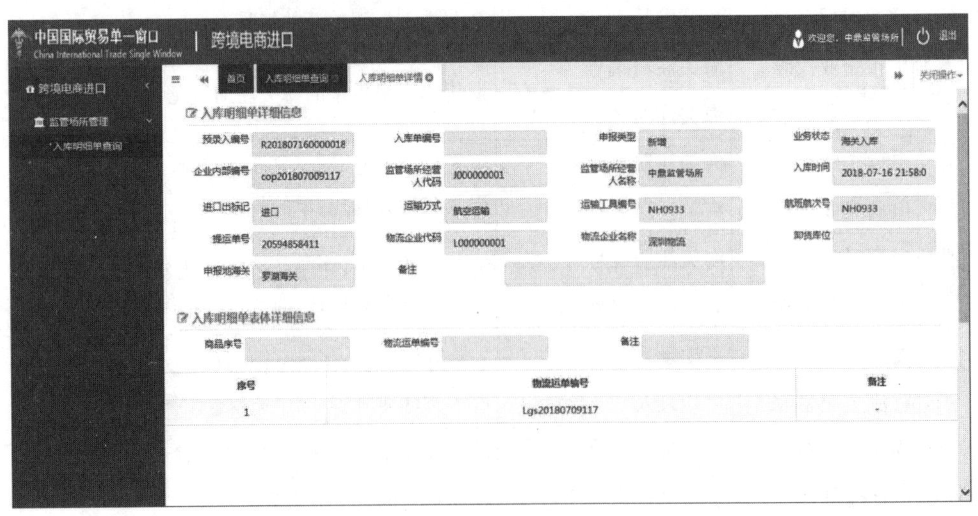

图3-3-12　入库明细单查询——入库明细单详情

入库明细单信息包括入库明细单详细信息和入库明细单表体信息，如表3-3-9所示。

表 3-3-9　　入库明细单信息

区域	字段名称	字段说明
入库明细单详细信息	预录入 18 位编号	电子口岸标识单证的编号
	入库单编号	入库单号
	申报类型	系统返填,实时更新
	实时状态	
	企业内部编号	企业内部标识单证的编号
	监管场所经营人名称	监管场所经营人在海关注册登记的名称
	入库时间	货物实际入库时间
	进出口标记	I 进口/E 出口
	运输方式	直购进口,选择跨境段物流运输方式;保税进口,选择二线出区物流运输方式
	运输工具编号	直购进口,必填,同报关单填制规范;保税进口,免填
	航班航次号	
	提运单号	直购进口,必填,货物提单或运单的编号;保税进口,免填
	物流企业代码	物流企业的海关注册登记编号/名称
	物流企业名称	
	卸货库位	卸货的仓储存放位置
	申报地海关	接受清单申报的海关关区代码
	备注	需要说明的其他情况
入库明细单表体信息	商品序号	从 1 开始的递增序号
	物流运单编号	物流企业的运单包裹面单号
	备注	需要说明的其他情况

3. 电子税单查询

通过税单管理模块,用户可查询系统接收到的电子税单数据,如图 3-3-13 所示。

图 3-3-13　电子税单查询——根据不同条件查询电子税单

税单详情页面如图 3-3-14 所示。

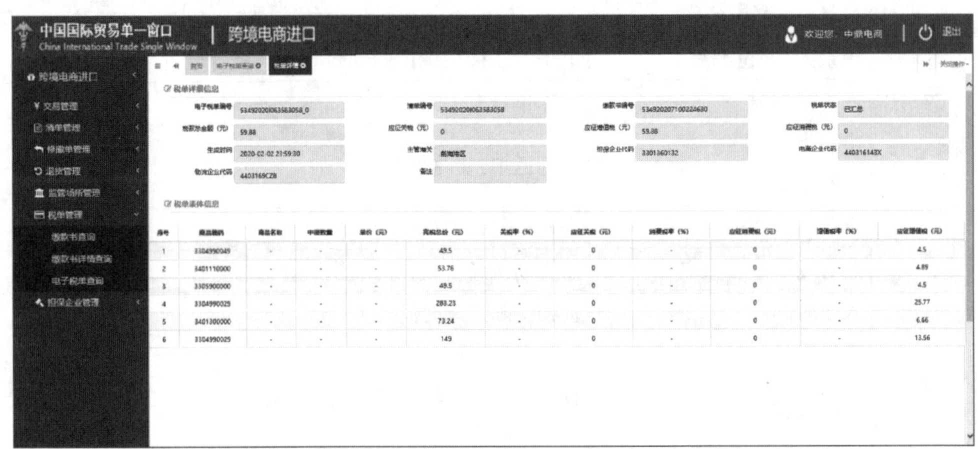

图 3-3-14　电子税单查询——税单详情页面

可查询的税单信息如表 3-3-10 所示。

表 3-3-10　　电子税单信息

区域	字段名称	说明
税单详细信息	电子税单编号	电子税单编号
	清单编号	进境清单编号
	缴款书编号	缴款书编号
	税单状态	实时状态(1-已生成,2-已汇总,3-作废)
	税款总金额	应征关税＋应征增值税＋应征消费税
	应征关税	应征关税金额
	应征增值税	应征增值税金额
	应征消费税	应征消费税金额
	生成时间	税单生成时间
	主管海关	主管海关(4 位关区代码对应)
	担保企业代码	担保扣税的企业海关注册登记编号,只限清单上的电商平台企业、电商企业、物流企业
	电商企业代码	电商平台的海关注册登记编号;电商平台未在海关注册登记,由电商企业发送订单的,以中国电子口岸发布的电商平台标识编号为准
	物流企业代码	海关注册登记编号
	备注	其他说明事项

（续表）

区域	字段名称	说明
税单表体信息	序号	
	商品编码	商品 10 位 HS 编码
	商品名称	10 位 HS 编码对应的商品名称
	申报数量	申报数量
	单价	购买单价
	完税总价	完税总价
	关税率	关税率
	应征关税	应征关税
	消费税率	消费税率
	应征消费税	应征消费税
	增值税率	增值税率
	应征增值税	应征增值税

活动四　单一窗口跨境电商进口操作实例

一、订单查询

1. 案例背景

深圳新世纪电子商务有限公司(简称“深圳电商”)客服人员接到客户咨询电话，需要查询国际贸易单一窗口平台的跨境电商系统订单，确认订单中的收货人地址。该票订单编号是“order121020180709011”。

2. 操作要求

查询订单“order121020180709011”信息。

3. 示范操作

(1) 打开国际贸易单一窗口跨境电商系统

进入“跨境电商进口”—“交易管理”—“订单查询”后，会看到所有订单信息。订单池中的部分订单信息如图 3-4-1 所示。

(2) 根据订单号查询订单

将订单编号“order121020180709011”录入后，系统显示该票订单，如图 3-4-2 所示。

图 3-4-1　订单池订单数据展示

图 3-4-2　订单查询

(3) 查询订单详情

查询到该票订单后，点击蓝色的订单号，会进入订单详情页面，查询到该票订单的货物是发往四川广元，如图 3-4-3 所示。

二、清单申报

1. 案例背景

消费者白雪在欣荣跨境电商平台(自营)上下单购买了一款芦荟胶。商品单价是 29.9 元，税费是 3.27 元，配送费 5 元，白雪使用了购物红包抵了 5 元，所以白雪实际

图 3-4-3　订单详情

支付了 33.17 元购买了该款商品。该票订单号是“order121020180509068”。该票订单的货物从上海天鸿仓储有限公司(保税仓库)发出。

2. 操作要求

针对该票“三单”信息,进行清单申报。

3. 示范操作

(1) 调取“三单”信息

分别点击“订单查询”“支付单查询”和“物流运单查询”进行查询。

- **订单信息**

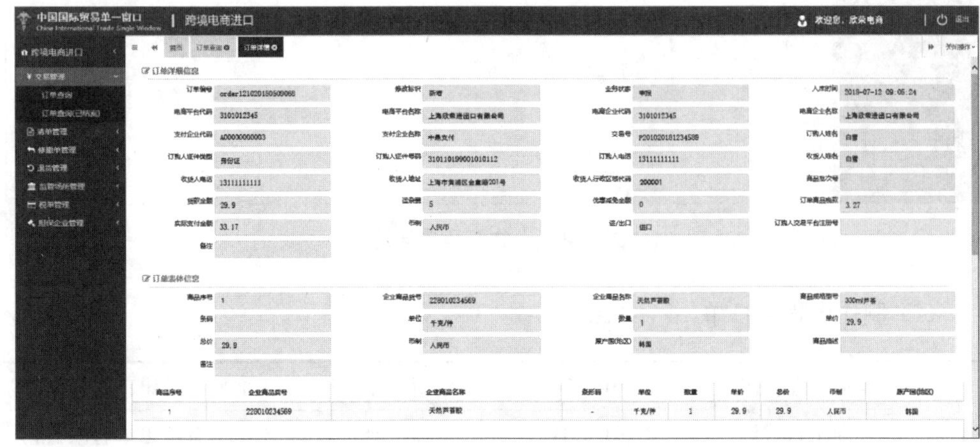

图 3-4-4　订单详情

- **支付单信息**

图 3-4-5　支付单详情

- **物流运单信息**

图 3-4-6　物流运单详情

（2）制作申报分析单

企业信息	电商企业代码	3101012345	电商企业名称	上海欣荣进出口有限公司
	电商平台代码	3101012345	电商平台名称	上海欣荣进出口有限公司
	支付企业代码	A00000000003	支付企业名称	中鼎支付
	物流企业代码	WG09124485	物流企业名称	上海利达通快递有限公司

（续表）

<table>
<tr><td rowspan="2">订购人信息</td><td colspan="20">订购人姓名</td><td colspan="20">订购人证件类型</td><td colspan="20">订购人证件号码</td></tr>
<tr><td colspan="20">白雪</td><td colspan="20">1-身份证</td><td colspan="20">310110××××××××0112</td></tr>
<tr><td rowspan="2">收货人信息</td><td colspan="15">收货人姓名</td><td colspan="15">白雪</td><td colspan="15">收货人电话</td><td colspan="15">131××××1111</td></tr>
<tr><td colspan="15">收货人地址</td><td colspan="15">上海市黄浦区金童路 201 号</td><td colspan="15">收货人行政区域代码</td><td colspan="15">200001</td></tr>
<tr><td rowspan="6">交易信息</td><td colspan="20">订单编号</td><td colspan="20">交易号</td><td colspan="20">物流运单号</td></tr>
<tr><td colspan="20">order121020180509068</td><td colspan="20">P201020181234589</td><td colspan="20">5080709845</td></tr>
<tr><td colspan="20">货款金额</td><td colspan="20">运杂费</td><td colspan="20">优惠减免金额</td></tr>
<tr><td colspan="20">29.9 元</td><td colspan="20">5 元</td><td colspan="20">5 元</td></tr>
<tr><td colspan="20">订单商品税款</td><td colspan="20">实际支付金额</td><td colspan="20">币制</td></tr>
<tr><td colspan="20">3.27 元</td><td colspan="20">33.17 元</td><td colspan="20">人民币</td></tr>
<tr><td rowspan="6">商品信息</td><td colspan="20">企业商品货号</td><td colspan="20">企业商品名称</td><td colspan="20">条码</td></tr>
<tr><td colspan="20">228010234569</td><td colspan="20">天然芦荟胶</td><td colspan="20">8804917001234</td></tr>
<tr><td colspan="15">商品编码</td><td colspan="15">商品名称</td><td colspan="15">数量</td><td colspan="15">单位</td></tr>
<tr><td colspan="15">3304990099</td><td colspan="15">芦荟胶</td><td colspan="15">1</td><td colspan="15">千克/件</td></tr>
<tr><td colspan="12">单价</td><td colspan="12">总价</td><td colspan="12">币制</td><td colspan="12">原产国</td><td colspan="12">商品描述</td></tr>
<tr><td colspan="12">29.9 元</td><td colspan="12">29.9 元</td><td colspan="12">人民币</td><td colspan="12">韩国</td><td colspan="12">330ml 芦荟胶</td></tr>
</table>

（3）打开进口清单申报界面，进行申报

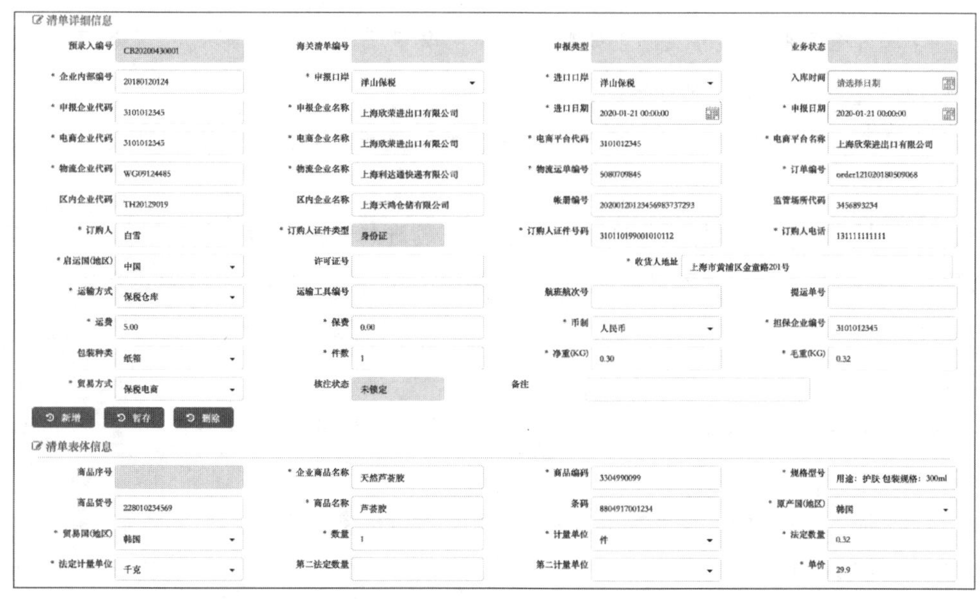
清单详细信息
预录入编号 CB20200430001 | 海关清单编号 | 申报类型 | 业务状态
* 企业内部编号 20180120124 | * 申报口岸 洋山保税 | * 进口口岸 洋山保税 | 入库时间 请选择日期
* 申报企业代码 3101012345 | * 申报企业名称 上海欣荣进出口有限公司 | * 进口日期 2020-01-21 00:00:00 | * 申报日期 2020-01-21 00:00:00
* 电商企业代码 3101012345 | * 电商企业名称 上海欣荣进出口有限公司 | * 电商平台代码 3101012345 | * 电商平台名称 上海欣荣进出口有限公司
* 物流企业代码 WG09124485 | * 物流企业名称 上海利达通快递有限公司 | * 物流运单编号 5080709845 | * 订单编号 order121020180509068
区内企业代码 TH20129019 | 区内企业名称 上海天鸿仓储有限公司 | 帐册编号 20200120123456983737293 | 监管场所代码 3456893234
* 订购人 白雪 | * 订购人证件类型 身份证 | * 订购人证件号码 310110199001010112 | * 订购人电话 131111111111
* 启运国(地区) 中国 | 许可证号 | * 收货人地址 上海市黄浦区金童路201号
* 运输方式 保税仓库 | 运输工具编号 | 航班航次号 | 提运单号
* 运费 5.00 | * 保费 0.00 | * 币制 人民币 | * 担保企业编号 3101012345
包装种类 纸箱 | * 件数 1 | * 净重(KG) 0.30 | * 毛重(KG) 0.32
* 贸易方式 保税电商 | 核注状态 未锁定 | 备注
新增 暂存 删除
清单表体信息
商品序号 | * 企业商品名称 天然芦荟胶 | * 商品编码 3304990099 | * 规格型号 用途：护肤 包装规格：300ml
商品货号 228010234569 | * 商品名称 芦荟胶 | 条码 8804917001234 | * 原产国(地区) 韩国
* 贸易国(地区) 韩国 | * 数量 1 | * 计量单位 件 | * 法定数量 0.32
* 法定计量单位 千克 | 第二法定数量 | 第二计量单位 | * 单价 29.9

图 3-4-7 跨境电商进口清单申报

巩固练习

一、名词解释

1. 跨境电子商务
2. 直邮进口模式
3. 集货进口模式
4. 保税进口模式
5. 订单
6. 退货单

二、填空题

1. 跨境电子商务是指分属不同________的交易主体，通过电子商务平台达成交易、进行支付结算，并通过跨境物流及________送达商品、完成交易的一种国际商业活动。

2. 跨境电商业务与国内________相比，具有时间长、手续复杂、贸易壁垒多等复杂因素。

3. 跨境专线物流服务，是指通过航空________方式将货物运输到国外，再通过合作公司进行________国内的派送。

4. 海外仓储物流服务实际上是世界经济一体化背景下贸易形式的新变化，主要适应________、________的商品。

5. 直邮进口分为________和快件进口两种进口模式，都是采用________清关的模式。

6. 跨境电商进口货物检验检疫的要求与一般进口货物一致，对属于检验检疫范围的零售进出口________及其装载容器、包装物，________按相关规定施检和监管。

7. 跨境电商企业在清关申报时，抓取“________”信息，制作“________”并向海关申报。

8. 跨境电商中的支付单是________根据订单的实际交易情况形成的________电子数据。

9. 跨境商品进口时，应向海关提交“中华人民共和国跨境电子商务零售进出口商品申报清单”，采取“________”方式办理报关手续。

10. 撤销申请单是指电商企业或________向海关发起撤销申报清单的电子数据。

11. 邮政包裹服务是指交易的商品通过邮政网络实现由________向________转

移的一种物流方式。

12. 在直邮进口模式下,货物是从________发出。在保税进口模式下,货物由________发出。

13. 国际贸易单一窗口跨境电商系统实现了跨境电子商务________数据信息的政企共享、一网统管。

14. 国际贸易单一窗口跨境电商系统共有________、出口申报和________三个业务模块。

15. 跨境电子商务零售进口商品,不按________计征税费。

三、判断题

(　　)1. 跨境电子商务是指分属不同关境的交易主体,通过电子商务平台达成交易、进行支付结算,并通过跨境物流及异地仓储送达商品、完成交易的一种国际商业活动。

(　　)2. 从狭义上来说,跨境电商就是外贸电商,是传统的国际贸易流程的网络化、电子化和数字化。

(　　)3. 跨境电商企业是指为跨境电商企业和个人提供交易的虚拟平台经营企业。

(　　)4. 在跨境电商实际业务中,不同主体企业的功能会产生交叉,不同流向、不同类型的跨境电商的业务模式也不一样。

(　　)5. 商业快递是现代物流业发展的一种新的形式,其特点是价格相对较低,速度较快。

(　　)6. 直邮进口分为直购进口和快件进口两种进口模式,都是采用行邮清关的模式。

(　　)7. 跨境电子商务零售进口商品单笔交易限值为5 000元人民币,个人年度交易额限值为2万元人民币。

(　　)8. 运单是指物流企业向通关服务系统发送货物妥投的电子数据。

(　　)9. 单一窗口跨境电商进口的核心操作是围绕订单、支付单、物流运单和清单展开。

(　　)10. 入库明细单查询适用于物流企业查询入库单明细信息。

(　　)11. 不同的跨境电商参与主体的权限是不同的。

(　　)12. 集货进口模式是指跨境电商企业通过集中海外采购,统一由海外发至国内保税仓库,消费者网上下单后由物流公司直接从保税仓库配送至客户。

(　　)13. 跨境电商平台企业可能同时也是跨境电商企业。

(　　)14. 在跨境电商业务中担保扣税的企业只可能是跨境电商企业。

(　　)15. 在单一窗口跨境电商进口业务系统操作中，只有电商企业拥有修撤单管理的权限。

四、单选题

1. 跨境电商进口零售商品实行正面清单管理，凡列入清单的商品，准予进口，跨境电子商务零售进口商品清单每(　　)年公布一次。

A. 半　　B. 1　　C. 2　　D. 4

2. 不属于跨境电商"三单"范畴的是(　　)。

A. 订单　　B. 支付单　　C. 税单　　D. 物流运单

3. 通过航空包板包舱方式将货物运输到国外，再通过合作公司进行目的国国内派送的跨境物流方式是(　　)。

A. 邮政包裹服务　　B. 国际商业快递服务

C. 海外仓储物流服务　　D. 跨境专线物流服务

4. (　　)不是直邮进口模式的特点。

A. 产品种类丰富多样

B. 消费者可以直接购买稀缺、优质、新奇的全球商品

C. 运费低廉

D. 运输时间比较长

5. 跨境电商进口模式不包括(　　)。

A. 直邮进口模式　　B. 保税进口模式

C. 海外仓进口模式　　D. 集货进口模式

6. 跨境电子商务零售进口商品，单笔交易限值为(　　)元人民币，个人年度交易额限值为(　　)元人民币。

A. 2 000;20 000　　B. 5 000;20 000

C. 2 000;26 000　　D. 5 000;26 000

7. 下列跨境电商代码及其中文名称，对应正确的是(　　)。

A. 9610　保税电商　　B. 9610　保税电商 A

C. 1210　保税电商　　D. 1210　保税电商 A

8. 下列关于跨境电商平台企业和跨境电商企业的描述中，正确的是(　　)。

A. 前者不拥有商品，提供的是信息交互平台，后者拥有商品的所有权

B. 前者拥有商品的所有权，后者不拥有商品，提供的是信息交互平台

C. 两者都不拥有商品，提供的是信息交互平台

D. 两者都拥有商品的所有权

9. 在跨境直邮模式下，货物是从(　　)仓库发出，在保税进口模式下，货物从(　　)仓库发出。

A. 境外 境内　　B. 境内 境外

C. 境外 境外　　D. 境内 境内

10. (　　)不属于单一窗口跨境电商进口业务功能。

A. 交易管理　B. 清单管理　C. 税单管理　D. 仓库管理

11. 国际贸易单一窗口跨境电商模块由(　　)业务系统构成。

A. 2个　B. 3个　C. 4个　D. 5个

12. (　　)不可能拥有跨境电商进口的担保企业管理功能。

A. 电商企业　B. 支付企业　C. 平台企业　D. 物流企业

13. 单一窗口跨境电商进口业务功能有(　　)。

A. 5个　B. 6个　C. 7个　D. 8个

14. 在单一窗口跨境电商进口操作中，可以编辑的单据是(　　)。

A. 申报清单　B. 订单　C. 支付单　D. 物流运单

15. 单一窗口跨境电商进口清单申报操作时，关于"提运单号"栏的填报，说法正确的是(　　)。

A. 直购进口，必填；保税进口，免填

B. 直购进口，免填；保税进口，必填

C. 两种情况均必填

D. 两种情况均免填

五、多选题

1. 从广义上来说，跨境电商就是外贸电商，是传统的国际贸易流程的(　　)。

A. 网络化　B. 智能化　C. 电子化　D. 数字化

2. 跨境电商的基本形式主要有(　　)。

A. B2B　B. B2C　C. C2C　D. B2B2C

3. 属于跨境电商参与主体的是(　　)。

A. 跨境电商平台企业　　B. 跨境电商企业

C. 支付企业　　D. 物流企业

4. 跨境电商进口模式包括(　　)。

A. 直邮进口模式　　B. 保税进口模式

C. 海外仓进口模式　　D. 集货进口模式

5. 跨境电商直邮进口模式具体包括(　　)模式。

A. 保税进口　　B. 快件进口　　C. 直购进口　　D. 携带进口

6. (　　)属于跨境电商的"三单"。

A. 订单　　B. 清单　　C. 支付单　　D. 物流运单

7. 在单一窗口跨境电商进口系统中,(　　)拥有"清单管理"模块的使用权限。

A. 物流企业　　B. 电商企业　　C. 平台企业　　D. 报关企业

8. 在单一窗口跨境电商进口操作中,只能"查询"不能"编辑"的单据是(　　)。

A. 物流运单　　B. 入库明细单　　C. 申报清单　　D. 支付单

9. 在单一窗口跨境电商进口系统操作中,订单查询页面中的"订购人信息"包括(　　)。

A. 订购人姓名　　B. 订购人电话

C. 订购人证件号码　　D. 订购人地址

10. 在单一窗口跨境电商进口系统操作中,可以通过(　　)查询"物流运单"。

A. 物流运单编号　　B. 提运单号

C. 物流企业代码　　D. 订购人姓名

项目四　跨境电商出口申报

项目内容

1. 跨境电商出口的主要模式
2. 跨境电商出口通关管理
3. 跨境电商出口基本环节
4. 跨境电商出口业务模块
5. 跨境电商进出口相关单据查询
6. 跨境电商出口清单和撤单申报
7. 跨境电商出口汇总申报

活动一　跨境电商出口业务

一、跨境电商出口的主要模式

1. 一般出口模式

跨境电商的一般出口模式，是指境内电子商务企业通过电商平台展示境内的商品，境外消费者选购商品后，通过国际邮政或快递投递商品，货物通过“清单验放，集中申报”的模式，办理通关手续的经营方式。跨境电商的一般出口模式实际上是一种电子商务的B2C模式。跨境电商的一般出口模式的基本流程如图4-1-1所示。

在一般出口模式下，境外消费者在跨境电商平台下订单后，跨境电商企业将订单、支付企业将支付单、物流企业将物流运单“三单”信息发送至海关。同时跨境电商企业备货，备货完成后委托国际快递或者国际邮政进行国际运输。货物出境前需要办理出口报关手续，到达目的国后，办理进口报关手续，进口清关完成后，交付境外快递或者当地邮政进行目的国配送。

2. 保税出口模式

跨境电商的保税出口模式，是指境内电商企业事先将出口商品存入境内海关监管区的保税仓库，待消费者在电商平台下单后，由保税仓直接完成货物的分拣和包装，并

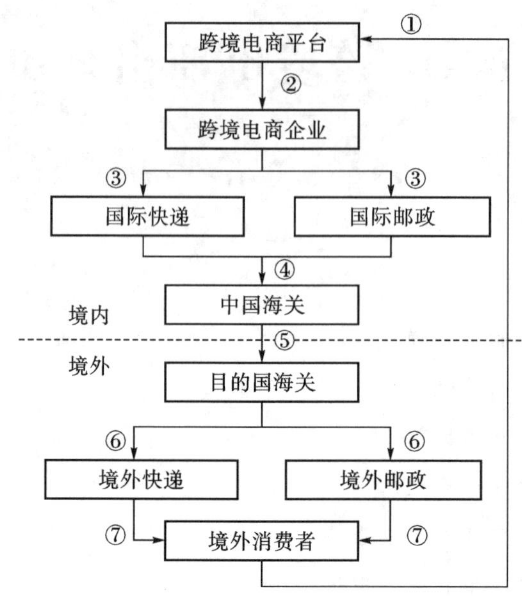

图 4-1-1　跨境电商一般出口模式的基本流程

直接发往境外消费者的经营方式。保税出口模式适用于商品的时效性较强,并具有相当的境外销售优势的商品消费者。跨境电商保税出口模式下的基本流程如图 4-2-2 所示。

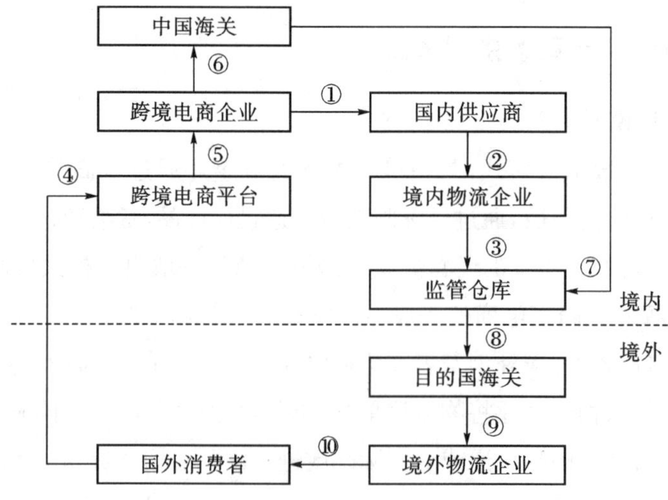

图 4-1-2　跨境电商保税出口模式的基本流程

在保税出口模式下,跨境电商企业首先向国内供应商采购物资,备货完成后向海关进行企业备案、商品备案、出口货物申报等操作后,然后委托境内物流企业将货物运入特殊监管仓库。待境外消费者在跨境电商平台下单后,跨境电商平台将订单信息发送给跨境电商企业，跨境电商企业将订单、支付企业将支付单、物流企业将物流运单“三单”信息发送至海关，“三单”信息审核无误后，货物出境，到达目的国后，办理相关进口货物申报手续，进口报关完成后，进行目的国配送。

3. 海外仓出口模式

跨境电商的海外仓出口模式，是指跨境电商企业预先将出口商品存放于境外的仓库内，待海外消费者在电商平台下订单后，由海外仓直接完成货物的分拣和包装，由境外的配送企业将商品送至消费者的经营方式。海外仓出口模式适用于目标客户相对集中的商品。海外仓还可以细分为：第三方海外仓、亚马逊 FBA 仓和自营海外仓三种模式。跨境电商海外仓出口模式的基本流程如图 4-1-3 所示。

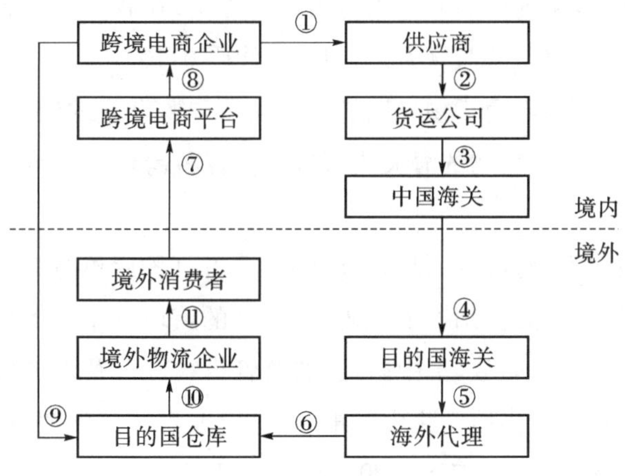

图 4-1-3 跨境电商海外仓出口模式的基本流程

在海外仓出口模式下，跨境电商企业首先向国内供应商采购物资，备货完成后，委托货代公司报关并负责把货物批量从国内运输到海外。货物到达目的国后，由海外代理办理相关进口手续，完成进口报关后，由当地物流公司将货物运送到当地的仓库。消费者在亚马逊平台下单后，订单信息传到目的国仓库。目的国仓库及时发货后，将发货信息回传到亚马逊平台，告知客户发货，海外仓将货物交付给当地配送公司进行配送。

小问答

问：国际主流的四大快递指的是哪几家？

答：DHL——中外运敦豪国际航空快递有限公司，业务遍布全球 220 个国家和地区，是全球国际化程度最高的公司之一。

UPS——联合包裹速递服务公司，是一家全球性的公司，其商标是世界上最知名和最受景仰的商标之一，是世界上最大的快递承运商与包裹递送公司。

TNT 集团，是全球领先的快递邮政服务供应商，为企业和个人客户提供全方位的快递和邮政服务。

Fedex——联邦快递，是一家国际性速递集团，提供隔夜快递、地面快递、重型货物运送、文件复印及物流服务，业务涵盖运输、电子商务和商业运作等一系列领域。

二、跨境电商出口通关管理

1. 适用的监管方式

在不同的跨境电商出口模式下，出口货物所适用的海关监管方式也有所不同。

在海外仓模式下，境内商品通过正常出口的方式，在我国海关解除监管的状态下销售，因此适用于一般贸易的监管方式，即监管代码 0110。

在保税出口模式下，电商货物先期进入海关特殊监管区的保税仓库，销售后由特殊监管区直接出运，此时，货物的海关监管方式为保税跨境电子商务，即保税电商，代码 1210。

在一般出口模式下，对境内商品，在境外消费者订购后再行办理出口手续。为了促进跨境电商的发展，海关特别推出代码为 9610 的跨境电子商务的监管方式。在此种监管方式下，采用“清单验放，集中申报”的监管模式，所谓“清单验放”，就是海关凭单票货物的申报清单验放出境，“集中申报”就是定期将已核放清单数据汇总，形成出口报关单。电商凭此报关单办理结汇和退税后续手续。

2. 检验检疫管理

跨境电商出口货物检验检疫的要求与一般出口货物一致，对属于检验检疫范围的零售出口商品及其装载容器、包装物，仍需按相关规定施检和监管。

3. 出口申报

从事出口业务的跨境电商相关企业根据各自的业务范围，通过单一窗口或“互联网＋海关”等综合平台（简称“综服平台”）向海关传输相关数据，其业务内容与进口跨境电商相同，无须赘述。对于单票货物，电商企业或其代理人在汇总相关数据的前提下，进行清单的申报。

三、跨境电商出口基本环节

1. 企业备货

备货是贸易企业实现商品销售的基本环节和前提。根据跨境电商出口经营模式的不同，其备货流程各有不同。一般出口备货是通过境内采购，将商品存放于企业仓库内。保税出口备货则须在境内完成采购后，将货物存入海关特殊监管区仓库，入区时须向海关申报，进行事前备案。海外仓出口备货是将货物按一般贸易方式出口至境外，并存放于海外仓库。

2. 平台下单

境外消费者在跨境电商平台订购商品后，平台将及时地处理信息并发送给相关企业。电商企业或仓储企业获取信息后进行商品备货分拣，物流企业获取信息后安排货物配送计划。同时平台或电商企业、物流企业及时将订单信息和物流信息通过综服平台向海关传输。

3. 跨境支付

境外消费者在下订单的同时，通过电商平台缴纳货款及相关税费，支付企业通过平台获取款项后，向海关发送支付信息，即支付单信息。

4. 向海关申报

对于单票货物，清关申报企业通过综服平台抓取“三单”信息，制作申报清单并发送给海关。同时，报关企业汇总清单信息后，制作汇总报关单，向海关集中申报。

5. 实货验放

根据不同的出口模式，按照相应货物通关程序查验货物。如为一般贸易的货物，在实际出口环节验放，如为保税货物，按照进库和出库流程监管。

6. 物流配送

物流服务商在货物清关后发往国外，同时将离境信息发往海关。到达目的国后再由当地物流渠道进行清关，分拣和运输货物。

7. 消费者收货

消费者收取货物，并根据当地法律的要求，缴纳相应税费。

活动二　单一窗口跨境电商出口操作

一、跨境电商出口业务模块

单一窗口跨境电商出口业务模块有交易管理、物流管理、清单管理和汇总管理四个子模块菜单，不同的跨境电商企业的权限是不同的，具体如表 4-2-1 所列。

单一窗口跨境电商出口申报是围绕订单、收款单、物流运单、运抵单、离境单、出口申报清单和汇总申请单等展开。这些业务单证的业务功能和责任主体各不相同，具体如表 4-2-2 所列。

表 4-2-1　　　　单一窗口跨境电商出口业务模块功能列表

<table>
<tr><th>业务模块</th><th>功能</th><th>权限</th><th>业务模块</th><th>功能</th><th>权限</th></tr>
<tr><td rowspan="4">交易管理</td><td>订单查询(未审结)</td><td rowspan="4">电商企业</td><td rowspan="8">清单管理</td><td>清单录入</td><td rowspan="11">电商企业、报关企业</td></tr>
<tr><td>订单查询(已审结)</td><td>清单申报</td></tr>
<tr><td>收款单查询(未审结)</td><td>清单查询(未结关)</td></tr>
<tr><td>收款单查询(已审结)</td><td>清单查询(已结关)</td></tr>
<tr><td rowspan="7">物流管理</td><td>运单查询(未审结)</td><td rowspan="4">物流企业</td><td>清单查询(已结案)</td></tr>
<tr><td>运单查询(已审结)</td><td>撤销申请单申报</td></tr>
<tr><td>离境单查询(未审结)</td><td>撤销申请单查询</td></tr>
<tr><td>离境单查询(已审结)</td><td>清单总分单申报</td></tr>
<tr><td>运抵单申报</td><td rowspan="3">监管场所</td><td rowspan="3">汇总管理</td><td>汇总申请单申报</td></tr>
<tr><td>运抵单查询(未审结)</td><td>汇总申请单查询</td></tr>
<tr><td>运抵单查询(已审结)</td><td>汇总结果单查询</td></tr>
</table>

表 4-2-2　　　　单一窗口跨境电商出口申报单证分析列表

序号	单证名称	概念解释	责任主体
1	订单	电商企业根据网上实际交易形成的订单电子数据	电商企业或申报企业
2	收款单	支付企业根据订单的实际交易情况,形成的支付凭证电子数据	电商企业
3	运单	物流企业根据订单的物流运输安排,形成的电子数据	物流企业
4	运抵单	监管场所企业向单一窗口发送货物运抵的电子数据	监管场所企业
5	离境单	物流企业向单一窗口发送货物离境的电子数据	物流企业
6	出口申报清单	申报企业应该向海关提交的“中华人民共和国跨境电子商务零售进出口商品申报清单”	电商企业或申报企业
7	撤销申请单	申报企业向海关发起撤销申报清单的电子数据	电商企业或申报企业
8	清单总分单	对清单进行修改或补充申报的电子数据	申报企业
9	汇总申请单	一个阶段的申报清单汇总后申报电子数据	电商企业或申报企业
10	汇总结果单	海关根据汇总申请单申报的清单,按照汇总规则生成的电子单据	海关
11	汇总报关单	海关返回,供电商企业出口退税用电子单据	海关

上述单据中，出口申报清单需要申报企业手工录入，汇总结果单和汇总报关单由海关推送，其他单证的数据都是由相关企业以报文的形式导入系统。根据相关的法律法规，所有录入或导入的电子数据必须真实、有效、可靠，申报责任人必须承担法律责任，并使用统一的电子签名，防止数据的篡改和抵赖。

电商进出口业务模块的基本操作规则已在项目三详细介绍，在此不再赘述。

二、交易管理

交易管理模块的功能是供电商企业查询订单和收款情况，包括订单查询和收款单查询两个部分。

1. 订单查询

单一窗口跨境电商出口的订单查询是指电商企业查询消费者在平台下单后，向海关申报订单数据的情况。根据海关审核状态，订单查询分为未审结订单查询和已审结订单查询两种。前者查询的是未结关的订单数据，后者为查询已结关的订单数据。

小问答

问：订单是怎样导入通关服务系统的？

答：跨境电商的商品交易达成后，通关服务系统接受电商企业传输的电子订单数据后，需要校验数据，通过的，接受订单，同时发送“数据入库”回执；未通过的，订单退回，同时发送“失败”回执。其他单据的数据导入的方法相同。

无论未审结订单查询还是已审结订单查询，都要订单查询和订单详情查询两个步骤。订单查询是通过输入订单编号，调取所需查询的订单，订单查询（未审结）页面如图 4-2-1 所示。订单详情查询是查看某票订单的详细数据信息，订单（未审结）详情页面如图 4-2-2 所示。订单查询的方法和订单详情查询的方法与进口相同，具体可参考项目三的相关介绍。

2. 收款单查询

收款单查询功能是电商企业查询出口货物收款情况。收款单查询同样根据是否结关，分为未审结收款单查询和已审结收款单查询。收款单查询和收款单详情查询的方法及页面数据内容与进口支付单类似，具体可参考项目三的相关介绍。已结关的 2018 年 5 月 1 日至 5 月 31 日的收款单查询结果页面如图 4-2-3 所示。已结关的订单编号为“QYEO18060100004712”的收款单详细数据页面如图 4-2-4 所示。

图 4-2-1　订单查询(未审结)——查询结果页面

图 4-2-2　订单查询(未审结)——订单详情

三、物流管理

物流管理模块包括物流运单查询、运抵单申报以及离境单查询等操作，其中，运单查询和离境单查询为物流企业的权限，运抵单查询的权限则属于存放出境货物的海关监管场所。

1. 运单查询

出口运单查询与进口运单查询的功能与方法基本一致，具体内容可参考项目三的相关介绍。所不同的是，出口运单查询提供了未审结运单和已审结运单两种状态的查询。图 4-2-5 显示的为某物流企业 2018 年 5 月 1 日至 5 月 31 日未结关的运单记录页面。图 4-2-6 为未结关的订单编号“lgs2018530200009”的运单详情。

图 4-2-3 收款单查询(已审结)——查询结果页面

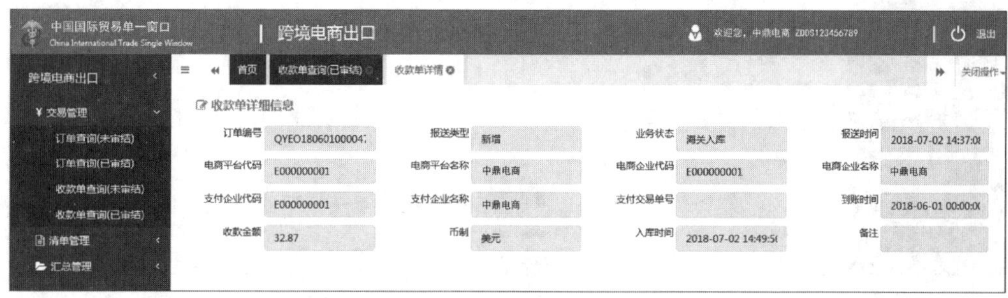

图 4-2-4 收款单查询(已审结)——收款单详情

图 4-2-5 运单查询(未审结)——查询结果页面

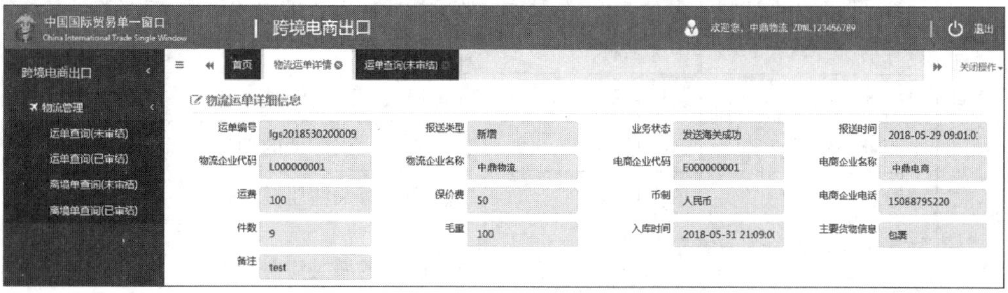

图 4-2-6 运单查询(未审结)——运单详情

2. 运抵单申报及查询

运抵单查询是海关监管场所查询已入库的物流运抵单数据。系统根据用户的查询条件筛选并显示查询结果，并在查询列表中选择一条数据，查看物流运抵单数据信息详情。运抵单同样包括未审结的运抵单和已审结的运抵单。运抵单申报详情界面如图 4-2-7 所示。

图 4-2-7　运抵单申报详情

运抵单需要申报的主要字段的详细说明如表 4-2-3 所列。

表 4-2-3　运抵单申报各字段说明

信息	字段名称	填报要求	说明
详细信息	预录入编号	预录入编号 18 位	系统自动生成
	报送类型	报送类型	系统返填，类型：新增、变更、删除等
	业务状态	货物实际状态	系统返填
	报送时间	报送时间	系统自动生成
	监管场所经营人代码	海关注册登记代码	监管场所经营人的海关注册登记编号/名称，如为邮路运输，填报邮政物流企业代码/名称
	监管场所经营人名称	中文名称	
	申报地海关代码	关区代码	办理通关手续的海关
	企业唯一编号	运抵单编号	企业内部标识单证的编号
	监管场所代码	填报代码	监管场所海关注册登记代码
	物流企业代码	企业代码	物流企业的海关注册登记编号/名称
	物流企业名称	企业中文名称	
	进出口标记	E 出口	采用选择填报

（续表）

信息	字段名称	填报要求	说明
详细信息	境内运输工具编号	车牌号	运往海关监管场所的运输工具编号
	运输方式	跨境运输方式	跨境段运输方式，具体要求与报关单相同
	提运单号	运单编号	出境运输的运单编号，邮路运输方可为空
	备注	备注信息	需要说明的其他情况
表体详细信息	序号	自然序号	从 1 开始的递增序号
	物流运单编号	运单编号	物流企业运单的包裹面单号
	总包号	托盘编号/邮袋号	如一个提运单下有多个物件时，填写托盘编号
	备注	备注信息	需要说明的其他情况

3. 离境单查询

离境单查询是物流企业查询已入库物流离境单数据。离境单按未审结和已审结查询。用户可通过设置筛选条件查询。图 4-2-8 为某物流企业 2018 年 5 月 1 日至 31 日已审结的离境单查询结果的部分数据。图 4-2-9 为预录入编号“D20180601000126500”的离境单详情信息。

图 4-2-8 离境单查询(已审结)——查询结果页面

离境单主要字段的详细说明如表 4-2-4 所示。

图 4-2-9　离境单查询(已审结)——离境单详情

表 4-2-4　　离境单各字段说明

信息	字段名称	填报要求	说明
详细信息	预录入编号	18 位预录入编号	系统自动生成
	报送类型	报送类型	系统返填，类型：新增、变更、删除等
	业务状态[1]	当前货物实际状态	系统返填
	报送时间	报送时间	系统自动生成
	物流企业名称	企业名称	物流企业在海关注册登记的名称及海关注册登记编号
	物流企业代码	企业代码	
	申报地海关代码	关区代码	办理通关手续的海关
	企业唯一编号	运输单证编号	企业内部标识单证的编号
	运输方式	跨境运输方式	跨境段运输方式，具体要求与报关单相同
	运输工具名称	载货运输工具名称	运输工具的名称/航班航次编号，与运输工具申报的载货清单一致，邮路运输方式为空
	航班航次号	载货运输工具航班航次号	
	提运单号	运单编号	出境运输的运单编号，邮路运输方可为空
	离境时间	运输工具离境时间	在系统自带日期时间器勾选
	备注	备注信息	需要说明的其他情况
表体信息	序号	自然序号	从 1 开始的递增序号
	物流运单编号	运单编号	物流企业运单的包裹面单号
	总包号	托盘编号/邮袋号	如一个提运单下有多个物件时，填写托盘编号
	备注	需要说明的其他情况	

备注：1. 业务状态包括：电子口岸已暂存、电子口岸申报中、发送海关成功、发送海关失败、海关退单、海关入库等。

四、清单管理

清单管理是跨境电商出口模块的最重要部分，实现的是跨境电商企业或其代理报关企业向海关申报货物出口、申请放行的功能。用户通过该系统可以办理申报清单的录入、申报、查询以及清单撤销、总分单申报等业务。

1. 清单申报及查询

清单申报是申报企业向海关提交“中华人民共和国跨境电子商务零售进出口商品申报清单”电子数据信息的行为。通关服务系统为用户设置了清单录入、清单申报两个功能项，企业在系统中录入清单信息，系统校验录入清单信息的格式是否正确，校验通过后允许企业暂存信息，并进入清单申报阶段。

清单申报的录入界面如图 4-2-10 所示。

图 4-2-10 清单申报录入

出口清单申报界面和报文的数据要求与进口清单申报相同，只是申报的货物方向相反，相关内容可以参考项目三的相关介绍。

清单查询根据结关与否，分为未结关查询和已结关查询两项。查询的方法与其他单证查询相仿，不再赘述。

2. 撤销申请单申报及查询

对于存在问题或因故需要撤销的清单，通关服务系统还设置了清单撤销功能。用户可以通过点击清单管理下的“撤销申请单申报”菜单，发起清单撤销申请。

申请清单撤销时，点击“撤销申请单申报”按钮，输入相应的查询条件并点击蓝色

"查询"按钮,系统会显示符合条件的数据,界面如图 4-2-11 所示。

图 4-2-11　可撤销申请单查询结果

在显示的查询结果中,点击蓝色"预录入编号"字段,页面将会跳转到撤销申请单详情界面,企业只可查看显示页面,无法进行修改等操作。显示界面如图 4-2-12 所示。在撤销单申报详情中,业务状态为暂存和退单的,可以单独对该撤销单进行申报以及删除操作。

图 4-2-12　撤销申请单申报

3. 清单总分单申报及查询

清单总分单申报是对清单进行修改或补充申报的电子数据,主要用于申报企业向海关申报清单总分单数据,用以补充申报清单总分单数据信息。

清单总分单申报时,先点击"清单总分单申报"菜单,在展开页面中输入相应的查询条件并点击蓝色"查询"按钮,系统会显示符合条件的数据,图 4-2-13 为某企业 2018 年 7 月 1 日至 13 日的查询结果页面。

在显示的查询结果中,点击蓝色"预录入编号"字段,页面将会跳转到总分单详情

图 4-2-13 清单总分单查询结果页面

界面，如图 4-2-14 所示。此时，用户可修改页面中未置灰的字段。

中国国际贸易单一窗口
China International Trade Single Window
跨境电商出口
欢迎您，中鼎报关 ZDB0123456789
退出
跨境电商出口
清单管理
清单录入
清单申报
清单查询(未结关)
清单查询(已结关)
清单查询(已结案)
撤销申请单申报
撤销申请单查询
清单总分单申报
清单总分单查询
汇总管理
首页
清单总分单申报
总分单详情
关闭操作
暂存
申报
删除
总分单详细信息
预录入编号 G2018071200000015
企业唯一编号 copAA2018071100
报送类型 新增
业务状态 海关退单
申报地海关 罗湖海关
申报企业代码 A000080001
申报企业名称 中鼎报关
报送时间 2018-07-11 00:00:0
物流企业代码 L000000001
物流企业名称 中鼎物流
航班航次号 GT-9086
提运单号 AA1937249018-071
监管场所代码 1234567
境内运输工具编号 粤A888888
运输方式 铁路运输
运输工具名称 空运
毛重（公斤） 100
报文总数 1
报文序号 1
入库时间 2018-07-12 11:12:4
备注 test
新增
暂存
删除
总分单表体信息
序号
出口清单编号
物流运单编号
总包号

图 4-2-14 清单总分单申报

五、汇总管理

汇总申请单是指根据集中申报周期，电商企业将一段时间内的出境清单汇总，形成归并后报关单，向海关申报。

点击“汇总申请单申报”，输入相应的查询条件并点击蓝色“查询”按钮，系统会显示符合条件的数据。图 4-2-15 为某企业 2018 年 7 月 1 日至 13 日查询到的申报清单记录。

在显示的查询结果中，点击蓝色“预录入编号”字段，页面将会跳转到汇总申请单详情界面，可申报汇总申请单，显示界面如图 4-2-16 所示。

图 4-2-15　可申报汇总清单查询结果

图 4-2-16　汇总申请单申报

汇总申请单的主要字段和详细说明如表 4-2-5 所示。

表 4-2-5　　汇总申请单信息说明

信息	字段名称	说明
详细信息	电子口岸编号	系统自动生成
	企业唯一编号	企业内部标识单证的编号
	报送类型	系统返填，类型：新增、变更、删除等
	业务状态	当前申报的实际状态
	报送时间	企业报送时间

（续表）

信息	字段名称	说明
详细信息	汇总清单编号	海关反馈生成的汇总申请编号
	报关单位代码	清单申报企业的海关注册登记编号或统一社会信用代码/名称
	报关单位名称	
	申报单位代码	货主企业的海关注册登记编号或统一社会信用代码/名称
	申报单位名称	
	收发货人代码	电商企业的海关注册登记编号或统一社会信用代码/名称
	收发货人名称	
	汇总开始时间	清单汇总开始时间/结束时间
	汇总结束时间	
	收发货人汇总标志	1-按收发货人单一汇总，2-按收发货人和生产销售单位汇总
	商品名汇总标志	1-按清单原始商品名相同汇总，不填，则按商品综合分类名汇总
	监管场所代码	海关监管场所代码
	申报地海关	申报海关关区代码
	报文总数	拆分后的报文总数。未拆分的填 1，拆分的填实际数量
	报文序号	当前报文序号。以 1 开始的报文顺序号，未拆分的填 1，拆分的报文需要连续编号，不得跳号
	备注	需要说明的其他情况
表体信息	清单编号	待汇总的清单编号，需要汇总的清单编号须逐份列明
	录入时间	清单的录入时间

活动三　单一窗口跨境电商出口操作实例

一、收款单查询

1. 案例背景

电商平台中鼎科技的工作人员张三接到客户上海电商的咨询电话，要求在国际贸易单一窗口平台中查询该企业于 2018 年 5 月 1 日至 5 月 7 日在中鼎科技平台总共收到了多少钱。

2. 操作要求

查询上海电商于 2018 年 5 月 1 日至 5 月 7 日在中鼎科技平台的收款总金额。

3. 示范操作

(1) 打开国际贸易单一窗口跨境电商系统

进入“跨境电商出口”—“交易管理”—“收款单查询(已审结)”后，会看到收款单查询界面，如图 4-3-1 所示。

图 4-3-1　收款单查询界面

(2) 根据日期查询收款单

将查询条件中的入库起始时间设置为“2018-05-01”，入库截止时间设置为“2018-05-07”，可查询到一共有 9 条收款数据，如图 4-3-2 所示。

订单编号	电商平台名称	电商企业名称	收款金额	币制	报送类型	业务状态	入库时间
order201805045800056	中鼎科技	深圳电商	300	瑞典克朗	新增	海关入库	2018-05-04 13:52:12
order201805035800045	中鼎科技	北京电商	200.5	人民币	新增	海关入库	2018-05-03 17:25:31
order201805025800034	中鼎科技	北京电商	200.5	人民币	新增	海关入库	2018-05-02 21:54:36
order201805045800001	中鼎科技	北京电商	200.5	人民币	变更	海关入库	2018-05-04 07:56:30
order201805035800035	中鼎科技	北京电商	200.5	人民币	新增	海关入库	2018-05-03 15:16:09
order201805023280047	中鼎科技	深圳电商	258	人民币	新增	海关入库	2018-05-02 15:16:26
order201805005000023	中鼎科技	上海电商	980	人民币	新增	海关入库	2018-05-05 14:50:31
order201805014810009	中鼎科技	广州电商	325	人民币	新增	海关入库	2018-05-01 09:15:24
order201805045800089	中鼎科技	上海电商	630	人民币	变更	海关入库	2018-05-04 18:16:00

图 4-3-2　收款单查询

(3) 统计收款总金额

根据查询结果我们会发现上海电商在 2018 年 5 月有两笔收款业务，如图 4-3-3 所示。

订单编号	电商平台名称	电商企业名称	收款金额	币制	报送类型	业务状态	入库时间
order201805045800056	中鼎科技	深圳电商	300	瑞典克朗	新增	海关入库	2018-05-04 13:52:12
order201805035800045	中鼎科技	北京电商	200.5	人民币	新增	海关入库	2018-05-03 17:25:31
order201805025800034	中鼎科技	北京电商	200.5	人民币	新增	海关入库	2018-05-02 21:54:36
order201805045800001	中鼎科技	北京电商	200.5	人民币	变更	海关入库	2018-05-04 07:56:30
order201805035800035	中鼎科技	北京电商	200.5	人民币	新增	海关入库	2018-05-03 15:16:09
order201805023280047	中鼎科技	深圳电商	258	人民币	新增	海关入库	2018-05-02 15:16:26
order201805005000023	中鼎科技	上海电商	980	人民币	新增	海关入库	2018-05-05 14:50:31
order201805014810009	中鼎科技	广州电商	325	人民币	新增	海关入库	2018-05-01 09:15:24
order201805045800089	中鼎科技	上海电商	630	人民币	变更	海关入库	2018-05-04 18:16:00

图 4-3-3 所需汇款单

点击蓝色的订单编号，可查看收款单详情，统计收款金额。我们以其中一条数据为例，具体内容如图 4-3-4 所示。

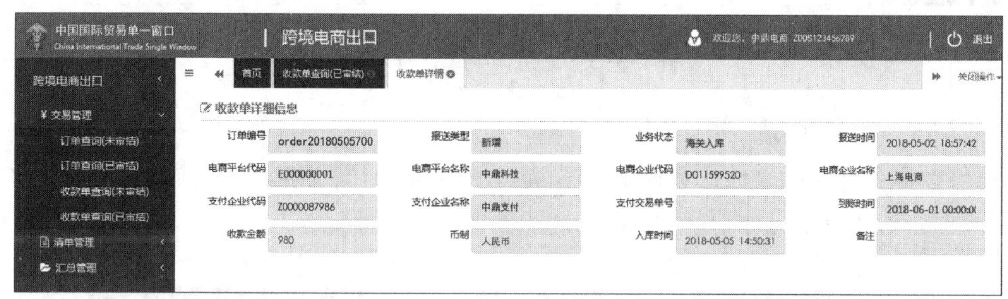

图 4-3-4 收款单详情

最终可知，上海电商于 2018 年 5 月 1 日至 5 月 7 日在中鼎科技平台的收款总金额为 1 610 元人民币。

二、汇总申请单申报

1. 案例背景

中鼎报关公司收到广州电商的要求，需对该企业在国际贸易单一窗口平台中于 2018 年 7 月 1 日至 7 月 7 日的汇总申请单进行统一申报。

2. 操作要求

找到广州电商于 2018 年 7 月 1 日至 7 月 7 日的汇总申请单，进行申报操作。

3. 示范操作

(1) 打开国际贸易单一窗口跨境电商系统

进入“跨境电商出口”—“汇总管理”—“汇总申请单申报”后，看到汇总申请单查询界面，如图 4-3-5 所示。

图 4-3-5　汇总申请单申报界面

（2）查询订单详情

将查询条件中的入库起始时间设置为“2018-07-01”，入库截止时间设置为“2018-07-07”，可查询到 6 条汇总申请单数据，如图 4-3-6 所示。

电子口岸预录入编号	企业唯一编号	汇总申请单编号	申报企业代码	申报企业名称	收发货人代码	收发货人名称	汇总开始时间	汇总结束时间
G20180705009800983	copYC2018070500005	530220180000000139	A000080001	中鼎报关	4451967023	北京电商	-	-
G20180701009802333	copYC2018070100005	530220180000000127	A000080001	中鼎报关	51868026581	广州电商	-	-
G20180703009898201	copYC2018070300005	530220180000000123	A000080001	中鼎报关	4451967023	北京电商	-	-
G20180706000159807	copYC2018070600007	530220180000000158	A000080001	中鼎报关	51868026581	广州电商	-	-
G20180704000157630	copYC2018070400009	530220180000000189	A000080001	中鼎报关	4451967023	北京电商	-	-
G20180703009804134	copYC2018070300005	530220180000000208	A000080001	中鼎报关	23584698720	杭州电商	-	-

图 4-3-6　汇总申请单查询

(3) 汇总申请单申报

根据查询结果,我们会发现广州电商在 2018 年 7 月有 2 条汇总申请单数据,如图 4-3-7 所示。

首页 汇总申请单申报 关闭操作

预录入编号 企业唯一编号 电商企业代码 报关企业代码

业务状态 入库时间起始 2018-07-01 00:00 入库时间截止 2018-07-07 23:59

查询 重置

批量申报 批量删除

电子口岸预录入编号	企业唯一编号	汇总申请单编号	申报企业代码	申报企业名称	收发货人代码	收发货人名称	汇总开始时间	汇总结束时间
G20180705009800983	copYC2018070500005	530220180000000139	A000080001	中鼎报关	4451967023	北京电商	-	-
G20180701009802333	copYC2018070100005	530220180000000127	A000080001	中鼎报关	51868026581	广州电商	-	-
G20180703009898201	copYC2018070300005	530220180000000123	A000080001	中鼎报关	4451967023	北京电商	-	-
G20180706000159807	copYC2018070600007	530220180000000158	A000080001	中鼎报关	51868026581	广州电商	-	-
G20180704000157630	copYC2018070400009	530220180000000189	A000080001	中鼎报关	4451967023	北京电商	-	-
G20180703009804134	copYC2018070300005	530220180000000208	A000080001	中鼎报关	23584698720	杭州电商	-	-

图 4-3-7 所需汇总申请单

此时有两种申报方式,一是逐条点击数据的蓝色的电子口岸预录入编号,可查看汇总申请单详情,确认数据无误后,点击左上角"申报"按钮,完成该条数据的申报。我们以其中一条数据为例,如图 4-3-8 所示。二是在查询界面勾选所要进行申报的汇总申请单,点击左上角的"批量申报"按钮,完成申报,如图 4-3-9 所示。

图 4-3-8 汇总申请单详情

图 4-3-9　汇总申请单批量申报

巩固练习

一、名词解释

1. 一般出口模式
2. 保税出口模式
3. 海外仓出口模式
4. 收款单
5. 运抵单
6. 离境单

二、填空题

1. 跨境电商的一般出口模式是通过“________，________”的模式办理货物通关手续的经营方式。

2. 在一般进口模式下，境外消费者在跨境电商平台下订单后，跨境电商企业将订单、支付企业将支付单、物流企业将物流运单________信息发送至海关。

3. 保税出口模式适用于________较强的商品。

4. ________出口模式适用于目标客户相对集中的商品。

5. 保税出口备货需在货物入区时就要向海关申报，进行________。

6. 在不同的跨境电商出口模式下，出口货物所适用的________方式也有所不同。

7. 在海外仓模式下，境内商品通过正常出口的方式，在我国海关解除监管的状态下销售商品，因此适用于一般贸易的监管方式，即监管代码________。

8. 汇总结果单是指海关根据________申报的清单，按照汇总规则生成的电子单据。

9. 在单一窗口中，跨境电商出口申报清单数据需要企业通过________，汇总结果单和汇总报关单，由________推送。

10. 根据海关审核状态，跨境电商出口订单查询分为________查询和________查询两种。

11. 单一窗口跨境电商出口系统物流管理模块包括物流运单查询、________申报以及________查询等功能。

12. 跨境电商出口货物检验检疫的要求与一般出口货物________。

三、判断题

(　　)1. 跨境电商一般出口实际上是一种电子商务的C2C模式。

(　　)2. 跨境电商的保税出口模式，是一种先将出口商品存入境内海关监管区的保税仓库，待消费者在电商平台下单后，由保税仓直接完成货物的分拣和包装，并发往境外消费者的经营方式。

(　　)3. 采用一般出口模式，适用于时效性较强的商品。

(　　)4. 海外仓就是第三方海外仓库。

(　　)5. 在不同的跨境电商出口模式下，出口货物所适用的海关监管方式是一样的。

(　　)6. 所谓“清单验放”，就是海关凭单票货物的申报清单验放出境，“集中申报”就是定期将已核放清单数据汇总，形成出口报关单。

(　　)7. 保税出口备货须在境内完成采购后，将货物存入海关特殊监管区仓库，入区时须向海关申报，进行事前备案。

(　　)8. 汇总结果单的责任主体是电商企业或报关企业。

(　　)9. 无论未审结订单查询还是已审结订单查询，都要订单查询和订单详情查询两个步骤。

(　　)10. 物流管理模块包括物流运单查询、运抵单申报以及离境单查询等操作。其操作权限均为物流企业。

(　　)11. 运抵单查询是海关监管场所查询已入库的物流运抵单数据。

(　　)12. 清单总分单申报是对清单进行修改或补充申报的电子数据，主要用于申报企业向海关申报清单总分单数据，用以补充申报清单总分单数据信息。

四、单选题

1. 跨境电商出口模式不包括(　　)。

A. 一般出口模式　　B. 海外仓出口模式

C. 分批出口模式　　D. 保税出口模式

2. 下列不属于跨境电商“三单”范畴的是(　　)。

A. 订单　　B. 支付单　　C. 运抵单　　D. 物流运单

3. 以下属于单一窗口跨境电商出口业务系统中交易管理功能的是(　　)。

A. 运单查询　　B. 离境单查询

C. 运抵单查询　　D. 收款单查询

4. 单一窗口跨境电商出口操作中，可以申报的单据是(　　)。

A. 订单　　B. 收款单　　C. 离境单　　D. 运抵单

5. 下列不属于单一窗口跨境电商出口业务系统中清单管理功能的是(　　)。

A. 清单查询(未结关)　　B. 清单查询(已结关)

C. 清单查询(未结案)　　D. 清单查询(已结案)

6. 单一窗口跨境电商出口操作中，(　　)的责任主体是监管场所企业。

A. 运抵单　　B. 运单　　C. 离境单　　D. 汇总申请单

7. 单一窗口跨境电商出口操作中，(　　)是由海关推送的。

A. 运抵单　　B. 离境单　　C. 出口申报清单　D. 汇总结果单

8. 在撤销单申报详情中，业务状态为(　　)状态时，可以单独对该撤销单进行申报以及删除操作。

A. 电子口岸申报中　　B. 发送海关成功

C. 海关退单　　D. 海关入库

9. 海关根据汇总申请单申报的清单，按照汇总规则生成的电子单据是(　　)。

A. 汇总报关单　B. 汇总结果单　C. 清单总分单　D. 汇总申请单

10. 单一窗口跨境电商出口业务操作中，运单的责任主体是(　　)。

A. 物流企业　　B. 电商企业　　C. 支付企业　　D. 监管场所

11. 在单一窗口跨境电商出口操作中，可以编辑的单据是(　　)。

A. 申报清单　　B. 订单　　C. 收款单　　D. 物流运单

12. 申报企业向海关申报清单总分单数据，用以(　　)申报清单总分单数据信息。

A. 补充 B. 明细 C. 分批 D. 汇总

五、多选题

1. 跨境电商出口模式包括(　　)。

A. 一般出口模式 B. 分批出口模式

C. 保税出口模式 D. 海外仓出口模式

2. 一般出口模式下,通过(　　)物流方式将货物交付给国外消费者。

A. 保税仓 B. 国际快递 C. 国际邮政 D. 海外仓

3. 海外仓主要包括(　　)。

A. 第三方海外仓 B. 亚马逊 FBA 模式

C. 自营海外仓 D. 保税仓

4. 下列属于跨境电商“三单”的是(　　)。

A. 订单 B. 运抵单 C. 支付单 D. 物流运单

5. 单一窗口跨境电商出口交易管理功能菜单包括(　　)功能。

A. 订单查询 B. 收款单查询 C. 运抵单查询 D. 清单申报

6. 单一窗口跨境电商出口汇总管理功能菜单包括(　　)功能。

A. 汇总申请单申报 B. 汇总申请单查询

C. 汇总结果单申报 D. 汇总结果单查询

7. (　　)是单一窗口跨境电商进出口操作时都会碰到的单据。

A. 订单 B. 运单 C. 运抵单 D. 清单

8. (　　)是由海关推送的。

A. 汇总申清单 B. 清单总分单 C. 汇总报关单 D. 汇总结果单

项目五　水路运输舱单申报

项目内容

1. 舱单传输人和相关数据传输人界定
2. 舱单和舱单相关单据的种类和作用
3. 传输舱单即相关数据当事人
4. 水路进出境舱单及相关数据传输流程
5. 水路舱单变更管理规定
6. 单一窗口水路舱单申报
7. 原始舱单数据申报、更改与删除
8. 预配舱单数据申报、更改与删除
9. 进出口理货报关申报和删除申请
10. 分流分拨运抵申报和删除申请
11. 装载舱单申报和删除申请

活动一　运输工具舱单管理

一、舱单管理概述

进出境运输工具舱单，是指进出境船舶、航空器、铁路列车、公路车辆等运输工具负责人或其代理人向海关递交或传输的真实、准确反映运输工具所载货物、物品及旅客信息的纸质载货清单或电子数据。进出境运输工具舱单简称"舱单"。进出境运输工具载有货物、物品的，舱单内容应当包括总提（运）单及其项下的分提（运）单信息。

海关将舱单管理的相对人分为两类：第一类为舱单数据传输义务人，另一类为舱单相关数据传输人。舱单数据传输义务人主要是指进出境运输工具负责人、无船承运业务经营人、货运代理企业、船舶代理企业、邮政企业以及快件经营人等。舱单数据传输义务人统称为"舱单传输人"。舱单相关数据传输义务人主要是指海关监管作业场所经营人、理货部门、出口货物发货人等。舱单相关电子数据传输义务人统称为“相关数据传输人”。

舱单按照运输方式分为海运、空运、铁路、公路及其他五种类型。对每一种类型的舱单海关都制定了一套管理办法。

小问答

问：为什么海关需要舱单数据？

答：海关总署制定的《现代海关制度第二部发展战略》提出，现代海关制度是以风险管理为中心。由于舱单数据源于货物运输的各个环节，具有原始性、基础性和真实性的特点，如果货主的进出口货物报关数据能与舱单数据相互印证，就能大大降低货物在通关环节的监管风险。

二、舱单的主要类型

舱单按照适用对象和性质可分为运输工具舱单和舱单相关数据两种类型。

1. 运输工具舱单

运输工具舱单包括原始舱单、预配舱单和装(乘)载舱单。

原始舱单，是指舱单传输人向海关传输的反映进境运输工具装载货物、物品或者乘载旅客信息的舱单。预配舱单，是指反映出境运输工具预计装载货物、物品或者乘载旅客信息的舱单。装(乘)载舱单，是指反映出境运输工具实际配载货物、物品或者载有旅客信息的舱单。

如果运输工具装载货物的，舱单内容应当包含总提(运)单及其项下分提(运)单信息。

业务链接

与舱单申报相关的运输单据

“提(运)单”，是指用以证明货物、物品运输合同和货物、物品已经由承运人接收或者装载，以及承运人保证据以交付货物、物品的单证。

“总提(运)单”，是指由运输工具负责人、船舶代理企业所签发的提(运)单。

“分提(运)单”，是指在总提(运)单项下，由无船承运业务经营人、货运代理人或者快件经营人等企业所签发的提(运)单。

2. 与舱单申报相关的单据

舱单相关单据包括运抵报告、理货报告和装箱清单等。

运抵报告，是指进出境货物运抵海关监管作业场所时，海关监管作业场所经营人向海关提交的反映货物实际到货情况的记录。理货报告，是指海关监管作业场所和旅客通关类、邮件类场所经营人或者理货部门对进出境运输工具所载货物、物品的实际装卸情况予以核对、确认的记录。装箱清单，是指反映以集装箱运输的出境货物、物品在装箱以前的实际装载信息的单据。

三、海关舱单管理规定

1. 舱单数据传输规定

舱单传输人应当按照海关备案的范围，在规定时限向海关传输舱单电子数据。相关数据传输人应当根据自身的业务内容，在规定时限向海关传输舱单相关电子数据。对未按照规定传输舱单及相关电子数据的，海关可以暂不予办理运输工具进出境申报手续。如因计算机故障等特殊情况无法传输舱单及相关数据的，可以采用纸质形式在规定时限向海关递交有关单证。

舱单传输的时限因运输方式的不同有所区别，但海关接收的时间都是以舱单主要数据传输的时间为准。舱单主要数据的相关知识将在后面内容中详细介绍。舱单传输人可在全海关范围内向海关传输舱单电子数据；舱单相关电子数据传输义务人应当在备案的地域范围内向海关传输舱单相关电子数据。

2. 舱单申报企业备案管理

舱单传输人、海关监管作业场所经营人、理货部门、出口货物发货人应当向其经营业务所在地直属海关或者经授权的隶属海关备案。

舱单传输人办理备案手续时，应当向海关提交下列文件："备案登记表"；提(运)单和装货单的样本；企业印章以及相关业务印章的印模；海关需要的其他文件。海关监管作业场所经营人、理货部门、出口货物发货人办理备案手续时，应当向海关提交"备案登记表"和海关需要的其他文件。但是，需要注意，不同运输方式的数据传输企业备案所需提交的其他文件有所不同。

当海关备案的舱单申报企业的备案事项发生变更时，需要向海关申请办理备案变更手续。

活动二　水运舱单申报业务

一、水路进境舱单管理

1. 进境舱单管理规定

原始舱单数据传输前，船公司或其代理人必须预先向海关报告抵达时间；船舶抵港以前，须将船舶抵港时间通知海关；船舶抵达港口时，应当向海关进行运输工具抵港申报。

船公司或其代理人应当在规定的时限内，向海关传输原始舱单的主要数据，具体时限为：集装箱船舶在货物装船 24 小时以前，非集装箱船舶抵达境内第一目的港的 24 小时以前。并在进境船舶运抵目的港前，向海关传输原始舱单的其他数据。

海关接受原始舱单主要数据的传输后，收货人或其委托的报关企业方可向海关办理货物、物品的申报手续。对发现列有我国禁止进境货物的，海关有权通知其不得装载进境，但必须说明理由。

小问答

问：原始舱单的主要数据与其他数据有什么区别？

答：主要数据是根据运输工具所载货物的信息填报，主要数据向海关传输是一种舱单申报行为，其他数据是对主要数据的补充和修改。海关只有收到舱单传输人所传输的舱单的主要数据后，才允许其所列的货物报关。

理货部门或者海关监管作业场所经营人应当在进境运输工具卸载货物完毕后的 6 小时以内，向海关提交理货报告。如果需要二次理货的，经海关同意，可以在进境运输工具卸载货物、物品完毕后的 24 小时以内以电子数据方式向海关提交理货报告。

进境舱单申报业务流程如图 5-2-1 所示。

理货报告提交后，海关将对原始舱单与理货报告的数据进行比对，对二者不相符的，将通知船公司或其代理人。船公司或其代理人应当在货物从船舶上卸载完毕后的 48 小时以内，向海关报告不相符的原因。原始舱单中未列明的进境货物，海关可以责令其直接退运。

2. 分拨分流管理规定

进境在港货物，在原始舱单申报完成后，经海关批准后，可以疏运至港区以外的海

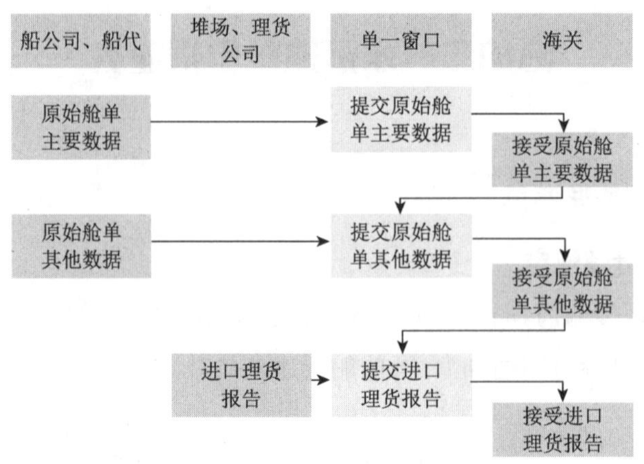

图 5-2-1　进境舱单数据申报业务流程

关监管作业场所，进行疏港分流和分拨作业。

疏港分流，是指为防止货物、物品积压、阻塞港口，根据港口行政管理部门的决定，将相关货物、物品疏散到其他海关监管作业场所以及旅客通关类、邮件类场所的行为。

分拨，是指海关监管作业场所和旅客通关类、邮件类场所经营人将进境货物、物品从一场所运至另一场所的行为。

进境货物需要分拨的，船公司或其代理人应当以电子数据方式向海关提出分拨货物申请，经海关同意后方可分拨。分拨货物运抵海关监管作业场所时，其经营人应当以电子数据方式向海关提交分拨货物、物品运抵报告。分拨货物、物品拆分完毕后的 2 小时以内，理货部门或者海关监管作业场所经营人应当以电子数据方式向海关提交分拨货物理货报告。

进境货物需要疏港分流的，海关监管作业场所经营人应当以电子数据方式向海关提出疏港分流申请，经海关同意后方可疏港分流。疏港分流完毕后，海关监管场所经营人应当以电子数据方式向海关提交疏港分流货物运抵报告。

进境分拨分流业务流程如图 5-2-2 所示。

进口货物、物品和分拨货物、物品所有人提交理货报告后，疏港分流货物、物品所有人提交运抵报告后，海关即可办理货物、物品的查验、放行手续。

二、水路出境舱单管理

以集装箱运输的出口货物发货人应当在货物装箱以前向海关传输装箱清单电子数据。

载有货物的出境船舶，船公司或其代理人应当在所载货物出口报关前向海关传输预配舱单主要数据。海关接受预配舱单主要数据传输后，船公司或其代理人应当

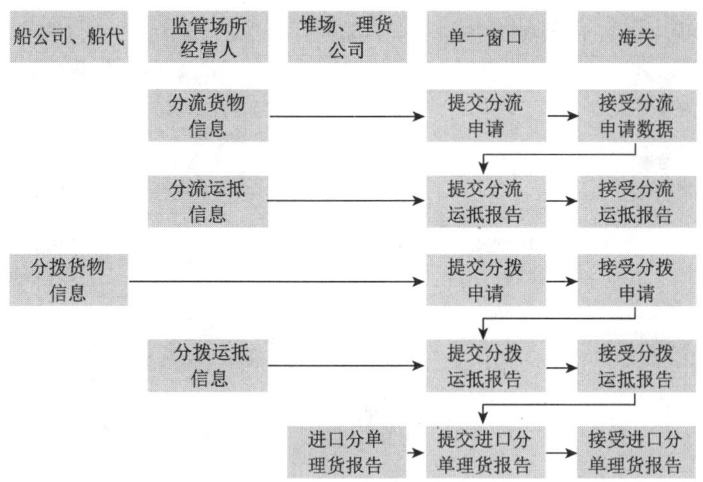

图 5-2-2 进境分拨分流业务流程

在规定时限内向海关传输预配舱单其他数据。预配舱单其他数据传输时限规定：如果是集装箱船舶的，应当在开船前 24 小时；如果是非集装箱船舶的，应当在开船前 2 小时。

当出口货物运抵港区堆场等监管作业场所时，场所负责人应当以电子数据方式向海关提交运抵报告。运抵报告提交后，海关即可办理货物的查验、放行手续。

船公司或其代理人应当在船舶开始装载货物的 30 分钟前，向海关传输装载舱单电子数据，并保证装载舱单中所列货物应为海关已经放行货物。海关同意后货物可以装船。海关对决定不准予装载的货物，将通知舱单传输人，并告知不准予装载的理由。

船公司或其代理人应当在船舶驶离码头的 2 小时前，将驶离时间通知海关。对临时追加的出境船舶，船公司或其代理人应当在船舶驶离码头前，将驶离时间通知海关。

船公司或其代理人应当在货物装载完毕后向海关提交结关申请，经海关办结手续后，出境运输工具方可离境。

船舶驶离装货港的 6 小时以内，码头堆场或者理货部门应当以电子数据方式向海关提交理货报告。海关将进行装载舱单与理货报告的比对，对二者不相符的情况，海关将通知船公司或其代理人，要求其在货物装载完毕后的 48 小时以内向海关说明情况。

出境舱单数据申报业务流程如图 5-2-3 所示。

三、舱单变更的管理

已经传输的舱单电子数据需要变更的，舱单传输人可以在原始舱单和预配舱单规

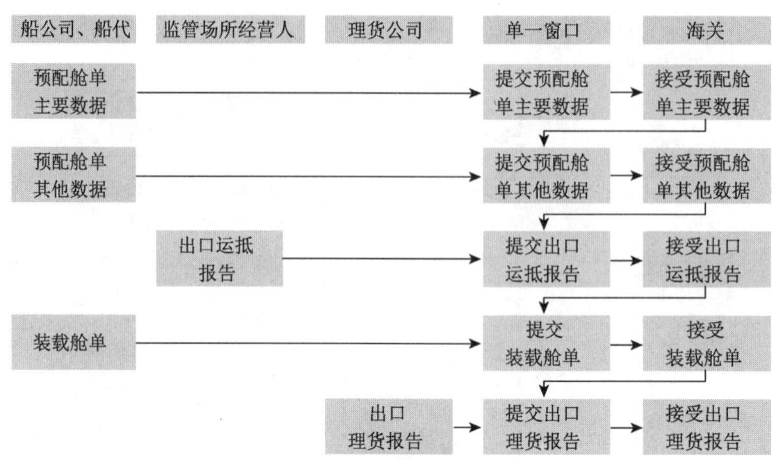

图 5-2-3　出境舱单数据申报业务流程

定的传输时限以前直接予以变更，但是货物所有人已经向海关办理货物、物品申报手续的除外。舱单电子数据传输时间以海关接受舱单电子数据变更的时间为准。

在原始舱单和预配舱单规定的传输时限后，有下列情形之一的，可以向海关递交舱单变更书面申请，经海关审核同意后，可以变更。具体情形：一是货物因不可抗力灭失、短损，造成舱单电子数据不准确的；二是装载舱单中所列的出境货物，由于装运、配载等原因造成退关或者变更运输工具的；三是大宗散装货物、集装箱内载运的散装货物的溢短装数量在规定范围以内的等。另外，由于受海关处罚后，需要变更舱单电子数据的，应当按照海关要求予以变更。

活动三　单一窗口水运舱单申报

一、单一窗口水运舱单系统

1. 系统介绍

水运舱单申报是单一窗口舱单申报功能模块下的一个子系统，是水上运输船舶企业、船舶代理企业、出口货物发货人，以及海关监管的集装箱堆场、港区理货等部门向海关进行舱单申报的信息平台。在水运舱单申报系统中，用户可进行进出境船舶货物舱单数据的录入、保存和申报，港区码头、货物装箱或分拨堆场的理货报告数据录入与传输，分拨分流运抵场所的相关数据传输等工作。此外，系统还提供海关回执接受、申报数据查询等其他功能。

小问答

问：运输工具舱单只能通过单一窗口申报，这种说法是否正确？

答：不正确。还可以通过互联网+海关系统申报。

在国际贸易单一窗口已经注册成功的用户，可以通过用户名、密码与验证码登录系统。在电脑上已经安装读卡器或拥有 IKey 等介质的用户，可用“介质卡”迅速登入。退出系统，只需点击界面右上角“退出”字样即可。

水运舱单申报系统主页面，如图 5-3-1 所示。页面左侧菜单为系统的任务菜单，任务菜单下各项业务内容如表 5-3-1 所示。

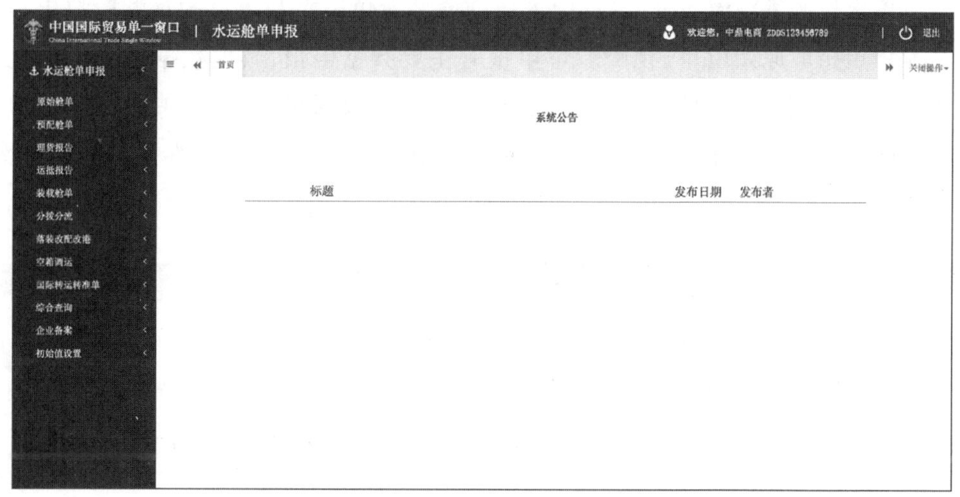

图 5-3-1　单一窗口水运舱单系统主页面

表 5-3-1　单一窗口水运舱单系统功能列表

业务模块	原始舱单	预配舱单	理货报告	运抵报告
业务内容	原始舱单主要数据	预配舱单主要数据	进口理货申报	分流分拨运抵申报
	原始舱单其他数据	预配舱单其他数据	进口理货删除申请	分流分拨运抵删除申请
	原始舱单变更申请	预配舱单变更申请	出口理货申报	出口运抵申报
	原始舱单删除申请	预配舱单删除申请	出口理货删除申请	出口运抵删除申请
业务模块	装载舱单	分拨分流	落装改配改港	空箱调运
业务内容	装载舱单申请	分拨申报	出口直接改配申请	进口空箱调运申请
	装载舱单删除申请	分拨删除申请	出口落装申请	出口空箱调运申请
		分流申报	出口落装改配申请	
		分流删除申请	进口改靠港申请	

（续表）

业务模块	国际转运转准单	综合查询	企业备案	初始值设置
业务内容	国际转运转准单	单证查询	总公司备案	原始舱单初始值设置
		状态查询	分公司备案	预配舱单初始值设置

从上述功能列表可以看出，水运舱单申报系统的功能主要有：进境舱单申报、出境舱单申报、分流分拨和理货申报、企业备案及查询等。

2. 系统操作说明

按照业务类型划分，水运舱单申报由进出境船舶所装载货物的舱单申报、装载舱单和受海关监管作业场所的理货数据传输两部分组成。

舱单申报按货物流向分，可分为进口的原始舱单申报和出口的预配舱单申报、装载舱单申报。原始舱单、预配舱单申报有主要数据申报、其他数据申报、舱单变更申请和舱单删除申请四个业务功能，只有当主要数据状态为“海关接受申报”之后，其他申报、申请操作才会被海关接受。装载舱单是出口船舶离港装货前的二次确认申报。

小问答

问：在舱单上只填主要数据，其他数据不填报可以吗？

答：可以的。其他数据填报是主要数据申报的补充和修正。如果舱单的主要数据填报完整、正确，与实际进出境的货物一致，此时其他数据就无须填报。

理货数据传输主要有进出口理货报告、运抵报告、进口分拨分流运抵、出口运抵报告、分拨分流申请等，适用于海关监管作业场所理货结果数据传输。

在水运舱单系统各功能页面中，黄色并带有红色“ * ”的字段为必填项；字段的右侧带有倒“▽”的蓝色标记为参数调取按钮。填报时，须点击“▽”图标的按钮，在调出的下拉菜单中选择填报内容；白色字段为根据需要选填的字段。

二、原始舱单申报

原始舱单是指舱单传输人向海关传输的反映进境运输工具装载货物、物品或者乘载旅客的信息的舱单。实际上，原始舱单是一份卸货港列明船舶实际载运货物的明细表，在实际业务中由船公司在卸货港的负责人或者代理人向海关申报。

1. 原始舱单主要数据

原始舱单主要数据由表头和表体两个部分组成，在表头页面主要填报承运船舶的相关信息，表体列明的是船舶所载货物的提运单记录。每条提运单记录，记载的是所装载货物的提运单信息。提运单内容主要由基本信息、集装箱信息和商品项信息三部分组成。

（1）表头数据填报

原始舱单主要数据表头页面如图 5-3-2 所示。页面上方的蓝色“新增”“暂存”和“删除”按钮为本页面操作按钮。它们的操作将影响当前的整票数据。页面上的“获取默认数据”，用来调取“初始值设置”中对应的数据。页面的右上方“申报”按钮，则是用来申报舱单。

填报数据时，点击“原始舱单主要数据”，进入主要数据页面，再点击“新增”按钮，清空界面，便可进入原始舱单主要数据表头填报状态。

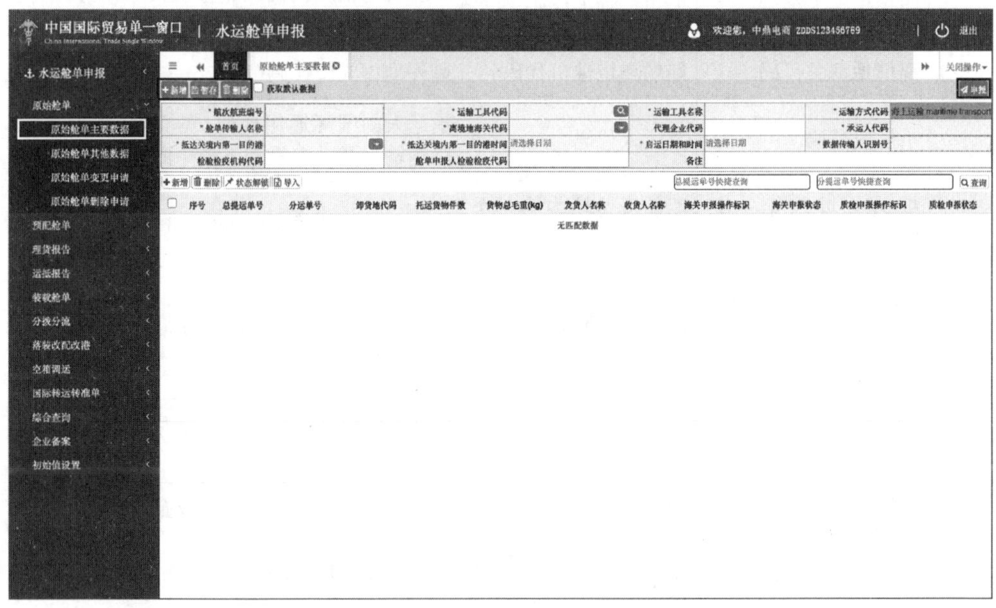

图 5-3-2　原始舱单主要数据表头界面

小问答

问：1. 带“＊”字段不填或者填写不规范，会有什么后果？

答：带“＊”字段不填或填写不规范，可能导致无法进行保存或申报等操作。

问：2. “运输工具代码”字段后蓝色放大镜图标的作用是什么？

答：是系统自动查找图标。手工录入航次航班编号与运输工具代码并按回车键后，系统将查找该票数据是否已经存在，如找到，则自动返填已存在的数据。

原始舱单主要数据表头字段的填报规范如表 5-3-2 所列。

表 5-3-2　　　　　原始舱单主要数据表头各栏目的填报规范

货物信息			
项别	字段名称	填报要求	说明
必填	航次航班编号	航次编号[①]	进境船舶航次号，由船公司提供
	运输工具代码	船舶代码编号	IMO[②]登记船舶：NU+7 位顺序码； IMO 未登记船舶：CN+7 位顺序码
	运输工具名称	船舶名称	在水路运输工具动态管理系统中备案的英文名称，由船公司提供
	运输方式代码	系统自动填写	灰色字段
	舱单传输人名称	舱单传输人代码	企业统一信用代码或企业编码(4 位关区代码+9 位组织机构代码)
	离境地海关代码	船舶离境港口代码	境外港口 5 位代码(见表 5-3-3)
	承运人代码	承运人代码	承运人的国际通用代码(英文缩写等)或水路运输工具动态管理系统中海关备案编码
	抵达关境内第一目的港	船舶抵达境内第一个港口代码	境内港口 5 位代码(见表 5-3-4)
	抵达关境内第一目的港时间	船舶抵达境内第一个港口的日期和时间	在系统自带日期时间器勾选(北京时间)
	启运日期和时间	船舶启运日期和时间	
	数据传输人识别号	传输人代码	数据传输人的企业统一信用代码或企业编码
选填	代理企业代码	船舶代理人代码	代理企业的统一信用代码或企业编码
	检验检疫机构代码	到货地检验检疫机构代码	检验检疫机构代码(见表 5-3-5)
	舱单申报人检验检疫代码	申报人检验检疫代码	10 位检验检疫代码
	备注	其他需要说明的信息	长度不超过 512 个字符

说明：①如为来往港澳小型船舶，填写 12 位数字的航次号，同一船舶一天内有多个进出口航次的，顺次加 1；②IMO 为国际海事组织的缩写。

表 5-3-3　　　　　世界港口代码对照表(节选)

地区代码	所在国(地区)	港口代码	英文名	中文名	航线
AU	澳大利亚	AUADE	ADELAIDE	阿德莱德	澳新
		AUBNE	BURNIE	伯尼	澳新
		AUBRI	BRISBANE	布里斯班	澳新
		AUPTH	PERTH	佩斯	澳新

（续表）

地区代码	所在国(地区)	港口代码	英文名	中文名	航线
AU	澳大利亚	AUSYD	SYDNEY	悉尼	澳新
CA	加拿大	CAMTL	MONTREAL	蒙特利尔	美加
		CATOR	TORONTO	多伦多	美加
		CAVCR	VANCOUVER	温哥华	美加
ES	西班牙	ESBAR	BARCELONA	巴塞罗那	地中海
		ESCAS	CASTELLON	卡斯特利翁	地中海
		ESMAL	MALAGA	马拉加	地中海
		ESVAL	VALENCIA	巴伦西亚	地中海
FI	芬兰	FIHEL	HELSINKI	赫尔辛基	欧洲
FR	法国	FRBOR	BORDEAUX	波尔多	欧洲
		FRHAV	LE HAVRE	勒哈弗尔	欧洲
		FRMRS	MARSEILLES	马赛	地中海
		FRNIC	NICE	尼斯	地中海
NL	荷兰	NLAMS	AMSTERDAM	阿姆斯特丹	欧洲
		NLROT	ROTTERDAM	鹿特丹	欧洲
GB	英国	GBBEL	BELFAST	贝尔法斯特	欧洲
		GBBTL	BRISTOL	布里斯托尔	欧洲
		GBLON	LONDON	伦敦	欧洲
HK	中国香港	HKHKG	HONGKONG	香港	香港
IT	意大利	ITGOA	GENOA	热那亚	地中海
JP	日本	JPFKA	FUKUOKA	福冈	日本
		JPKAW	KAWASAKI	川崎	日本
		JPMOJ	MOJI	门司	日本
		JPNAG	NAGOYA	名古屋	日本
		JPOSK	OSAKA	大阪	日本
		JPTOK	TOKYO	东京	日本
		JPYOK	YOKOHAMA	横滨	日本
KR	韩国	KRBUS	BUSAN	釜山	韩国
		KRINC	INCHON	仁川	韩国
		KRULS	ULSAN	蔚山	韩国
KW	科威特	KWKUW	KUWAIT	科威特	科威特

（续表）

地区代码	所在国(地区)	港口代码	英文名	中文名	航线
MO	中国澳门	MOMAC	MACAO	澳门	香港
		MQFDF	FORT OF FRANCE	法兰西堡	香港
MY	马来西亚	MYKUC	KUCHING	古晋	东南亚
		MYPKE	PORT KELUNG	巴生港	东南亚
NZ	新西兰	NZAUC	AUCKLAND	奥克兰	澳新
		NZWEL	WELLINGTON	惠灵顿	澳新
PK	巴基斯坦	PKKAR	KARACHI	卡拉奇	波红
PH	菲律宾	PHMAN	MANILA	马尼拉	东南亚
SA	沙特阿拉伯	SADAM	DAMMAM	达曼	波红
		SAJED	JEDDAH	吉达	波红
SG	新加坡	SGSGP	SINGAPORE	新加坡	东南亚
TH	泰国	THBKK	BANGKOK	曼谷	东南亚
TR	土尔其	TRIST	ISTANBUL	伊斯坦布尔	地中海
TW	中国台湾	TWKEE	KEELUNG	基隆	台湾
		TWTCH	TAICHUNG	台中	台湾
US	美国	USLGB	LONG BEACH	长滩	美加
		USLSA	LOS ANGELES	洛杉矶	美加
		USOAK	AUCKLAND	奥克兰	美加
		USSEA	SEATTLE	西雅图	美加
		USSFO	SAN FRANCISCO	旧金山	美加
		USTAC	TACOMA	塔科马	美加
		USBOS	BOSTON	波士顿	美加
		USMIA	MIAMI	迈阿密	美加
		USNYK	NEW YORK	纽约	美加
		USPHI	PHILADELPHIA	费城	美加
VN	越南	VNHCM	HOCHIMINH CITY	胡志明	东南亚

表 5-3-4 国内港口代码表(节选)

港口名称	港口代码	所在城市	港口名称	港口代码	所在城市
广州港	CNGZG	广州	洋山	CNYSA/CNYSN	上海
黄埔港	CNHUA	广州	外高桥港	CNWGQ	上海

（续表）

港口名称	港口代码	所在城市	港口名称	港口代码	所在城市
大铲湾	CNDCB	深圳	宝山码头	CNBSD	上海
蛇口	CNSHK	深圳	连云港	CNLYG	连云港
盐田	CNYTN	深圳	张家港	CNZJG	张家港
赤湾	CNCWN	深圳	日照	CNRZH	日照
深圳	CNSZP	深圳	蓬莱	CNPLI	烟台
东莞站	CNDGG	东莞	烟台	CNYAT	烟台
新沙港	CNXNA	东莞	天津港	CNTNJ	天津
汕尾	CNSWA	汕头	新港	CNXGA	天津
厦门	CNXMG	厦门	唐山	CNTGS	唐山
福州港	CNFZG	福州	青岛港	CNQDP	青岛
莆田	CNPUT	莆田	威海港	CNWEI	威海
宁波港	CNNBG	宁波	大连港	CNDLC	大连
北仑港	CNBEI	宁波	旅顺新港	CNLSH	旅顺
上海港	CNSHG	上海	营口	CNYIK	营口

表 5-3-5 检验检疫机构代码表(节选)

代码	中文名称	中文简称
000000	中华人民共和国海关总署本部	海关总署本部
000009	中华人民共和国海关总署金伯利办公室	海关总署金伯利办公室
110000	中华人民共和国北京出入境检验检疫机关本部	北京机关本部
110100	中华人民共和国首都机场出入境检验检疫机关本部	首都机场机关本部
110101	中华人民共和国首都机场出入境检验检疫机关快件工作点	首都机场机关快件工作点
110200	中华人民共和国北京丰台出入境检验检疫机关本部	北京丰台机关本部
110300	中华人民共和国北京朝阳出入境检验检疫机关本部	北京朝阳机关本部
110400	中华人民共和国北京经济技术开发区出入境检验检疫机关本部	北京经济技术开发区机关本部
110500	中华人民共和国北京顺义出入境检验检疫机关本部	北京顺义机关本部
110600	中华人民共和国北京通州出入境检验检疫机关本部	北京通州机关本部
110700	中华人民共和国北京海淀出入境检验检疫机关本部	北京海淀机关本部
110800	中华人民共和国北京西站出入境检验检疫机关本部	北京西站机关本部

（续表）

代码	中文名称	中文简称
120000	中华人民共和国天津出入境检验检疫机关本部	天津机关本部
120300	中华人民共和国天津东港出入境检验检疫机关本部	天津东港机关本部
120400	中华人民共和国天津静海出入境检验检疫机关本部	天津静海机关本部
120500	中华人民共和国天津宝坻出入境检验检疫机关本部	天津宝坻机关本部
120600	中华人民共和国天津空港出入境检验检疫机关本部	天津空港机关本部
120700	中华人民共和国天津出入境检验检疫机关滨海办事处	天津机关滨海办事处
120900	中华人民共和国天津出入境检验检疫机关新港办事处	天津机关新港办事处
310000	中华人民共和国上海出入境检验检疫机关本部	上海机关本部
310020	中华人民共和国上海出入境检验检疫机关宝山办事处	上海机关宝山办事处
310040	中华人民共和国上海出入境检验检疫机关龙吴办事处	上海机关龙吴办事处
310050	中华人民共和国上海出入境检验检疫机关虹口办事处	上海机关虹口办事处
310060	中华人民共和国上海出入境检验检疫机关莘庄办事处	上海机关莘庄办事处
310100	中华人民共和国上海浦江出入境检验检疫机关本部	上海浦江机关本部
310200	中华人民共和国上海浦东出入境检验检疫机关本部	上海浦东机关本部
310400	中华人民共和国上海吴淞出入境检验检疫机关本部	上海吴淞机关本部
310700	中华人民共和国上海外高桥出入境检验检疫机关本部	上海外高桥机关本部
311000	中华人民共和国上海洋山入境检验检疫机关本部	上海洋山机关本部

原始舱单主要数据表头栏目填写完毕后，点击页面上方蓝色“暂存”按钮，可保存表头内容，暂存后的页面如图 5-3-3 所示。

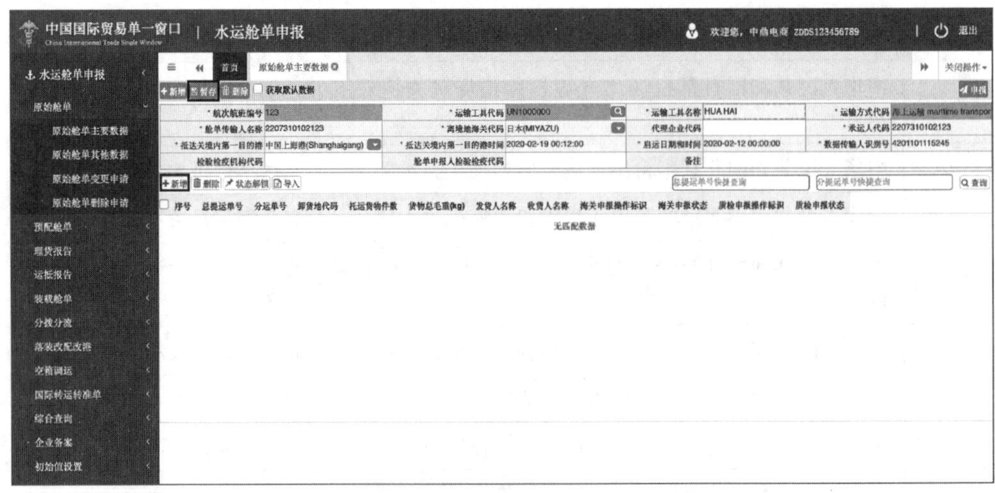

图 5-3-3　原始舱单主要数据表头数据暂存后界面

需要指出，表头数据填报完成并暂存后，“航次航班编码”和“运输工具代码”等栏目不能修改。

(2) 提运单数据填报

原始舱单主要数据保存后，可进行提运单数据填报。填报时，点击页面中间白色“新增”按钮，系统会弹出表体提运单填报页面，提运单填报页面如图 5-3-4 所示。提运单包含“基本信息”“集装箱信息”和“商品项信息”三个部分，可以通过点击签页的方式切换页面。

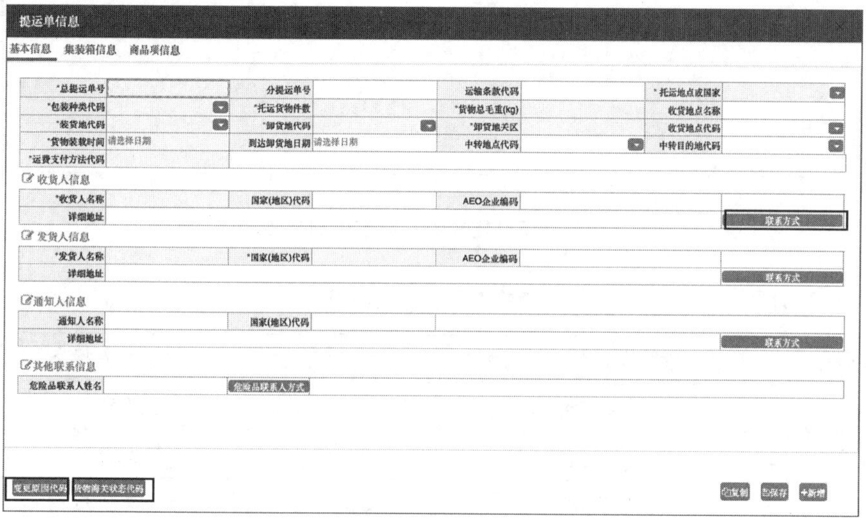

图 5-3-4　提运单信息—基本信息界面

需要提醒，右下角蓝色的“新增”“保存”按钮的操作，将会对当前整份提运单的信息产生影响。

在图 5-3-4 页面中，有“变更原因代码”“货物海关状态代码”和多个蓝色“联系方式”按钮。“变更原因代码”只有在变更申请和删除申请时才会被激活。“海关状态代码”按钮为提单申报状态编辑按钮。点击该按钮，系统会弹出“货物海关状态信息”编辑栏目。“货物海关状态信息”界面如图 5-3-5 所示。在“货物海关状态信息”栏目内填入当前业务状态代码。货物海关状态代码如表 5-3-6 所示。

小问答

问：“货物海关状态”栏目的信息应在何时编辑？

答：“货物海关状态”栏目应该在“原始舱单主要数据——基本信息”填报完毕并保存后编辑。

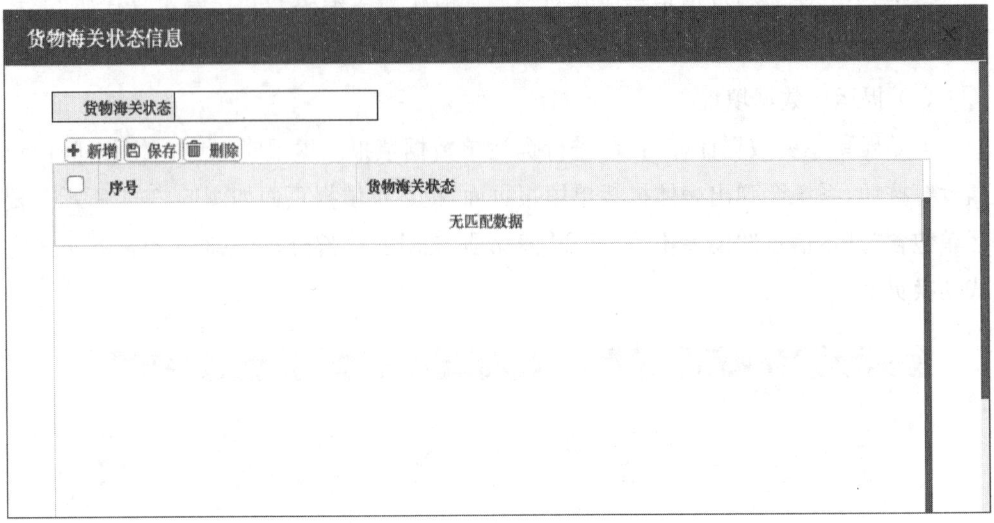

图 5-3-5　货物海关状态信息界面

表 5-3-6　　货物海关状态代码表

代码	货物海关状态	代码	货物海关状态
001	进、出口货物	007	互市贸易
002	国际转运货物	008	惰性材料
003	过境货物	MIX	转运集拼货物
004	暂时进出境集装箱	—	

在图 5-3-4 页面中，有多个蓝色的“联系方式”按钮，是用来编辑对应栏目中联系人员的联系方式信息。点击“联系方式”按钮，系统会弹出“××人联系信息”编辑页面，如图 5-3-6 所示。编辑时，须填报相关人员的联系号码和通信方式。其中，“通讯方式类别代码”如表 5-3-7 所示。在舱单申报系统中，多处有“联系方式”按钮，填报的方法相同，后面不再赘述。

表 5-3-7　　通讯方式类别代码表(节选)

代码	英文名称	中文名称
EM	Electronic mail	电子邮件
FX	Telefax	电传
TE	Telephone	电话

1) 提运单——基本信息填报

原始舱单提运单——基本信息字段的填报规范如表 5-3-8 所示。

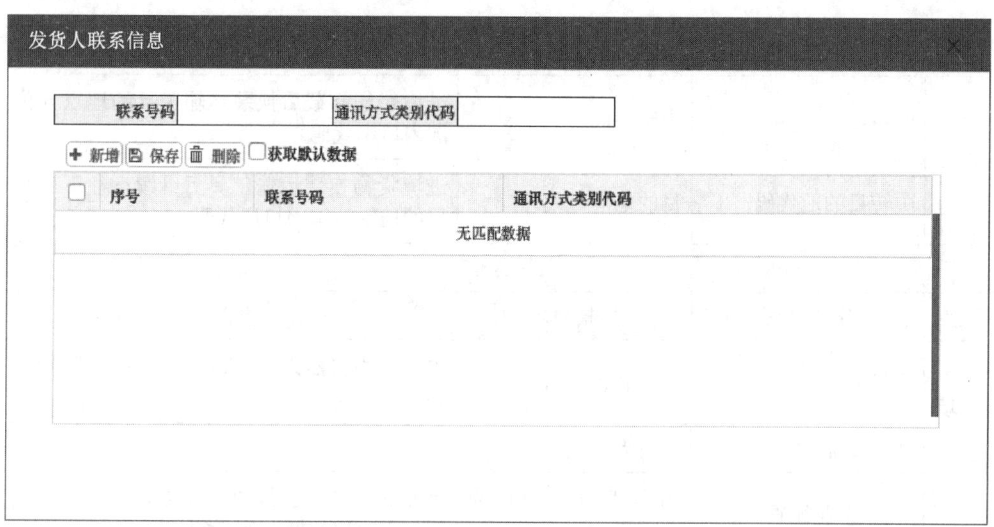

图 5-3-6　联系方式页面

表 5-3-8　　原始舱单提运单信息——表体基本信息字段的填报规范

项别	字段名称	填报要求	说明
必填	总提运单号	总提单编号	Master B/L 编号，同船名航次下，总运单号不得重复
	托运国家或地点	启运地国家代码	境外港口 5 位代码
	包装种类代码	包装种类代码	2 位包装种类代码(见表 5-3-9)
	托运货物件数	货物件数	运输货物件数，裸装填“1”
	货物总毛重(kg)	货物的毛重	计量单位为千克
	装货地代码	装货港代码	境外港口 5 位代码
	卸货地代码	卸货地代码	境内港口 5 位代码
	卸货地关区	卸货地关区代码	4 位关区代码
	货物装载时间	货物装船日期和时间	在系统自带日期时间器勾选(北京时间)
	运费支付方式代码	支付方式代码	系统自带：PP—预付，FF—全免，CC—到付
选填	分提运单号	分提单编号	有无船承运人承运货物或集运分拨货物，填写 House B/L 编号
	运输条款代码	运输条款代码	3 位字母和数字代码(见表 5-3-10)
	收货地点名称	实际交接地点	承运人与收货人交接货物的地点名称
	收货地点代码	收货港口代码	境内港口 5 位代码
	到达卸货地日期	到达卸货地日期和时间	在系统自带日期时间器勾选(北京时间)

（续表）

项别	字段名称	填报要求	说明
选填	中转地点代码	中转港代码	进境船舶卸载后换装运输工具的地点5位国内口岸代码
	中转目的地代码	目的地港口代码	进境货物换装运输工具后继续运往下一个目的地5位国内口岸代码
收货人信息			
项别	字段名称	填报要求	说明
必填	收货人名称	实际收货人名称	收货人为自然人，填报：××公司＋收货人姓名
	详细地址	收货人地址	
选填	AEO企业编码	国别代码＋AEO企业编码	企业的AEO代码，国外收货人所在国与我国如无AEO协议，则无须填写
	国家(地区)代码	收货人所在国家/地区代码	2位国家代码
发货人信息			
项别	字段名称	填报要求	说明
必填	发货人姓名	实际发货人名称	发货人为自然人，填报：××公司＋发货人姓名
	国家(地区)代码	发货人所在国家/地区代码	2位国家代码
	详细地址	发货人地址	
选填	AEO企业编码	国别代码＋AEO企业编码	企业的AEO代码，国外发货人所在国与我国如无AEO协议，则无须填写
联系人信息			
项别	字段名称	填报要求	说明
选填	发货人姓名	联系人名称	提单收货人填“TO ORDER”的，必须填，填报：××公司＋发货人姓名
	国家(地区)代码	联系人所在国家/地区代码	2位国家代码
	详细地址	发货人地址	
其他联系信息			
项别	字段名称	填报要求	说明
选填	危险品联系人姓名	危险品信息联系人姓名	能够提供危险品货物详细信息的联系人姓名

表 5-3-9　　　　包装种类代码表(节选)

代码	英文名称	中文名称	代码	英文名称	中文名称
AM	Ampoule, non-protected	未加保护玻璃瓶	CR	Crate	板条箱
AP	Ampoule, protected	加保护玻璃瓶	CS	Case	箱
BA	Barrel	桶	CT	Carton	纸板箱
BD	Board	板	CU	Cup	杯
BE	Bundle	捆扎	CV	Cover	包裹
BG	Bag	袋	MT	Mat	麻袋
BK	Basket	筐	NT	Net	网
BT	Bolt	纸卷	NT	Container	集装箱
BU	Butt	大桶	PA	Packet	小包裹
BU	In bulk	散装	PB	Paper bag	纸袋
BX	Box	盒	PC	Parcel	包裹
CG	Cage	笼	PE	Pallet	托盘
CK	Cask	木桶	PG	Plate	金属板
CL	Coil	圈	PH	Pitcher	大水瓶
CO	Carboy, non-protected	未加保护的坛	PK	Package	包
CP	Carboy, protected	加保护的坛	PL	Pail	桶
CQ	Can	罐头	PN	Plank	厚木板

表 5-3-10　　　　运输条款代码表

代码	英文名称	条款	代码	英文名称	条款
10	port to port	港到港	29	pier to door	点到门
27	door to door	门到门	30	pier to pier	点到点
28	door to pier	门到点			

注释:port——码头;door——收发货人仓库;pier——港口

2）提运单——集装箱信息填报

原始舱单提运单——集装箱信息填报页面如图 5-3-7 所示。它是填报装载本票提运单货物的集装箱信息。

在集装箱信息填报页面中,蓝色“封志信息”按钮是用来填报集装箱封志信息。填报时,在展开的“封志信息”编辑框内填报相应的信息,“封志信息”编辑框见图 5-3-8。其中,“封志类型”字段的填报要求:E—电子封志,M—机械封志;“封志号码”字段的

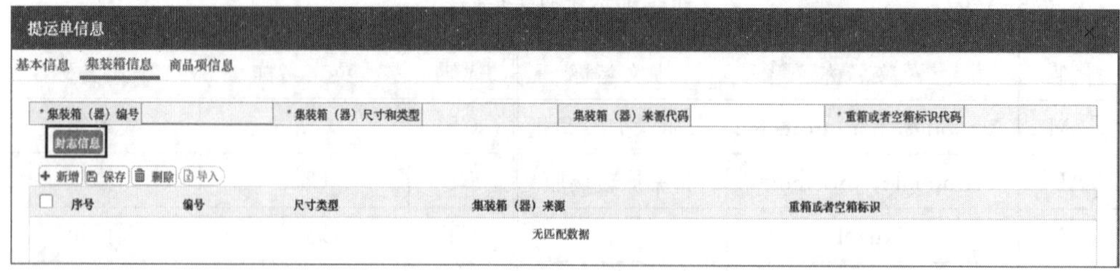

图 5-3-7　提运单——集装箱信息界面

填报要求：施加在集装箱上的封箱号码；“施加封志人”：填报施封人的类别代码，如表 5-3-11 所示。

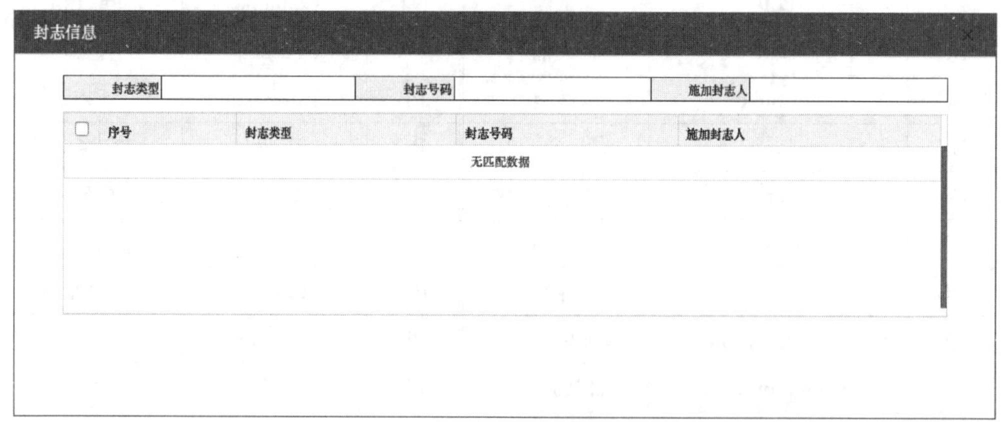

图 5-3-8　封志信息展开界面

小问答

问：“封志信息”按钮可以在集装箱信息填报前操作吗？

答：不可以。“封志信息”按钮必须在集装箱信息填报完成并保存后才可以操作。

表 5-3-11　　集装箱施封人代码表

代码	施封人类别	代码	施封人类别
AA	拼箱人	CA	承运人
AB	未知	CU	海关
AC	检疫	SH	发货人
TO	码头		

“原始舱单提运单——集装箱信息”填报界面中，填报规范如表5-3-12 所示。

表 5-3-12 原始舱单提运单信息——集装箱信息字段填报规范

项别	字段名称	填报要求	说明
必填	集装箱(器)编号	集装箱箱号	本系统无箱号校验功能
	集装箱(器)尺寸和类型	4 字集装箱类型代码	见表 5-3-13
	重箱或者空箱标识	1 位数字代码	见表 5-3-14
选填	集装箱(器)来源代码	1 位数字代码	见表 5-3-15

表 5-3-13 集装箱尺寸和类型代码表

95 码	箱型简称	箱型	备注
22G1	20 英尺干货箱	干货箱 GP	UN
25G1	20 英尺干货高箱	干货箱 GP	UN
2EG1	20 英尺干货高箱	干货箱 GP	UN
28G1	20 英尺半高干货箱	干货箱 GP	UN
42G1	40 英尺干货箱	干货箱 GP	UN
45G1	40 英尺干货高箱	干货箱 GP	UN
45G2	40 英尺两边侧开干货高箱	干货箱 GP	UN
48G1	40 英尺半高干货箱	干货箱 GP	UN
4FG1	40 英尺超宽超高干货箱	干货箱 GP	UN
22U1	20 英尺开顶箱	开顶箱 UT	UN
25U1	20 英尺高开顶箱	开顶箱 UT	UN
42U1	40 英尺开顶箱	开顶箱 UT	UN
45U1	40 英尺高开顶箱	开顶箱 UT	UN
L2U1	45 英尺开顶箱	开顶箱 UT	UN
22P1	20 英尺框架箱	框架箱 PL	UN
26P1	20 英尺超高框架箱	框架箱 PL	UN
29P1	20 英尺超低框架箱	框架箱 PL	UN
42P1	40 英尺框架箱	框架箱 PL	UN
45P1	40 英尺高框架箱	框架箱 PL	UN
46P1	40 英尺超高框架箱	框架箱 PL	UN
49P1	40 英尺超低框架箱	框架箱 PL	UN

（续表）

95码	箱型简称	箱型	备注
22R1	20英尺冷冻箱	冷冻箱 RE	UN
25R1	20英尺冷高箱	冷冻箱 RE	UN
42R1	40英尺冷冻箱	冷冻箱 RE	UN
45R1	40英尺冷高箱	冷冻箱 RE	UN
45S1	40英尺高汽车箱	汽车箱 SN	UN
46S1	40英尺超高汽车箱	汽车箱 SN	UN
22V0	20英尺通风箱	通风箱 VH	UN
22V1	20英尺挂衣箱	通风箱 VH	UN EDI
25V1	20英尺高挂衣箱	通风箱 VH	UN EDI
42V0	40英尺通风箱	通风箱 VH	UN
42V1	40英尺挂衣箱	通风箱 VH	UN EDI
45V1	40英尺高挂衣箱	通风箱 VH	UN EDI
22T1	20英尺油罐箱	油罐箱 TN	UN
42T1	40英尺油罐箱	油罐箱 TN	UN
48T1	40英尺半高油罐箱	油罐箱 TN	UN

表 5-3-14　　　　重箱或者空箱标识代码

代码	英文名称	中文名称
1	More than one quarter volume available	货物多于1/4容量
2	More than half volume available	货物多于1/2容量
3	More than three quarters volume available	货物多于3/4容量
4	Empty	空箱
5	Full	重箱
6	No volume available	满箱
7	Full，mixed consignment	拼箱
8	Full，single consignment	整箱

表 5-3-15　　　　集装箱来源代码表

代码	英文名称	中文名称
1	Shipper supplied	货主自备箱
2	Carrier supplied	承运人提供箱

（续表）

代码	英文名称	中文名称
3	Consolidator supplied	拼箱人提供箱
4	Deconsolidator supplied	拆箱人提供箱
5	Third party supplied	第三方提供箱

3）提运单——商品项信息填报

“提运单信息——商品项信息”填报界面如图 5-3-9 所示，填报规范如表 5-3-16 所示。

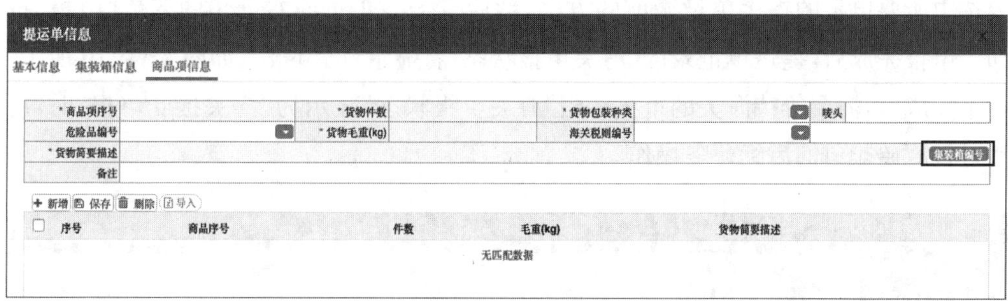

图 5-3-9　提运单——商品项信息界面

小问答

问：如何保存页面数据？

答：两种方法：一是在页面最后一个字段信息输入完成后，按回车键，录入数据跳转至下方列表中。二是按页面中间白色“暂存”按钮。

表 5-3-16　原始舱单提运单信息——商品项信息字段填报规范

类别	字段名称	填报要求	说明
必填	商品项序号	提单中序列号	每票提运单中不同商品项从“1”开始顺序填写
	货物件数	货物件数	运输包装数量
	货物包装种类	2 位代码	包装种类代码（见表 5-3-9）
	货物毛重	货物毛重	单位：千克
	货物简要描述	货物名称	还可以补充足以鉴别货物性质的简明描述
选填	唛头	货物运输标志	最长 512 位字符
	运输品编号	危险品标志代码	联合国危险品标志代码
	海关税则编号	6 位 HS 编码	
	备注	其他需要说明的信息	长度不超过 512 个字符

小问答

问:原始舱单数据项中“货物简要描述”的填报有什么要求?

答:“货物简要描述”数据项填报应当完整、准确,提(运)单下各项货物、物品名称应当在“货物简要描述”数据项中逐一填写。另外,预配舱单中的此项数据填报与原始舱单要求一致。

(3)主要数据申报

完成主要数据表头和表体数据填报后,可以申报原始舱单主要数据。申报时,先要选中所要申报的提运单记录前的方框,然后点击表头页面右上角的蓝色“申报”按钮。申报完成后,提运单记录的“海关申报状态”将显示“已申报”,如图 5-3-10 所示。申报完成后,需要等待海关的审核。当“海关申报状态”显示为“海关接受申报”时,可以进行原始舱单的后续业务操作。

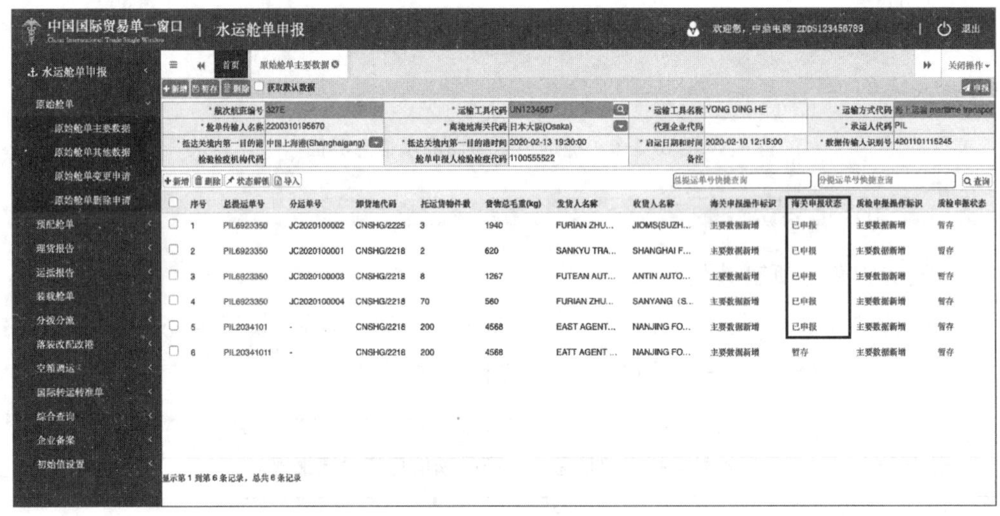

图 5-3-10 原始舱单完成申报后界面

小问答

问:“海关申报状态”主要有哪几种?

答:主要有:“暂存”表示系统已保存数据;“已申报”表示已经申报,等待海关审核;“海关接受申报”表示申报海关已审核通过;“申报失败”表示申报未成功;“海关退单”表示海关审核未通过,退回,须重新申报。

2. 原始舱单其他数据

当海关接受原始舱单主要数据申报，并且“海关申报状态”显示为“海关接受申报”时，可以进行原始舱单其他数据操作。但原始舱单其他数据属于非必填项，用户可根据需要选择填写。特别提醒，当收货人办理了进口货物报关后，原始舱单不能通过其他数据页面补充和修改。

进行原始舱单其他数据填报操作时，先在表头页面黄色字段“航次航班编号”和“运输工具代码”手工输入信息，系统会自动查找相应的舱单，并调出相应提运单记录，如图 5-3-11 所示。

图 5-3-11 调出的原始舱单其他数据页面

原始舱单其他数据只能对提运单信息进行补充或修改，但不能对表头数据进行操作。在对提运单数据进行补充或修改操作时，只需勾选需要修改的提运单编号，在展开的表体中补充填报或修改数据。数据的修改方法与主要数据填报相同。特别需要提醒，原始舱单其他数据补充或修改完成后，需要对修改记录进行重新申报，申报的方法与主要数据申报相同。

3. 变更和删除申请操作

舱单变更与删除是海关接受舱单申请后，由于各种原因需要删改提运单。舱单的删改必须按照海关的有关规定办理。特别注意，关区不同的舱单删改的操作手续不尽相同，用户须根据当地海关的规定执行，但舱单删改的条件和单一窗口操作要求是一致的。

业务链接

准予变更的内容与方式

在原始舱单和预配舱单规定的传输时限后，有下列情形之一的，舱单传输人向海关递交舱单变更书面申请，经海关审核同意后，可以进行变更：

1. 货物、物品因不可抗力灭失、短损，造成舱单电子数据不准确的；

2. 装载舱单中所列的出境货物、物品，由于装运、配载等原因造成部分或者全部货物、物品退关或者变更运输工具的；

3. 大宗散装货物、集装箱独立箱体内载运的散装货物的溢短装数量在规定范围以内的；

4. 其他客观原因造成传输错误的。

（1）原始舱单变更申请操作

单一窗口中的舱单变更是指由于用户自身原因或海关的要求，对舱单数据进行更改的操作。根据海关规定，已经传输的舱单电子数据需要变更的，舱单传输人可以在原始舱单规定的传输时限以前直接予以变更。但是，货物、物品所有人已经向海关办理货物、物品申报手续的除外。舱单变更原因有舱单传输人变更和海关审核后需要更改两种原因。

更改操作时，先要调出所需更改的舱单，调出的所有提运单记录列表如图 5-3-12 所示。

图 5-3-12　系统调出所有提运单记录列表页面

更改时，点击需要修改的提运单编号，进入提运单信息页面更改。更改信息输入并保存后，还需填报变更原因。填报时，点击提运单页面(见图 5-3-4)的蓝色“变更原因代码”按钮，在展开的“变更原因信息”编辑页面，如图 5-3-13 所示，填入变更原因代码，变更原因代码如表 5-3-17 所示。

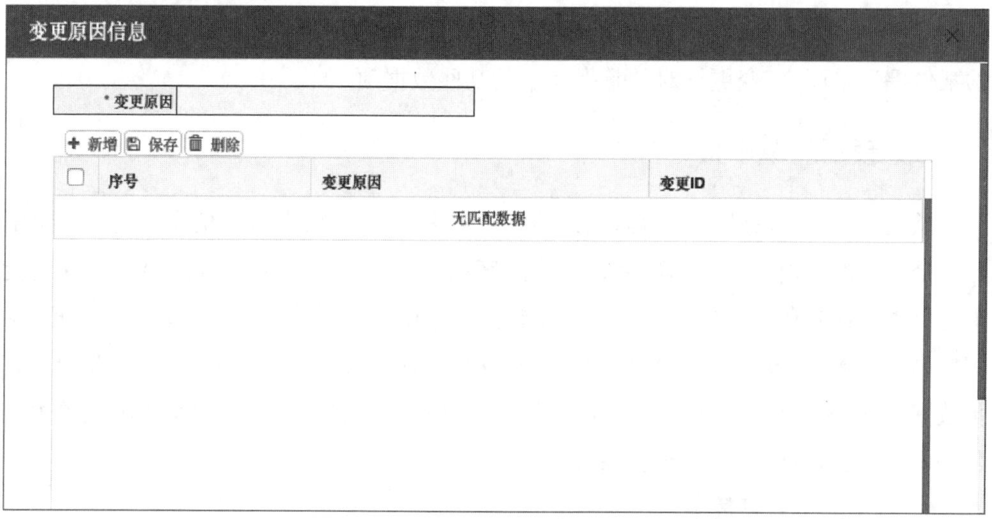

图 5-3-13　变更原因信息编辑页面

表 5-3-17　变更原因代码表

代码	变更原因
001	货物漏装
002	临时拉货
003	错装、多装货物
004	因疏忽而造成的舱单必填数据元差错
005	更正因疏忽而造成的舱单必填数据元差错
006	补充因疏忽而造成的舱单选填数据元遗漏
007	更正因代理人等外部因素而造成的舱单必填数据元差错
008	更正因代理人等外部因素而造成的舱单选填数据元差错
009	补充因代理人等外部因素而造成的舱单选填数据元遗漏
010	重复的舱单数据
011	上一港口漏卸的货物
012	在本监管场所错卸的货物
013	货物在进入海关监管场所后失窃
014	货物在进入海关监管场所后失踪
015	根据案件处理结果修改
999	其他

原始舱单数据更改完成后，须先选中所要更改的数据，点击页面右上方“申报”按钮，更改才算完成。

(2) 原始舱单删除申请

原始舱单删除申请是指由于各种原因需要撤销原始舱单中的某条提运单数据的操作。删除申请的操作与变更申请操作基本相同，不再重复阐述。需要提醒两点：一是删除操作时，也要填报“变更原因信息”，其实是删除原因；二是删除申请是对舱单中的某份提运单而言，变更针对的是提运单的某些数据项。

三、预配舱单申报

预配舱单是指反映出境运输工具预计装载货物、物品或者旅客信息的舱单。预配舱单是一份准备由船舶载运出境货物或旅客的清单。预配清单可以由船公司在装货港的负责人或其代理人申报。单一窗口预配舱单申报子系统有预配舱单主要数据、预配舱单其他数据、预配舱单变更申请和预配舱单删除申请四项业务功能。预配舱单其他数据、预配舱单变更申请和预配舱单删除申请三项业务操作的前提是预配舱单主要数据申报完成，且经过海关审核通过。

1. 预配舱单主要数据

与原始舱单一样，预配舱单主要数据由表头和表体两个部分组成，预配舱单主要数据申报页面如图 5-3-14 所示。表头部分主要填报预计出境船舶的基本信息，表体部分是船舶预配出运货物的提运单记录列表。

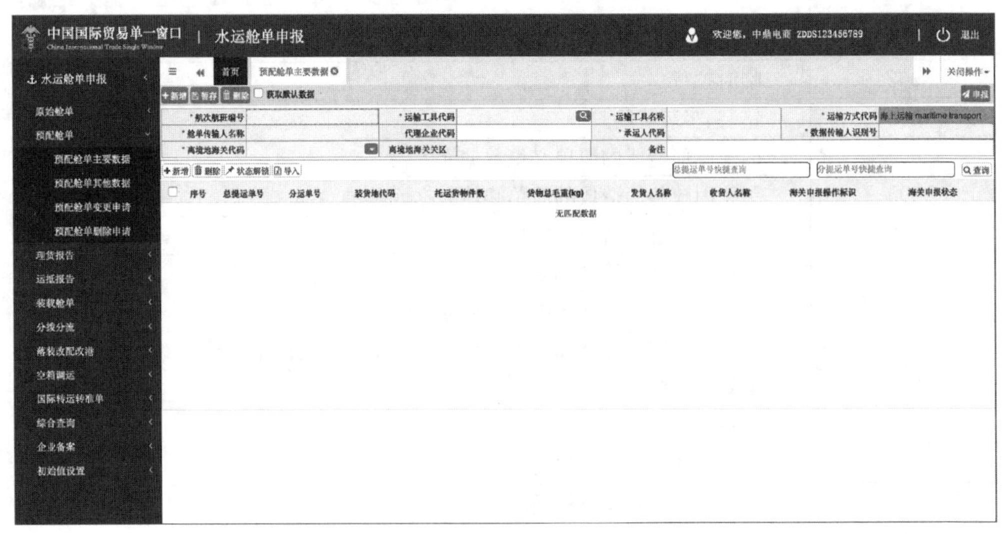

图 5-3-14　预配舱单主要数据界面

预配舱单主要数据表头部分字段与原始舱单基本相同，但也略有差异。其填报规范及与原始舱单的差异如表 5-3-18 所示。

表 5-3-18 预配舱单表头填报规范及与原始舱单差异分析

项别	字段名称	填报要求比较	
		原始舱单	预配舱单
必填	航次航班编号	进境船舶航次编号	出境船舶航次编号
	运输工具代码	进境船舶代码	出境船舶代码
	运输工具名称	进境船舶名称	出境船舶名称
	运输方式代码	海上运输方式代码	
	舱单传输人名称	传输舱单企业信用代码或海关备案号	
	代理企业代码	代理企业信用代码或海关备案号	
	承运人代码	进境船舶企业代码	出境船舶企业代码
	离境地海关代码	境外离境港口 5 字代码	境内出境地港口 5 字代码
	离境地海关关区	—	离境海关关区代码
	抵达关境内第一目的港	到达境内第一个港口的 5 字代码	—
	抵达关境内第一目的港时间	到达境内第一个港口的日期	—
	启运日期和时间	货物启运的日期和时间	—
	数据传输人识别号	舱单传输人的海关备案号	
选填	检验检疫机构代码	卸货港的检验检疫机构代码	—
	舱单申报人检验检疫代码	舱单传输人检验检疫代码	—
	备注	其他需要说明的事项	

预配舱单主要数据表体的页面和填报要求与原始舱单基本相同，填报要求可参考原始舱单主要数据中的相关介绍，但“托运国家或地区”字段须填报省份（地区）代码，省份（地区）代码如表 5-3-19 所示。

2. 预配舱单其他申报

预配舱单其他数据、预配舱单变更申请、预配舱单删除申请的适用条件、操作方法与原始舱单相仿，唯一不同的是货物的流向相反，不再重复阐述。具体的操作方法在下一个活动结合案例介绍。

表 5-3-19　　　　　　　　省份(地区)代码表

代码	省份(地区)	代码	省份(地区)	代码	省份(地区)
12	天津市	35	福建省	52	贵州省
13	河北省	36	江西省	53	云南省
14	山西省	37	山东省	54	西藏自治区
15	内蒙古自治区	41	河南省	61	陕西省
21	辽宁省	42	湖北省	62	甘肃省
22	吉林省	43	湖南省	63	青海省
23	黑龙江省	44	广东省	64	宁夏回族自治区
31	上海市	45	广西壮族自治区	65	新疆维吾尔自治区
32	江苏省	46	海南省	71	台湾地区
33	浙江省	50	重庆市	91	香港特别行政区
34	安徽省	51	四川省	92	澳门特别行政区

四、理货报告申报

理货报告是指海关监管作业场所经营人或者理货部门对进出境船舶所载货物、物品的实际情况予以核对、确认的记录。就是说，理货报告是货物到达境内海关监管作业场所后，由理货人员清点货物并向海关发送的理货情况的电子数据。只有理货报告数据与舱单数据一致，海关才准予进出口货物收发货人办理提取货物的手续。大多数情况下，理货报告是由专业的外轮理货公司，及专门负责货物装箱或分拨的集装箱堆场制作。

小问答

问：海关需要理货报告的目的是什么？

答：海关需要理货报告的目的是对进出口货物实行风险管理。海关可以通过舱单申报数据、理货申报数据与货物报关数据的比对，实现进出口风险防控的端口前移，杜绝走私违法行为。

单一窗口水运舱单申报系统中，用于传输理货报告的子系统有进口理货申报、进口理货删除申请和出口理货申报、出口理货删除申请四个，分别负责水路运输方式下的进口货物理货数据传输和出口货物理货数据传输的管理。

业务链接

什么是外轮理货

外轮理货以中间人的身份独立地对承、托双方交接的数字和状况，做出实事求是的判断和确认，并出具具有法律效力的理货证明，据以划分承、托双方的责任。外轮理货工作具有公正性、服务性、涉外性和国际性的特点。

外轮理货的主要任务是根据原始舱单（进口货物）、预配舱单（出口货物）、交接单（内贸货物）和货物上标明的主标志（即合同号或几何图形、符号），理清货物数字，分清货物残损。依据理货结果，办理交接、签证手续，向委托方及有关口岸部门提供有关理货单证和电子信息。

1. 进口理货

（1）进口理货申报

进口理货报告是进境货物运抵海关监管作业场所后，货物报关前，向海关报告进境货物实际情况。单一窗口水路运输舱单系统的进口理货申报页面如图 5-3-15 所示。申报页面分表头和表体两个部分。

图 5-3-15　进口理货申报页面

点击页面上方蓝色“新增”按钮，可进入表头字段信息填报状态。表头字段填报规范如表 5-3-20 所示。

表 5-3-20　　进口理货申报表头字段填报规范

类别	字段名称	填报要求	说明
必填	航次航班编号	航次编号	进境船舶航次号，由船公司提供
	运输工具代码	船舶代码编号	IMO 登记船舶：UN＋7 位顺序码；IMO 未登记船舶：CN＋7 位顺序号
	运输工具名称	船舶名称	在水路运输工具动态管理系统中备案的英文名称，由船公司提供
	运输方式代码	系统自动填写	灰色字段
	卸货地代码	卸货地港口代码	境内港口 5 字代码
	卸货地关区	关区代码	卸货港口的关区代码
	装卸开始时间	开始卸货时间	在系统自带的时间器勾选
	装卸结束时间	结束卸货时间	在系统自带的时间器勾选
	申报地海关代码	关区代码	理货报告申报地海关关区代码
	理货部门代码	理货企业代码	企业统一信用代码或企业编码：4 位关区代码＋9 位组织机构代码
	数据传输人识别号	传输人代码	企业统一信用代码或企业编码：4 位关区代码＋9 位组织机构代码
选填	备注	其他需要说明的信息	长度不超过 512 个字符

表头数据填报完成后，点击页面上方左侧蓝色的“暂存”按钮，表头数据得到保存。保存后的页面如图 5-3-16 所示。表头保存后，可以进入表体数据填报。

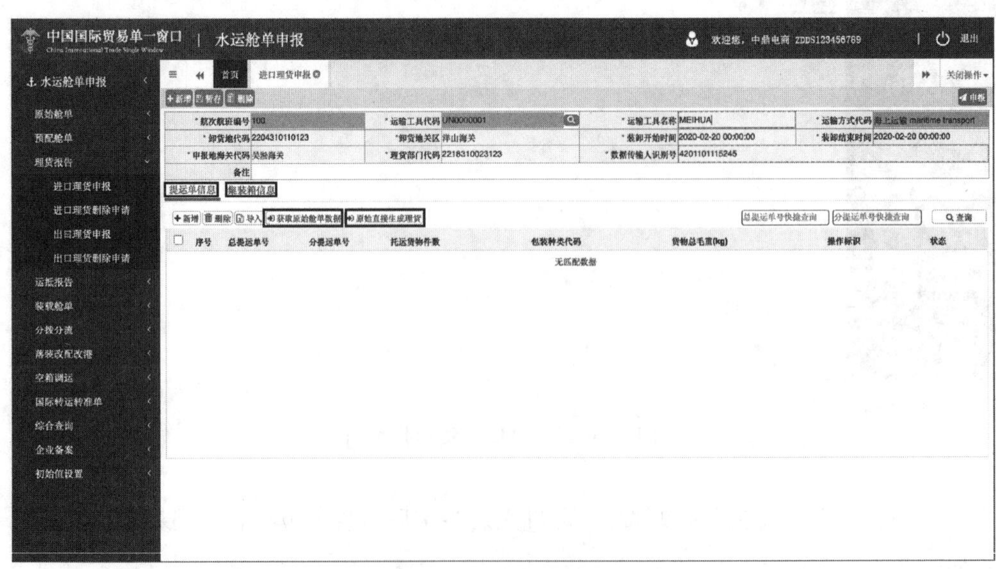

图 5-3-16　表头数据填报完成后的进口理货申报页面

表体分提运单信息、集装箱信息两种填报方式，用户可选择其一填写申报，不可同时申报。

选用提运单方式填报时，点击页面中间"提运单信息"＋"新增"按钮，进入提运单信息填报界面，如图 5-3-17 所示。输入理货的提运单编号、件数、包装和重量等信息。选择集装箱方式填报时，同样点击"集装箱信息"＋"新增"按钮，进入集装箱信息填报界面，如图 5-3-18 所示。输入集装箱编号、尺寸和类型以及重箱或空箱标识等数据。

提运单信息

* 总提运单号		分提运单号		* 托运货物件数	
* 包装种类代码		* 货物总毛重(kg)			

复制　保存　+新增

图 5-3-17　进口理货申报表体——提运单信息编辑界面

集装箱信息

* 集装箱编号		* 尺寸和类型	
* 重箱或者空箱标识			

复制　保存　+新增　封志信息

图 5-3-18　进口理货申报——集装箱信息编辑界面

另外，也可以通过"获取原始舱单数据"和"原始直接生成数据"按钮，如图 5-3-16 所示，通过调用原始舱单数据的方式来返填运单信息。它们的区别在于前者通过输入运单编号，调出在原始舱单申报时已经申报的理货信息，后者是在原始舱单数据填报时，同步生成理货数据信息。

与舱单的其他申报一样，进行理货申报时，须点击页面右上角"申报"按钮，完成申报后如图 5-3-19 所示。

小问答

问：理货申报后是否意味着申报工作完成？

答：不是的。申报意味着您的数据已经向相关业务部门发送，并等待其审批。只有审批通过了，申报工作才算完成。

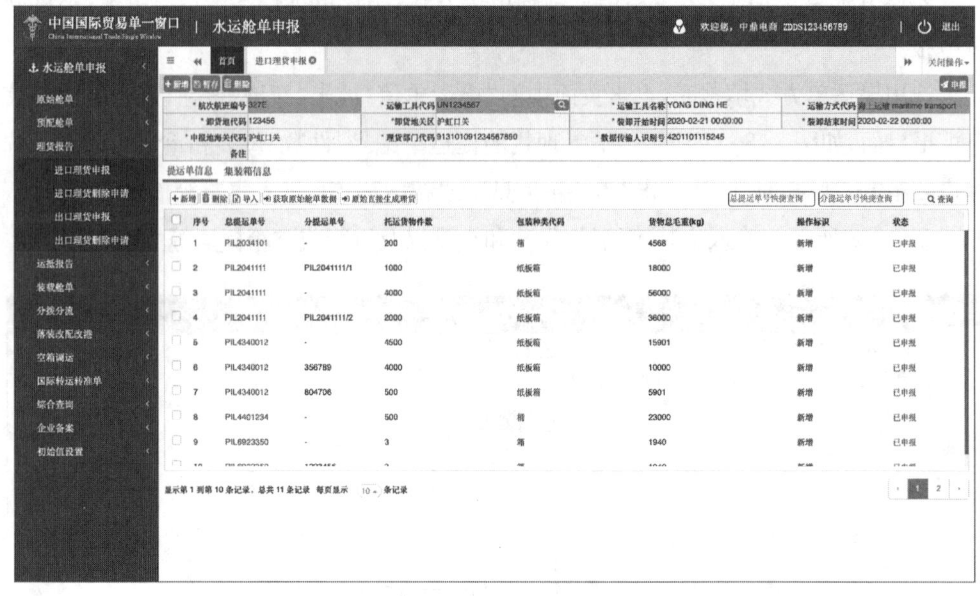

图 5-3-19　进口理货申报——集装箱信息编辑界面

(2) 进口理货删除申请

进行进口理货删除申请操作时,点击左侧菜单“进口理货删除申请”,清空页面数据,在表体输入“航次航班编号”和“运输工具代码”后可调出相应的理货报告中的提运单记录,如图 5-3-20 所示。勾选需要删除的提运单,同时打开“变更原因”编辑框(如图 5-3-21 所示)并编辑后,提交申报。

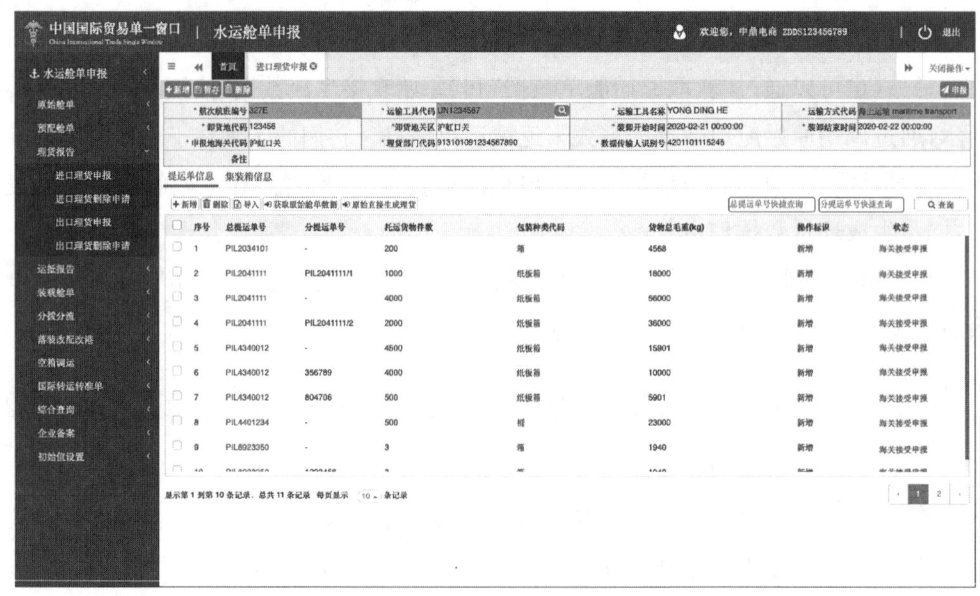

图 5-3-20　进口理货删除申请界面

需要指出，进行删除申请操作的该提运单必须是海关接受申报后的提运单。

变更原因 ×

变更原因描述

变更申请联系人姓名		变更申请联系人电话	

删除 保存

图 5-3-21　进口理货删除申请中变更原因编辑页面

小问答

问：删除申请需要什么条件？

答：进口理货删除申请页面的"海关申报状态"为申报失败、海关退单时，可进行删除申请操作。否则，系统可以给予无符合条件等提示。

2. 出口理货

出口理货申报是出境货物运抵海关监管的集装箱货物装箱堆场或港口码头时，由负责装货的堆场或理货公司向海关报告出境货物集港情况的申请。出口理货申报是货物出口报关的前提。出口理货业务有出口理货申报和出口理货删除申请两项。

单一窗口出口理货申报和出口理货删除申请页面如图 5-3-22 和 5-3-23 所示。申报页面分表头和表体两个部分。

出口理货申报和出口理货删除申请操作与进口理货相同，可参见进口理货相关介绍。

五、其他业务申报

水运舱单申报系统中，还有运抵报告、分拨分流、装载舱单等多项业务子系统。这些子系统是因海关的监管要求而设置，但它们的数据传输方式、相关字段的填报规范

图 5-3-22　出口理货申报页面

图 5-3-23　出口理货删除申请页面

与前面内容相似。本项目主要介绍运抵报告和装载舱单申报两个业务系统。其他系统可参考国际贸易单一窗口的相关操作指南。

1. 运抵报告

运抵报告是进出境货物运抵海关监管作业场所时，相关数据传输人向海关提交的反映货物、物品到货情况的记录。运抵报告共有：分流分拨运抵申报、分流分拨运抵删除申请和出口运抵申报、出口运抵删除申请等模块。

(1) 分流分拨运抵申报与删除

分流分拨运抵申报是指向海关报告，为了防止货物、物品积压、阻塞港口，根据港口行政管理部门的决定，将相关货物、物品疏散到其他海关监管作业场所的情况。

在进行分流分拨申报时，先完成表体数据填报和保存，再填报所需申报的“提运单信息”和“集装箱信息”，完成填报后申报。图 5-3-24 为分流分拨申报页面。

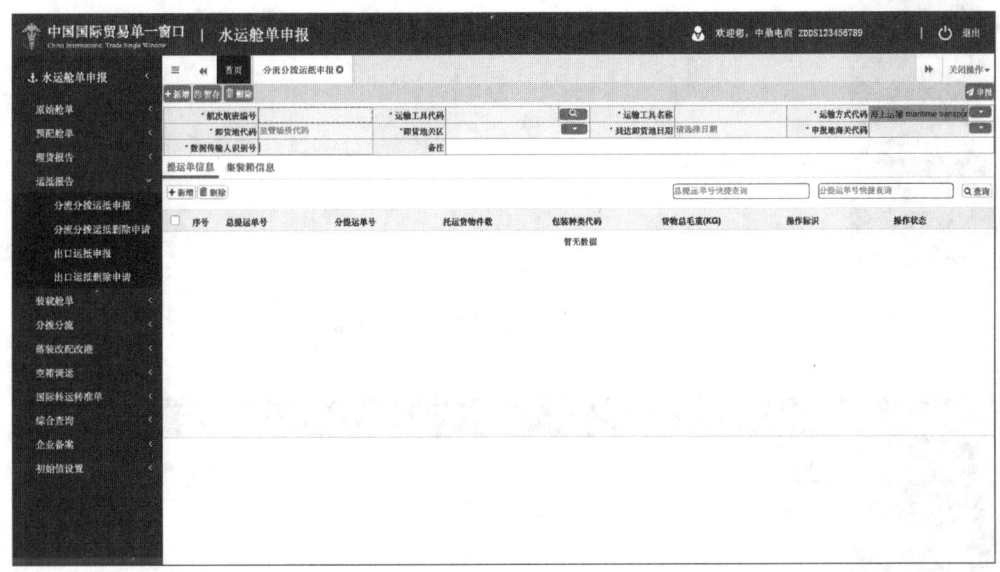

图 5-3-24　分流分拨申报页面

进行分流分拨删除申请时，需要调出所要删除的记录，选中记录后申报删除。图 5-3-25 为删除一条记录的页面。

(2) 出口运抵申报与删除

出口运抵申报是指出口货物抵达海关监管的货物装箱堆场或者码头后，由场所经营人向海关报告货物抵达情况。

出口运抵申报与删除的操作和分流分拨申报与删除相仿，可参考单一窗口操作手册中“分流分拨运抵申报与删除”的相关介绍。

2. 装载舱单

装载舱单申报是指向海关进行出境船舶实际配载货物、物品或者旅客信息的舱单。配载舱单是出境船舶离境后向海关申报的舱单。装载舱单申报页面如图 5-3-26 所示。

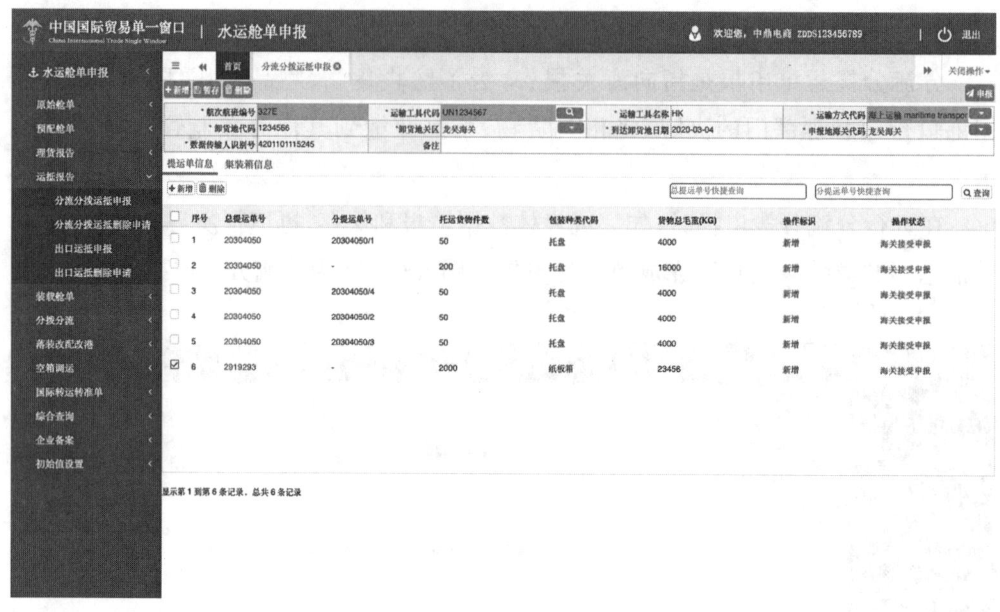

图 5-3-25　分流分拨删除申请页面

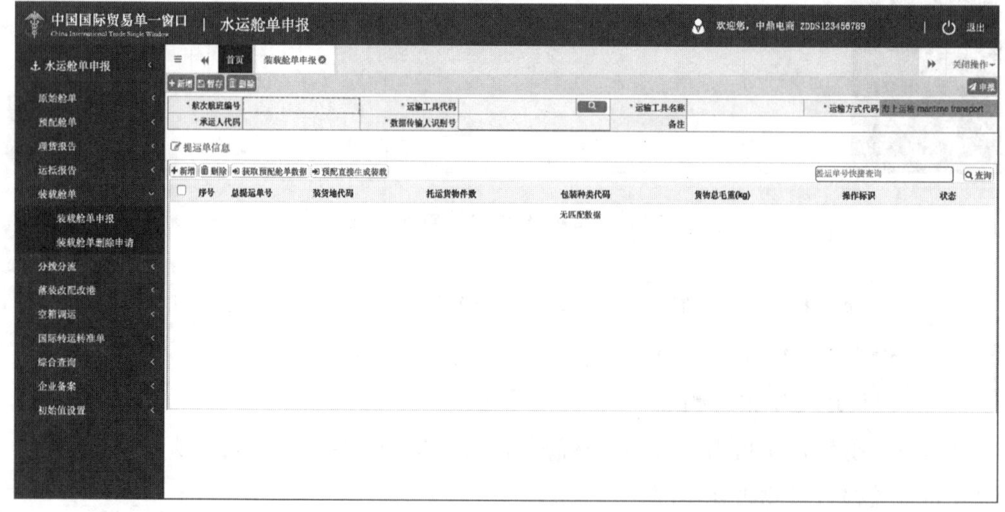

图 5-3-26　装载舱单申报页面

装载舱单数据申报，主要是通过调取已申报的舱单数据进行申报。即手工输入航次航班编号和运输工具代码，在相关的船名航次下，完成对应的已经出运货物的运单信息。

活动四　水运舱单申报操作实例

一、原始舱单申报实例

1. 实例背景

上海泛阳国际物流公司接受太平洋船务公司的委托，承接大陆（内地）长三角地区各口岸的舱位销售等在港业务的代理工作。

➢ 舱单传输人（上海泛阳国际物流公司）

• 企业统一信用代码：91310110200221345Q；舱单传输人识别代码：4201101115245

• 海关注册代码：3100512345；检验检疫代码：3100555522

➢ 船舶及港务信息

• 申报船舶船名航次：YONG DING HE/327E；船舶代码：UN1000000；承运人代码：PIL

• 东京港开船时间：2020/02/08/15:00（东京时间）；抵达大连港时间：2020/02/13/17:00（北京时间）；抵达外高桥港时间：2020/02/15/17:00

• 卸货港：外高桥港（中国上海）；关区：外港海关（2235）

➢ 航线航班

表 5-4-1　　太平洋船务 2020 年 2 月日本航线船期表（节选）

船名 VESSEL	航次 VOY	东京港	大阪港	仁川港	大连港	上海港
		JPTOK	JPOSA	KRINC	CNDLC	CNSHG
		ETD	ETA/ETD	ETA/ETD	ETA/ETD	ETA
YONG DING HE	327E	2-8	2-9/2-10	2-11/2-13	2-13/2-14	2-15
E. R. CANBERRA	328E	2-10	2-11/2-12	2-13/2-14	2-15/2-16	2-17

➢ 提单资料

• 表 5-4-2　　　　　　　　提单 1(整箱)

<table>
<tr><td colspan="2">Shipper
EAST AGENT COMPANY
126Rome Ginza Avenue, Osaka Japan
TEL：081-092345119
FAX：081-092345100</td><td colspan="3" rowspan="3">B/L NO. PIL2034101
PIL
PACIFIC INTERNATIONAL LINES (PTE) LTD
(Incorporated in Singapore)
COMBINED TRANSPORT BILL OF LADING
Received in apparent good order and condition except as otherwise noted the total number of container or other packages or units enumerated below for transportation from the place of receipt to the place of delivery subject to the terms hereof. One of the signed Bills of Lading must be surrendered duly endorsed in exchange for the Goods or delivery order. On presentation of this document (duly) Endorsed to the Carrier by or on behalf of the Holder, the rights and liabilities arising in accordance with the terms hereof shall (without prejudice to any rule of common law or statute rendering them binding on the Merchant) become binding in all respects between the Carrier and the Holder as though the contract evidenced hereby had been made between them.
SEE TERMS ON ORIGINAL B/L</td></tr>
<tr><td colspan="2">Consignee
NANJING FORGIGN TRADE IMP. AND EXP. CORP.
13/F,BLOCK A,3500 NANMEN STREET,GULOU DISTRICT, NANJING,CHINA
TEL：86-0574-33002100 FAX：86-0574-33002121</td></tr>
<tr><td colspan="2">Notify Party
SAME AS CONSIGNEE</td></tr>
<tr><td>Vessel and Voyage Number
YONG DING HE 327E</td><td colspan="2">Port of Loading
OSAKA,JAPAN</td><td colspan="2">Port of Discharge
SHANGHAI CHINA</td></tr>
<tr><td>Place of Receipt
OSAKA,JAPAN</td><td colspan="2">Place of Delivery
SHANGHAI CHINA</td><td colspan="2">Number of Original Bs/L
THREE</td></tr>
<tr><td colspan="5">PARTICULARS AS DECLARED BY SHIPPER – CARRIER NOT RESPONSIBLE</td></tr>
<tr><td>Container Nos/Seal Nos.
Marks and/Numbers</td><td colspan="2">No. of Container / Packages / Description of Goods</td><td>Gross Weight (Kgs)</td><td>Measurement (CBM)</td></tr>
<tr><td>CBD
NINGBO
NOS1-200
CBHU2031208/W39192</td><td colspan="2">200 CARTONS　LADIES LYCRA LONG PANT

1×40'GP CY TO CY FCL
FREIGHT REPAID
SHIPPER'S LOAD AND SEAL</td><td>4568</td><td>38.67</td></tr>
<tr><td colspan="2" rowspan="4">FREIGHT & CHARGES

Freight Prepaid</td><td colspan="3">Number of Containers/Packages (in words)
SAY TWO HUNDRED CARTONS ONLY</td></tr>
<tr><td colspan="3">Shipped on Board Date:
Feb.07，2020</td></tr>
<tr><td colspan="3">Place and Date of Issue:
NANJING　Feb.07,2020</td></tr>
<tr><td colspan="3">In Witness Whereof this number of Original Bills of Lading stated Above all of the tenor and date one of which being accomplished the others to stand void.
The master
for PACIFIC INTERNATIONAL LINES (PTE) LTD as Carrier</td></tr>
</table>

补充资料：南京外贸进出口公司 AEO 代码：CN3201213215

• 表 5-4-3　　　　提单 2(拼箱总提单)

<table>
<tr><td colspan="2">Shipper
JC GLOBAL LOGISTICS CO.,LIMITED, OSAKA,JPANA
ATTN:MS.TANKA
TEL:0081-06-65735433
FAX:0081-06-65733718</td><td colspan="3" rowspan="3">B/L NO. PIL6923350
PIL
PACIFIC INTERNATIONAL LINES (PTE) LTD
(Incorporated in Singapore)
COMBINED TRANSPORT BILL OF LADING
Received in apparent good order and condition except as otherwise noted the total number of container or other packages or units enumerated below for transportation from the place of receipt to the place of delivery subject to the terms hereof. One of the signed Bills of Lading must be surrendered duly endorsed in exchange for the Goods or delivery order. On presentation of this document (duly) Endorsed to the Carrier by or on behalf of the Holder, the rights and liabilities arising in accordance with the terms hereof shall (without prejudice to any rule of common law or statute rendering them binding on the Merchant) become binding in all respects between the Carrier and the Holder as though the contract evidenced hereby had been made between them.
SEE TERMS ON ORIGINAL B/L</td></tr>
<tr><td colspan="2">Consignee
SHANGHAI E&T SANKYU LOGISTICS CO.,LTD.
TEL:0086-021-63930039
FAX:0086-021-63930042</td></tr>
<tr><td colspan="2">Notify Party
SAME AS CONSIGNEE</td></tr>
<tr><td>Vessel and Voyage Number
YONG DING HE 327E</td><td colspan="2">Port of Loading
OSAKA,JAPAN</td><td colspan="2">Port of Discharge
SHANGHAI,CHINA</td></tr>
<tr><td>Place of Receipt
OSAKA,JAPAN</td><td colspan="2">Place of Delivery
SHANGHAI,CHINA</td><td colspan="2">Number of Original Bs/L
THREE</td></tr>
<tr><td colspan="5">PARTICULARS AS DECLARED BY SHIPPER – CARRIER NOT RESPONSIBLE</td></tr>
<tr><td>Container Nos/Seal Nos.
Marks and/Numbers</td><td colspan="2">No. of Container / Packages / Description of Goods</td><td>Gross Weight
(KGS)</td><td>Measurement
(CBM)</td></tr>
<tr><td>M/N
CBHU3447951/29115</td><td colspan="2">2 CARTONS COOLER UNIT
3 PALLETS SPAREPARTS FOR MICROWAVE OVEN
8 PALLETS REFLECTOR GLASS
70 CARTONS AIR VALVE
83 TOTAL PACKAGES
1×20'GP（FCL）（CY/CY）</td><td>4387 KGS</td><td>23.050 CBM</td></tr>
<tr><td colspan="2" rowspan="4">FREIGHT & CHARGES
BAF YAS EBS HDS COLLECT
FREIGHT COLLECT</td><td colspan="3">Number of Containers/Packages (in words)
SAY EIGHTY THREE PACKAGES ONLY</td></tr>
<tr><td colspan="3">Shipped on Board Date:
Feb.10,2020</td></tr>
<tr><td colspan="3">Place and Date of Issue:
OSAKA Feb.10,2020</td></tr>
<tr><td colspan="3">In Witness Whereof this number of Original Bills of Lading stated Above all of the tenor and date one of which being accomplished the others to stand void.
The master
for PACIFIC INTERNATIONAL LINES (PTE) LTD as Carrier</td></tr>
</table>

补充资料：

上海 E&T 三扣物流有限公司海关注册登记代码：3101240000

上海港卸货时间：2020/02/16

• 表 5-4-4　　　　提单 3(分运单 1)

Shipper SANKYU TRADE OSAKA BRANCH TEL:0081-06-62000000 FAX:0081--06-62001000	B/L No. JC2020100001	Number of Originals THREE
Consignee SHANGHAI FENGYUN IMPORT&EXPORT CO.,LTD. TEL:0086-021-33672580 FAX:0086-021-33672581	JC JC GLOBAL LOGISTICS CO., LIMITED BILL OF LADING FOR COMBINED OR PORT TO PORT SHIPMENT	
Notify Party SAME AS CONSIGNEE	For Cargo company, Place Apply to:	

Place of Receipt OSAKA,JAPAN	Port of Loading OSAKA,JAPAN	Pre-carriage by	
Vessel and Voyage YONG DING HE V.327E	Port of Discharge SHANGHAI,CHINA	Place of Receipt	Place of Delivery

Marks and Numbers	No.of container and Packages	Description of Goods	Gross Weight（KGS）	Measurement（CBM）
M/N	2 CARTONS	COOLER UNIT	620KGS	1.98 CBM
	SEE B/L No.PIL6923350 1×20(LCL)(CFS/CFS)			

ABOVE PARTICULARS AS DECLARED SHIPPER　　　　shipped on board

freight and charges	Prepaid	Collect	RECEIVED FOR SHIPMENT from the MERCHANT in apparent good order and condition unless otherwise state herein, the goods mentioned above to be transported as provided herein, by any mode of transportation for all or any part of the carriage. SUBJECT TO All THE TERMS AND CONDITIONS appearing on the face and back hereof and in the Carrier s applicable tariff, to which the merchant agrees by accepting the BILL of LADING. Where applicable law requires and not otherwise, one of Bill of Lading must be surrendered, duly endorsed, in exchange for the GOODS or CONTAINER(S) or other PACKAGE(S), the others to stand void. If a Non-Negotiable BILL of LADING is issued, neither an original nor a copy need be surrendered in exchange for delivery unless applicable law so requires.
BAF YAS EBS HDS COLLECT		Collect	
The receipt,custody,carrage and delivery of the goods are subject to the terms appearing on the face and back hereof and to the Carrier's applicable tariff.			AS CARRIER BY__________ DATED_____Feb,10 2020_____

补充资料:

收货人:上海丰运进出口有限公司;地址:上海市云台路 388 号;海关注册登记代码:3101920001

发货人:SANKYU TRADE OSAKA BRANCH;地址:21/F HUWO STREET, OSAKA JAPAN; AEO 代码:98765432101234567

• 表 5-4-5 提单 4(分运单 2)

<table>
<tr><td colspan="2" rowspan="2">Shipper
FURIAN ZHUSHI SOCIETY
TEL:0081-01-97991000
FAX:0081--01-97991001</td><td colspan="2">B/L No.
JC2020100002</td><td>Number of Originals
THREE</td></tr>
<tr><td colspan="3" rowspan="2">JC
JC GLOBAL LOGISTICS CO., LIMITED
BILL OF LADING
FOR COMBINED OR PORT TO PORT SHIPMENT</td></tr>
<tr><td colspan="2">Consignee
JAMES(SUZHOU) ELECTRIC APPLIANCE CO.,LTD.
TEL:0086-0512-68800010
FAX:0086-0512-68800011</td></tr>
<tr><td colspan="2">Notify Party
SAME AS CONSIGNEE</td><td colspan="3">For Cargo company, Place Apply to:</td></tr>
<tr><td>Place of Receipt
OSAKA,JAPAN</td><td>Port of Loading
OSAKA,JAPAN</td><td colspan="3">Pre-carriage by</td></tr>
<tr><td>Vessel and Voyage
YONG DING HE V.327E</td><td>Port of Discharge
SHANGHAI,CHINA</td><td colspan="2">Place of Receipt</td><td>Place of Delivery</td></tr>
<tr><td>Marks and Numbers</td><td>No.of container and Packages</td><td>Description of Goods</td><td>Gross Weight (KGS)</td><td>Measurement(CBM)</td></tr>
<tr><td>M/N</td><td>3 PALLTES

SEE B/L No.PIL6923350
1×20(LCL)(CFS/CFS)</td><td>SPAREPARTS FOR MICROWAVE OVEN</td><td>1940KGS</td><td>12.6 CBM</td></tr>
</table>

ABOVE PARTICULARS AS DECLARED SHIPPER shipped on board

<table>
<tr><td>freight and charges</td><td>Prepaid</td><td>Collect</td><td rowspan="2">RECEIVED FOR SHIPMENT from the MERCHANT in apparent good order and condition unless otherwise state herein, the goods mentioned above to be transported as provided herein, by any mode of transportation for all or any part of the carriage. SUBJECT TO All THE TERMS AND CONDITIONS appearing on the face and back hereof and in the Carrier s applicable tariff, to which the merchant agrees by accepting the BILL of LADING. Where applicable law requires and not otherwise, one of Bill of Lading must be surrendered, duly endorsed, in exchange for the GOODS or CONTAINER(S) or other PACKAGE(S), the others to stand void. If a Non-Negotiable BILL of LADING is issued, neither an original nor a copy need be surrendered in exchange for delivery unless applicable law so requires.</td></tr>
<tr><td>BAF YAS EBS HDS COLLECT</td><td></td><td>Collect</td></tr>
<tr><td colspan="3">The receipt,custody,carrage and delivery of the goods are subject to the terms appearing on the face and back hereof and to the Carrier's applicable tariff.</td><td>AS CARRIER
BY________________
DATED________Feb,10 2020________</td></tr>
</table>

补充资料:

收货人:杰姆斯(苏州)电器有限公司;地址:苏州市开发区经六路 2888 号 No. 2888, Jingliu Road, Suzhou Development Zone;海关注册登记代码:3203010987

发货人:FURIAN ZHUSHI SOCIETY;地址:50-1# SOHOA STREET,OSAKA JAPAN

• 表 5-4-6　　提单 5(分运单 3)

Shipper FUTEAN AUTO PSRTS MANUFACTURER TEL:0081-06-45241111 FAX:0081--06-45241111		B/L No. JC2020100003	Number of Originals THREE
Consignee ANTIN AUTOMOBILE MANUFACTURING CO.,LTD. TEL:0086-021-22004444 FAX:0086-021-22004487		JC JC GLOBAL LOGISTICS CO., LIMITED BILL OF LADING FOR COMBINED OR PORT TO PORT SHIPMENT	
Notify Party SAME AS CONSIGNEE		For Cargo company, Place Apply to:	
Place of Receipt OSAKA,JAPAN	Port of Loading OSAKA,JAPAN	Pre-carriage by	
Vessel and Voyage YONG DING HE V.327E	Port of Discharge SHANGHAI,CHINA	Place of Receipt	Place of Delivery

Marks and Numbers	No.of container and Packages	Description of Goods	Gross Weight (KGS)	Measurement (CBM)
M/N	8 PALLTES SEE B/L No.PIL6923350 1×20(LCL)(CFS/CFS)	REFLECTOR GLASS	1267KGS	4.98 CBM

ABOVE PARTICULARS AS DECLARED SHIPPER　　shipped on board

freight and charges	Prepaid	Collect	RECEIVED FOR SHIPMENT from the MERCHANT in apparent good order and condition unless otherwise state herein, the goods mentioned above to be transported as provided herein, by any mode of transportation for all or any part of the carriage. SUBJECT TO All THE TERMS AND CONDITIONS appearing on the face and back hereof and in the Carrier s applicable tariff, to which the merchant agrees by accepting the BILL of LADING. Where applicable law requires and not otherwise, one of Bill of Lading must be surrendered, duly endorsed, in exchange for the GOODS or CONTAINER(S) or other PACKAGE(S), the others to stand void. If a Non-Negotiable BILL of LADING is issued, neither an original nor a copy need be surrendered in exchange for delivery unless applicable law so requires.
BAF YAS EBS HDS COLLECT		Collect	
The receipt,custody,carrage and delivery of the goods are subject to the terms appearing on the face and back hereof and to the Carrier's applicable tariff.			AS CARRIER BY________ DATED____Feb,10 2020____

补充资料:

收货人:安亭汽车制造有限公司;地址:上海市嘉定区安亭镇昌吉路 82 号;海关注册登记代码:3102120001

发货人:FUTEAN AUTO PSRTS MANUFACTURER;地址:NO. 25 POHWR STREET,OSAKA JAPAN

• 表 5-4-7 提单 6(分运单 4)

Shipper FURIAN ZHUSHI SOCIETY TEL:0081-01-97991000 FAX:0081--01-97991001		B/L No. JC2020100004	Number of Originals THREE
Consignee SANYANG（SHANGHAI）ELECTRIC APPLIANCE CO.,LTD. TEL:0086-021-45672211 FAX:0086-021-45672218		JC JC GLOBAL LOGISTICS CO., LIMITED BILL OF LADING FOR COMBINED OR PORT TO PORT SHIPMENT	
Notify Party SAME AS CONSIGNEE		For Cargo company, Place Apply to:	
Place of Receipt OSAKA,JAPAN	Port of Loading OSAKA,JAPAN	Pre-carriage by	
Vessel and Voyage YONG DING HE V.327E	Port of Discharge SHANGHAI,CHINA	Place of Receipt	Place of Delivery

Marks and Numbers	No.of container and Packages	Description of Goods	Gross Weight（KGS）	Measurement（CBM）
M/N	70 CARTONS	AIR VALVE	560KGS	3.5 CBM
	SEE B/L No.PIL6923350 1×20(LCL)(CFS/CFS)			

ABOVE PARTICULARS AS DECLARED SHIPPER　　　shipped on board

freight and charges	Prepaid	Collect	RECEIVED FOR SHIPMENT from the MERCHANT in apparent good order and condition unless otherwise state herein, the goods mentioned above to be transported as provided herein, by any mode of transportation for all or any part of the carriage. SUBJECT TO All THE TERMS AND CONDITIONS appearing on the face and back hereof and in the Carrier s applicable tariff, to which the merchant agrees by accepting the BILL of LADING. Where applicable law requires and not otherwise, one of Bill of Lading must be surrendered, duly endorsed, in exchange for the GOODS or CONTAINER(S) or other PACKAGE(S), the others to stand void. If a Non-Negotiable BILL of LADING is issued, neither an original nor a copy need be surrendered in exchange for delivery unless applicable law so requires.
BAF YAS EBS HDS COLLECT		Collect	
The receipt,custody,carrage and delivery of the goods are subject to the terms appearing on the face and back hereof and to the Carrier's applicable tariff.			AS CARRIER BY__________ DATED________Feb,10 2020________

补充资料：

收货人：上海安亭汽车制造有限公司；地址：上海市嘉定区东大街 68 号

发货人：FURIAN ZHUSHI SOCIETY；地址：ROOM 52，COURTYARD 20，CONGSI WUTIAO，OSAKA JAPAN

2. 操作要求

以泛阳国际物流公司的身份，通过单一窗口水运舱单申报系统完成如下操作：

(1) 原始舱单主要数据填报，并完成申报。

(2) 通过原始舱单其他系统完成下列任务，并申报。

对编号为 PIL2034101 的提运单的申报数据进行补充和修改：

• 因国外卖方提供的装箱单漏填货物的标记与唛码，需要补充：CBD/NANJING/NOS1-200；

• 修改：运费由原来的“预付”改为“到付”。

(3) 通过原始舱单申请更改。

对编号为 JC2020100002 的提运单的数据进行更改申请：

• 在备注栏内增加“货物清单：微波搅拌器（Microwave stirrer）2000 piece，磁控管（Magnetron）2000 piece”；

• 申请更改原因：因数据录入时遗漏。

3. 示范操作

(1) 原始舱单主要数据填报

① 表头数据录入

◇ 登入系统，进入“水运舱单申报”—“原始舱单”—“原始舱单主要数据”。

◇ 点击“新增”(页面左上方蓝色按钮)，录入表头数据后暂存。

完成原始舱单主要数据表头数据录入并暂存后，界面如图 5-4-1 所示。

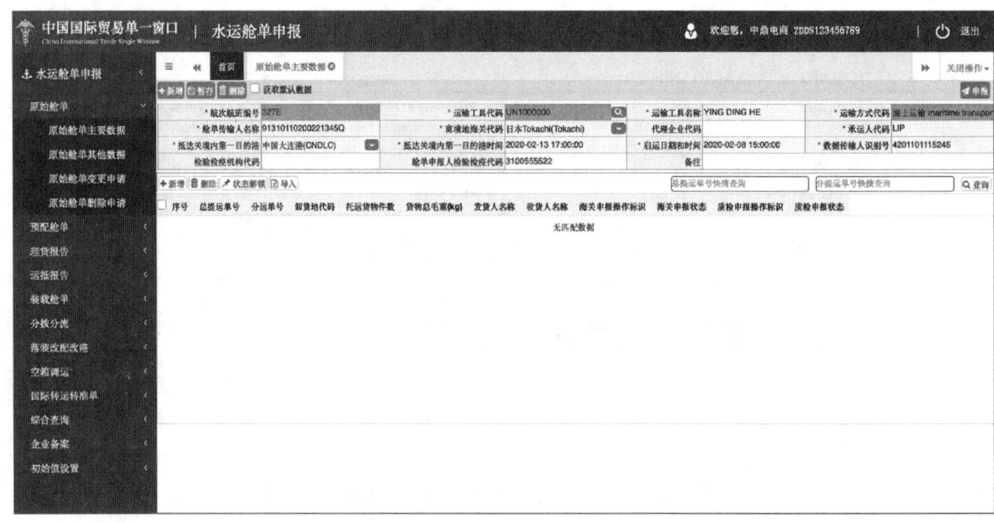

图 5-4-1 原始舱单主要数据录入并保存后的界面

② 提单 1 数据录入

◇ 点击“新增”（页面中间白色按钮），进入“基本信息”（展开页面页签），录入提运单基本信息。

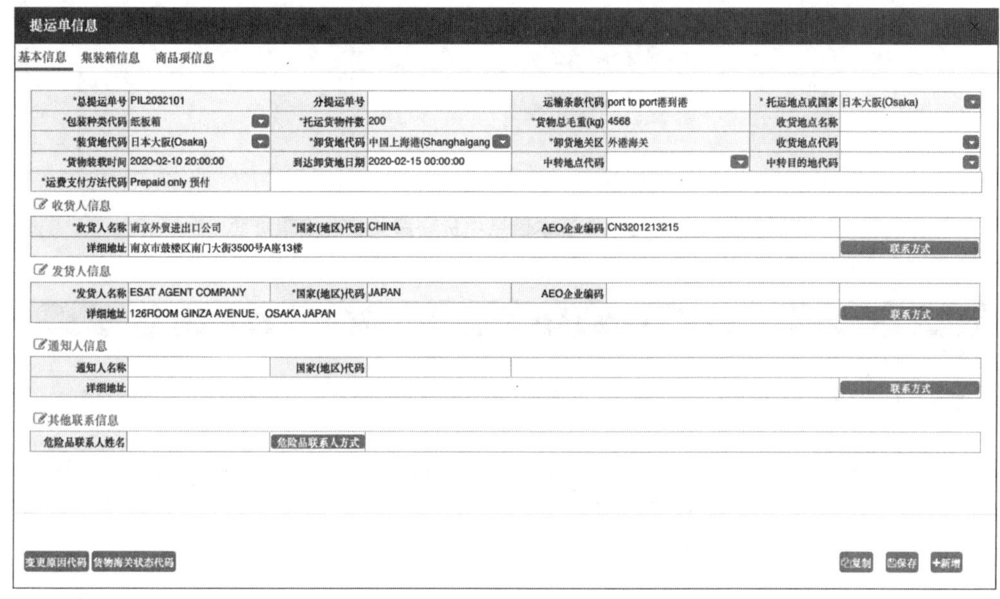

图 5-4-2　提运单 1 基本信息录入完并保存后的界面

操作说明：收货人信息可以采用英文或中文，但建议尽量用中文表示；页面内容编辑完成并保存后，才能填写联系方式和货物海关状态代码。

◇ 进入联系方式（收货人信息）页面，编辑联系人信息（如图 5-4-3 所示）。

收货人联系信息

联系号码 025-33002100　通讯方式类别代码 Telephone电话

+ 新增　保存　删除　获取默认数据

序号	联系号码	通讯方式类别代码
1	025-33002100	Telephone电话

图 5-4-3　提运单 1 基本信息中收货人联系信息编辑页面

◇ 进入“货物海关状态信息”，编辑货物海关状态（如图 5-4-4 所示）。

◇ 进入“集装箱信息”（展开页面页签），录入集装箱信息（如图 5-4-5 所示）。

编辑说明：提单显示，40’GP 为 40 英尺普通集装箱，此集装箱的箱主代码“CBHU”为 COSCO 箱，因此集装箱来源为第三方提供。

货物海关状态信息

货物海关状态 进、出口货物

+ 新增 保存 删除

序号	货物海关状态
1	进、出口货物

图 5-4-4 提运单 1 基本信息中货物海关状态编辑页面

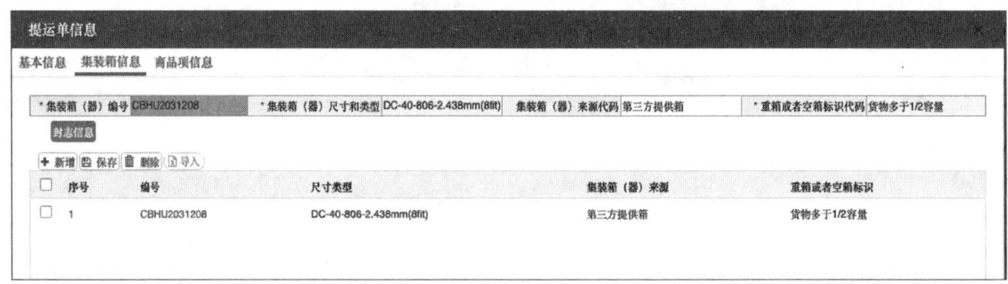

图 5-4-5 提运单 1 集装箱信息录入完的界面

◇ 保存以上页面信息，进入“封志信息”，编辑封志信息。

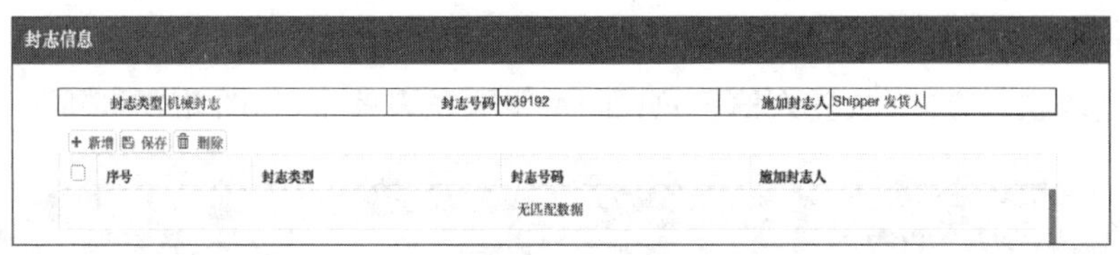

图 5-4-6 集装箱封志信息录入完的页面

操作说明：如无特殊说明，封志类型为机械封志；提单载明“SHIPPER'S LOAD AND SEAL”，表明由货主自行装箱。

◇ 进入“商品项信息”（展开页面页签），录入商品信息（如图 5-4-7 所示）。

◇ 保存商品信息（在最后一个“备注”字段敲击回车键），勾选货物所装载的集装箱编号，点击“添加”按钮（如图 5-4-8 所示）。

③ 其他提单数据录入

◇ 按照提单 1 录入的方法，完成其他提单的数据录入。（略）

④ 数据申报

◇ 完成所有提运单数据录入，并审核无误后点击“申报”（页面右上角），申报完成后页面如图 5-4-9 所示。

提运单信息

基本信息　集装箱信息　商品项信息

* 商品项序号	1	* 货物件数	200	* 货物包装种类	纸板箱	唛头	
危险品编号		* 货物毛重(kg)	4568	海关税则编号			
* 货物简要描述	LADIES LYCRA LONG PANT						集装箱编号
备注							

新增　保存　删除　导入

序号	商品序号	件数	毛重(kg)	货物简要描述
1	1	200	4568	LADIES LYCRA LONG PANT

图 5-4-7　提运单 1 商品项信息录入完的界面

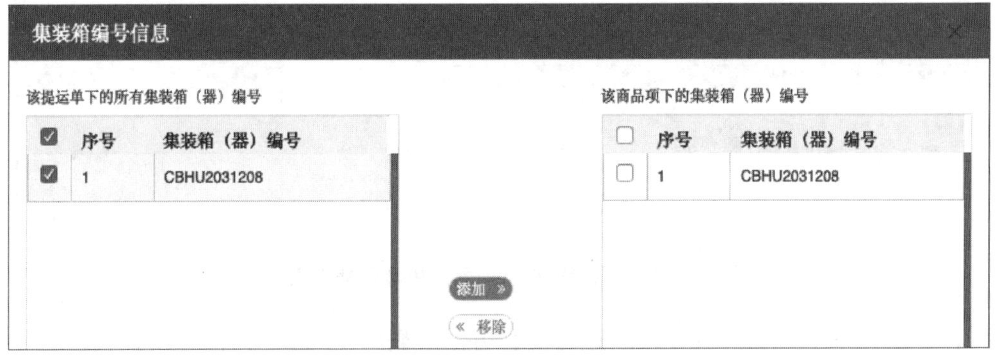

图 5-4-8　提运单 1 商品与集装箱对应关系编辑页面

中国国际贸易单一窗口 | 水运舱单申报　欢迎您，中鼎电商 ZDDS123456789　退出

水运舱单申报　原始舱单　原始舱单主要数据　原始舱单其他数据　原始舱单变更申请　原始舱单删除申请　预配舱单　理货报告　运抵报告　装载舱单　分拨分流　落装改配改港　空箱调运　国际转运转准单　综合查询　企业备案　初始值设置

首页　原始舱单主要数据

新增　暂存　删除　获取默认数据　申报

* 航次航班编号	327E	* 运输工具代码	UN1000000	* 运输工具名称	YING DING HE	* 运输方式代码	海上运输 maritime transpor
* 舱单传输人名称	91310110200221345Q	* 离境地海关代码	日本Tokachi(Tokachi)	代理企业代码		* 承运人代码	LIP
* 抵达关境内第一目的港	中国大连港(CNDLC)	* 抵达关境内第一目的港时间	2020-02-13 17:00:00	* 启运日期和时间	2020-02-08 15:00:00	* 数据传输人识别号	4201101115245
检验检疫机构代码		舱单申报人检验检疫代码	3100555522	备注			

新增　删除　状态解锁　导入　总提运单号快捷查询　分提运单号快捷查询　查询

序号	总提运单号	分运单号	卸货地代码	托运货物件数	货物总毛重(kg)	发货人名称	收货人名称	海关申报操作标识	海关申报状态	质检申报操作标识	质检申报状态
1	PIL2032101	-	CNSHG/2225	200	4568	ESAT AGENT...	南京外贸进出...	主要数据新增	暂存	主要数据新增	暂存
2	PIL6923350	-	CNSHG/2235	83	4387	JC GLOBAL L...	上海 E&T 三和...	主要数据新增	暂存	主要数据新增	暂存
3	PIL6923350	JC2020100001	CNSHG/2225	2	620	SANKYU TRA...	上海丰运进出...	主要数据新增	暂存	主要数据新增	暂存
4	PIL6923350	JC2020100002	CNSHG/2225	3	1940	FURIAN ZHU...	杰锡斯（苏州...	主要数据新增	暂存	主要数据新增	暂存
5	PIL6923350	CJ2020100003	CNSHG/2225	8	1267	FUTEAN AUT...	安亭汽车制造...	主要数据新增	暂存	主要数据新增	暂存
6	PIL6923350	CJ2020100004	CNSHG/2225	70	560	FURIAN ZHU...	三阳（上海）...	主要数据新增	暂存	主要数据新增	暂存

显示第 1 到第 6 条记录，总共 6 条记录

图 5-4-9　原始舱单主要数据申报完成后的页面

◇ 申报完成后，检查“海关申报操作标识”是否为“已申报”。

(2) 原始舱单其他数据填报

◇ 进入“水运舱单申报”—“原始舱单”—“原始舱单其他数据”。

◇ 在“航次航班编号”栏输入“327E”，在“运输工具代码”栏中输入“UN1000000”，按回车键。

◇ 勾选总提运单编号为“PIL2034101”的记录，点击总提运单号，在展开的提运单页面，点击“商品项信息”页签，在“唛码”栏输入“CBD/NANJING/NOS1-200”(见图5-4-10)。

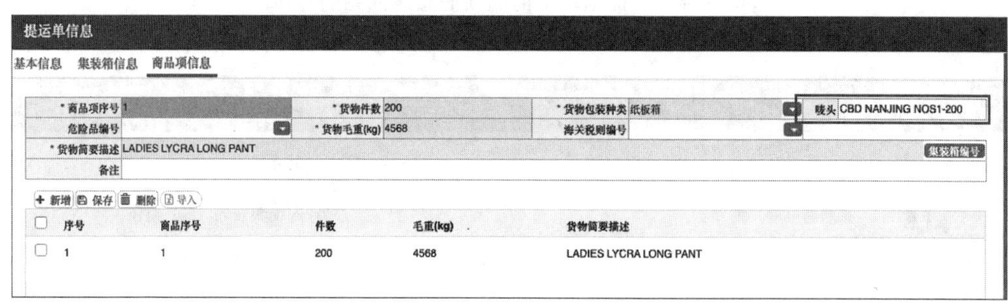

图 5-4-10　原始舱单其他数据中唛码补充页面

◇ 点击“基本信息”页签，在“运费支付方法代码”栏中，将“到付”改为“预付”(如图5-4-11所示)。

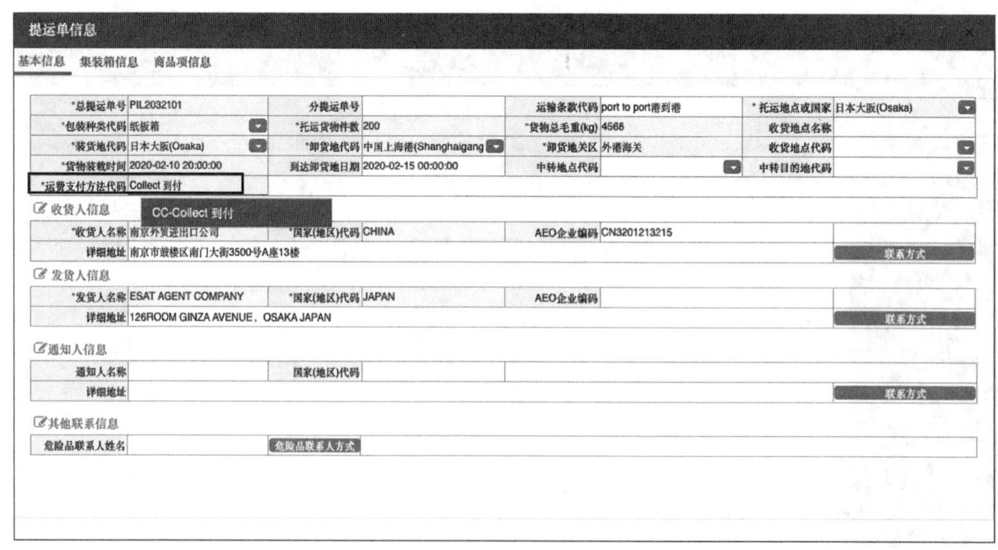

图 5-4-11　原始舱单其他数据中运费支付方式代码修改页面

操作说明：只有需要补充填报的提运单“海关申报操作标识”为“接受申报”时，才可以在原始舱单其他数据内进行修改和补充。

◇ 在原始舱单其他数据页面选中总运单编号为“PIL2034101”的记录，点击页面右上侧“申报”按钮，完成原始舱单其他数据申报。

(3) 原始舱单更改申请

◇ 进入“水运舱单申报”—“原始舱单”—“原始舱单变更申请”。

◇ 在“航次航班编号”栏输入“327E”，在“运输工具代码”栏中输入“UN1000000”，按回车键。

◇ 点击分运单编号为“JC2020100002”的记录，在展开的“提运单信息”页面点击“商品项信息”页签，在“备注”字段中输入“货物清单：微波搅拌器 (Microwave stirrer) 2000 piece，磁控管(Magnetron)2000 piece”(见图 5-4-12)。

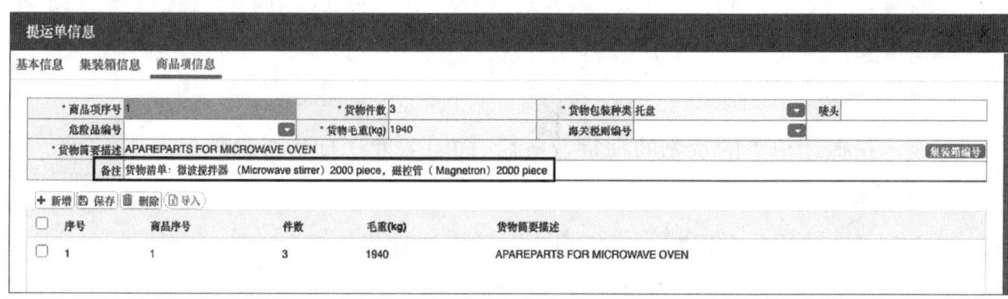

图 5-4-12　变更申请信息填报页面

◇ 返回基本信息页面，点击页面右下角“变更原因代码”，在展开的“变更原因信息”页面中，输入“004-因疏忽而造成的舱单必填数据元差错”(见图 5-4-13)。

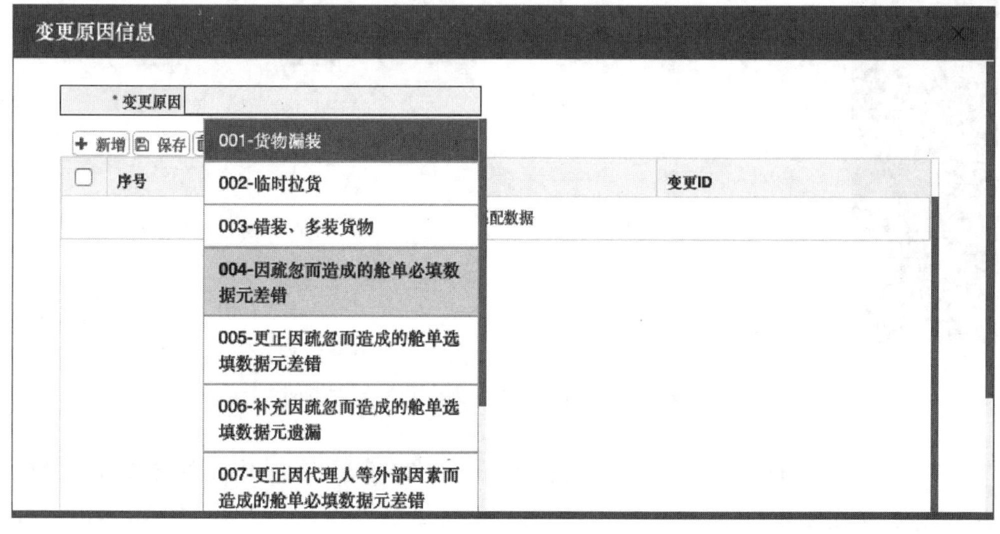

图 5-4-13　变更原因信息编辑页面

◇ 返回原始舱单变更申请页面,选中分运单编号为"CJ202010002"的记录,在页面右上侧点击"申报"按钮,完成原始舱单变更申报。

二、进口理货申报实例

1. 实例背景

➢ 上海信威外轮理货有限公司外高桥集装箱堆场是在海关备案的海关监管作业场所,专门提供外高桥港区货物的装箱和拆箱分拨服务。信威外理公司接受泛阳物流公司的委托,为上一案例的总运单号为"PIL6923350"的运单下 4 票业务进行分拨作业。

➢ 上海信威外轮理货有限公司海关备案代码为 2225310114321,外高桥集装箱堆场海关监管作业场所代码为 CNSHG10021,数据传输识别代码为 4201101115245。

➢ 理货起讫时间:2020/02/16/9:00～2020/02/16/11:00。

2. 操作要求

完成 4 份提运单下的货物的理货业务后,向海关发送理货报告数据。

3. 示范操作

◇ 进入"水运舱单申报"—"理货报告"—"进口理货申请"。

◇ 输入表体数据后暂存(如图 5-4-14 所示)。

图 5-4-14　进口理货申报表头数据暂存页面

◇ 点击表体白色"提运单信息"页签,点击"新增"按钮,在展开页面输入第一份提运单信息(见图 5-4-15)。

◇ 按照上述录入方法,完成分运单数据的录入。(略)

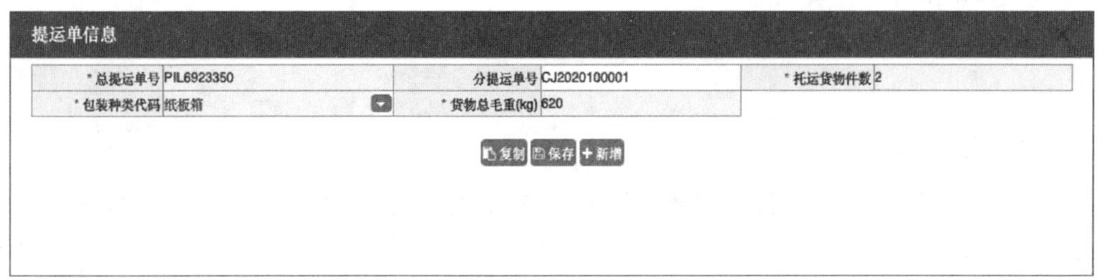

图 5-4-15　理货报告提运单数据录入页面

◇ 完成上述数据录入后,选中所有运单记录(见图 5-4-16),点击页面右上侧"申报",完成理货申报。

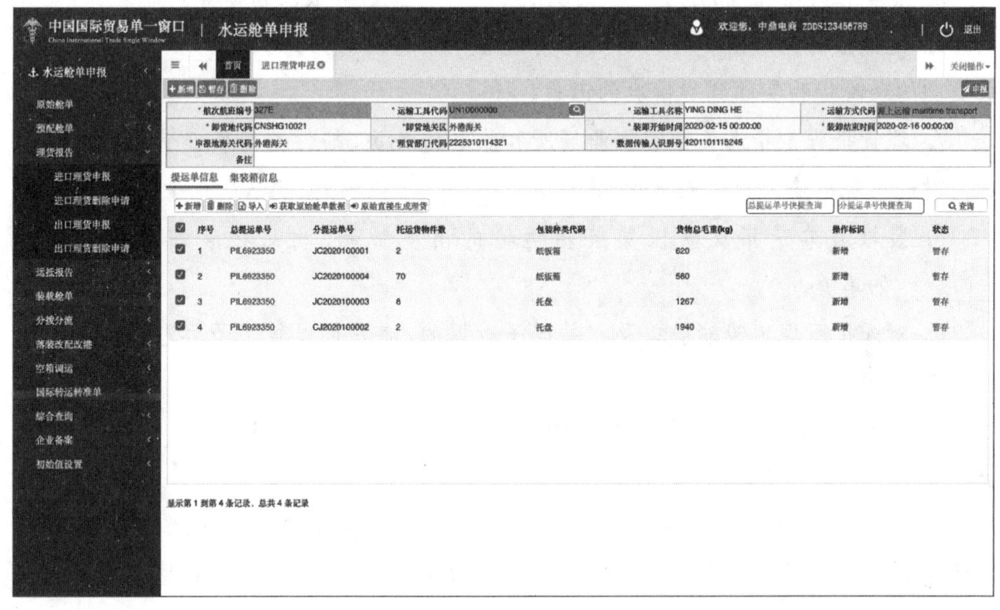

图 5-4-16　理货申报页面

巩固练习

一、名词解释

1. 舱单数据传输义务人
2. 舱单相关数据传输义务人
3. 进出境运输工具舱单
4. 原始舱单

5. 预配舱单

6. 装(乘)载舱单

二、填空题

1. 进出境运输工具载有货物、物品的,舱单内容应当包括________及其项下的________信息。

2. 海关将舱单管理的相对人分为两类,第一类为舱单________人,另一类为舱单________人。

3. 舱单按照适用对象和性质可分为________舱单和舱单________两种类型。

4. 运输工具舱单包括________舱单、________舱单和装(乘)载舱单。

5. 舱单相关单据包括________报告、________报告和装箱清单等。

6. 运抵报告是进出境货物运抵海关监管作业场所时,海关________经营人向海关提交的反映货物实际到货情况的记录。

7. 理货报告是指海关监管作业场所和旅客通关类、邮件类场所经营人或者理货部门对进出境运输工具所载货物、物品的________予以核对、确认的记录。

8. 装箱清单是指反映以集装箱运输的出境货物、物品在装箱以前的实际________的单据。

9. 对未按照规定传输舱单及相关电子数据的,海关可以暂不予办理________进出境申报手续。

10. 舱单传输义务人和舱单数据传输人应当向其经营业务所在地________或者经授权的________备案。

11. 船公司或其代理人应当在规定的时限内,向海关传输原始舱单的主要数据,具体时限为:集装箱船舶在货物装船________以前,非集装箱船舶抵达境内第一目的港的________以前。

12. 疏港分流是指为防止货物、物品积压、阻塞港口,根据________部门的决定,将相关货物、物品疏散到其他海关监管作业场所和旅客通关类、邮件类场所的行为。

13. ________是海关监管作业场所和旅客通关类、邮件类场所经营人将进境货物、物品从一场所运至另一场所的行为。

14. 预配舱单其他数据传输时限规定:如果是集装箱船舶的,应当在开船________小时;如果是非集装箱船舶的,应当在开船________小时。

15. 以集装箱运输出口的货物,在货物装箱前应由________在装箱以前向海关传输装箱清单电子数据。

三、判断题

(　　)1. 运输工具载有货物、物品的,舱单内容应当包括总提(运)单及其项下的分提(运)单信息。

(　　)2. 舱单数据传输义务人必须在海关规定的时间内将出口货物的理货信息通过单一窗口向海关传输。

(　　)3. 船舶代理人可以代表船公司向海关传输原始舱单和预配舱单数据。

(　　)4. 进境货物需要分拨的,应该由港务部门向海关提出分拨货物申请。

(　　)5. 国际货运代理企业可以接受船公司的委托,向海关传输原始舱单数据。

(　　)6. 进境货物需要疏港分流的,应该由港口行政管理部门向海关提出疏港分流申请。

(　　)7. 原始舱单其他数据被海关接受后,海关即可办理进口货物的验放手续。

(　　)8. 以集装箱运输出口货物的,其发货人应当在货物装箱以前向海关传输装箱清单电子数据。

(　　)9. 船舶驶离装货港后的12小时以内,码头堆场或者理货部门应当以电子数据方式向海关提交理货报告。

(　　)10. 海关发现出境船舶的装载舱单与出口理货报告二者不相符的,船公司或其代理人应当在货物装载完毕后的24小时以内向海关说明情况。

(　　)11. 在原始舱单规定的数据传输时限后,因受到海关处罚而需变更舱单数据的,必须先撤销舱单数据后重新申报。

(　　)12. 原始舱单主要数据由表头和表体两个部分组成,表头页面主要填报承运船舶的相关信息。

(　　)13. 单一窗口原始舱单主要数据表头保存后,可进行提运单数据填报。

(　　)14. 单一窗口水路舱单申报系统中,"封志信息"按钮可以在集装箱信息填报前操作。

(　　)15. 出口运抵报告必须在预配舱单主要数据申报并被海关接受后进行。

四、单选题

1. 进出境运输工具载有货物、物品的,舱单内容应当包括(　　)。

   A. 所载货物、物品的提(运)单信息

   B. 所载货物、物品的交易信息

   C. 所载货物、物品的物流运输信息

   D. 所载货物、物品的海关监管方式信息

2. (　　)不是由舱单数据传输义务人负责向海关传输的。

A. 预配舱单　B. 原始舱单　C. 装箱清单　D. 装载舱单

3. 下列数据中不能由舱单相关数据传输义务人向海关传输的是(　　)。

A. 理货报告　B. 疏港分流报告　C. 装箱清单　D. 装载舱单

4. 下列数据中必须由港务行政部门向海关传输的是(　　)。

A. 运抵报告　B. 疏港分流报告　C. 理货报告　D. 运抵报告

5. 进境货物疏港分流完毕后,应当由(　　)向海关传输疏港分流货物运抵报告数据。

A. 船公司或其代理人　B. 国际货运代理人

C. 海关监管作业场所经营人　D. 港务行政部门

6. 出境集装箱船舶的(　　),必须在船舶离港前 24 小时向海关传输。

A. 预配舱单主要数据　B. 预配舱单其他数据

C. 预配舱单变更申请　D. 预配舱单删除申请

7. 出境的非集装箱船舶,必须在货物装船前(　　)小时向海关传输预配舱单其他数据。

A. 24　B. 12　C. 2　D. 0.5

8. 出境船舶,必须在货物装船前(　　)小时向海关传输装载舱单电子数据。

A. 24　B. 12　C. 2　D. 0.5

9. 出境船舶驶离装货港的 6 小时以内,码头堆场或者理货部门应当以电子数据方式向海关提交(　　)。

A. 装载舱单　B. 理货报告　C. 运抵报告　D. 装箱清单

10. 出境船舶的装载舱单与理货报告二者不相符的,(　　)应当在货物装载完毕后的 48 小时以内向海关说明情况。

A. 船公司或其代理人　B. 国际货运代理人

C. 港区行政部门　D. 理货公司

11. 在单一窗口原始舱单申报中,首先必须申报(　　)。

A. 原始舱单主要数据　B. 原始舱单其他数据

C. 原始舱单变更申请　D. 原始舱单删除申请

12. 下列关于原始舱单其他数据申报的表述中,不正确的是(　　)。

A. 其他数据申报必须在主要数据申报并被海关接受后

B. 其他数据申报可以在运输工具到港后进行

C. 其他数据填报是主要数据申报的补充和修正

D. 主要数据填报完整、正确,其他数据无须填报

13. 单一窗口舱单系统中,原始舱单申报页面中的“获取默认数据”按钮的默认数

据是通过(　　)获取的。

A. 暂存功能　　B. 复制功能

C. 原始舱单初始值设置　　D. 导入功能

14. (　　)是在国际海事组织注册的运输工具代码标准格式。

A. NU+7 位顺序码　　B. CN+7 位顺序码

C. IMO+7 位顺序码　　D. IMO+9 位顺序码

15. 在单一窗口水路运输舱单申报中,采用(　　)。

A. 3 位字母代码　　B. 3 位数字代码

C. 5 位字母代码　　D. 5 位数字代码

五、多选题

1. 原始舱单是反映(　　)信息数据的单据。

A. 所载货物　　B. 所载物品　　C. 所载人员　　D. 所载船员

2. (　　)属于进口理货数据。

A. 预配舱单　　B. 运抵报告　　C. 装箱清单　　D. 疏港分流报告

3. (　　)可以向海关申报预配舱单数据。

A. 出口货物发货人　　B. 出口货运代理人

C. 承运人　　D. 无船承运人

4. 舱单数据传输后,(　　)情况下可以进行舱单数据变更申请。

A. 货物因不可抗力灭失、短损,造成舱单电子数据不准确的

B. 由于装运、配载等原因造成退关或者变更运输工具的

C. 船舶装载的大宗散货超过溢短装数量的

D. 受海关处罚后,需要变更舱单电子数据的

5. 在(　　)平台可以进行运输工具海关舱单申报。

A. 商务部官网　　B. 互联网+海关

C. 国际贸易单一窗口　　D. 港口管理信息系统

6. 以集装箱运输的出口货物,在货物装箱前可由(　　)向海关传输装箱清单电子数据。

A. 出口货物发货人

B. 国际货运代理人

C. 船公司或其代理人

D. 货物运抵的海关监管作业场所负责人

7. 单一窗口水运舱单申报模块中,(　　)功能是单属于出境申报。

A. 原始舱单申报　　B. 预配舱单申报
C. 理货报告申报　　D. 装载舱单申报

8. 单一窗口原始舱单申报业务系统具有(　　)功能。
A. 原始舱单主要数据申报　　B. 原始舱单其他数据申报
C. 原始舱单变更申请申报　　D. 原始舱单删除申请申报

9. 单一窗口水路运输原始舱单表体部分包含(　　)。
A. 运输工具信息　　B. 提运单基本信息
C. 集装箱信息　　D. 商品项信息

10. 在单一窗口舱单申报模块中,原始舱单主要数据的申报被海关接受后可以进行(　　)操作。
A. 原始舱单其他数据申报　　B. 原始舱单变更申请
C. 原始舱单删除申请　　D. 进口理货报告申报

项目六　航空运输舱单申报

项目内容

1. 空运进境舱单即相关数据传输流程
2. 空运出境舱单即相关数据传输流程
3. 单一窗口空运舱单申报
4. 原始舱单数据申报、更改与删除
5. 预配舱单数据申报、更改与删除
6. 进出口理货报关申报和删除申请
7. 分拨分流运抵申报和删除申请
8. 装载舱单申报和删除申请
9. 进行航空运输预配舱单申报操作

活动一　空运舱单申报业务

一、空运舱单管理概述

航空运输的舱单业务流程和海关监管要求与水路运输有许多相同之处，主要体现为申报的内容、申报的流程和海关监管要求基本一致。所不同的主要体现在两个方面：一是海关舱单管理的相对人发生了变化。在航空运输方式下，舱单传输义务人主要是航空公司、受航空公司委托的航空公司地面代理企业、国际货运代理人企业以及快件经营人等。舱单的相关数据传输人主要是国际机场地面服务企业、具有理货功能的国际货运代理机场保税仓库，以及其他具备集运货物装板装箱、拆板拆箱能力或分拨能力的理货堆场。二是业务流程的速度大大加快。由于航空运输周转快、时效性强，舱单申报中更加注重及时性，更加注重工作效率。

二、空运进境舱单管理

1. 空运进境舱单管理

原始舱单数据传输前，航空公司必须预先向海关报告飞机预计抵达的时间(运输工具申报),飞机抵港以前,须将确切的抵港时间通知海关,飞机实际抵达空港时,还需向海关进行运输工具抵港申报。

空运舱单主要数据传输时限规定:航程 4 小时以下的,飞机起飞前;航程超过 4 小时的,飞机抵达境内第一目的港的 4 小时以前,航空公司或其地面代理等舱单传输人应当向海关传输原始舱单主要数据。

在飞机抵达目的港以前,即运输工具进境申报前,可以向海关传输原始舱单其他数据。

海关接受原始舱单主要数据申报后,进境货物、物品的当事人或其代理人进境报关。对于需要提前报关的进口货物,也必须在海关接受原始舱单主要数据后进行申报。

理货公司或者负责理货的保税仓库应当在货物卸载完毕后的 6 小时内向海关提交理货报告。如果需要二次理货,经海关同意,可以在货物卸载后的 24 小时以内向海关提交理货报告。

航空运输进境舱单申报业务流程如图 6-1-1 所示。

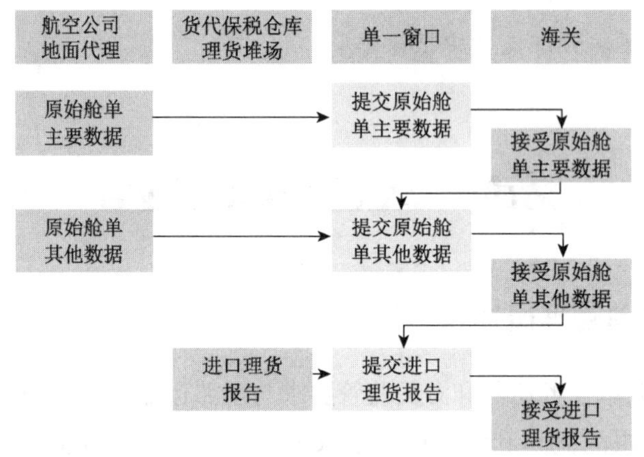

图 6-1-1 航空运输进境舱单申报业务流程

海关收到理货报告后,将其与原始舱单进行核对,发现不符的,将通知运输工具负责人。运输工具负责人应当在卸载货物、物品完毕后的 48 小时以内向海关报告不相符的原因。原始舱单中未列明的进境货物、物品,海关可以责令原运输工具负责人直接退运。

2. 分拨管理规定

在航空货运业务中,对于进境货物,一般采用飞机上卸下后直接分拨至各航空代理的保税理货仓库的方式。进境航空货物分拨时,航空公司或其代理需要向海关提出分拨货物申请,经海关同意后方可分拨。分拨货物运抵海关监管作业场所时,其经营人应当向海关提交分拨货物运抵报告。分拨货物拆分完毕后的 2 小时以内，理货部门或者海关监管作业场所经营人应当向海关提交分拨货物理货报告。

航空运输进境分拨业务流程如图 6-1-2 所示。

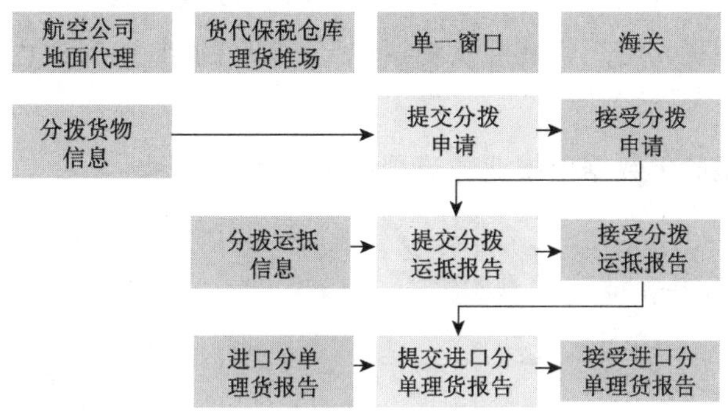

图 6-1-2 航空运输进境分拨业务流程

部分进境航空货物需要疏港分流的，需要由机场地面服务公司向海关提出疏港分流申请，经海关同意后方可疏港分流。疏港分流完毕后，海关监管场所经营人需要向海关提交疏港分流货物运抵报告。

小问答

问：进境舱单申报与货物报关有什么关系？

答：当舱单主要数据申报后，可以向海关申报进境货物。对于进境分拨货物，提交理货报告，对于疏港分流货物，提交运抵报告，然后海关才会办理货物的查验、征税和放行等手续。

三、空运出境舱单管理

航空货物和物品需要出境时，航空公司或其地面代理需要在所载货物、物品出口报关前向海关申报预配舱单主要数据。海关接受主要数据申报后，航空公司或其地面代理还可以在飞机开始装载货物、物品 4 小时以前向海关传输预配舱单其他数据。

出境货物、物品运抵海关监管的货物装板（箱）理货仓库时，仓库经营人应当以电子数据方式向海关提交运抵报告。运抵报告提交后，海关方可办理货物、物品的查验、放行手续。

航空公司或其地面代理应当在飞机开始装载货物、物品的 30 分钟以前向海关传输装载舱单电子数据，并保证装载舱单中所列货物、物品已被海关放行。

在接受装载舱单电子数据后，海关对决定不准予装机的货物、物品，将以电子数据方式通知舱单传输人，并告知不准予装载的理由。海关因故无法以电子数据方式通知的，应当派员实地办理告知等相关手续。

飞机离港的 6 小时以内，理货部门须以电子数据方式向海关提交理货报告。海关将装载舱单与理货报告进行核对，对二者不相符的，以电子数据方式通知运输工具负责人。运输工具负责人应当在装载货物、物品完毕后的 48 小时以内向海关报告不相符的原因。

航空运输出境舱单数据申报业务流程如图 6-1-3 所示。

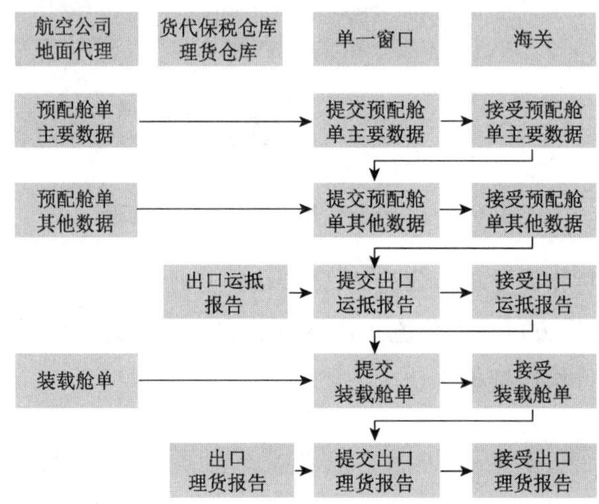

图 6-1-3　航空运输出境舱单数据申报业务流程

活动二　单一窗口空运舱单申报

一、单一窗口空运舱单系统

单一窗口空运舱单申报系统是海关从物流层面对进出境空运货物进行监管的企业端申报系统。航空运输企业、航空公司地面代理企业、国际货运代理企业、国际快递经营人企业等可以通过该系统进行舱单电子数据的申报，并接受海关审核的回执。出口货物发货人、存放航空运输货物的保税物流仓库，从事出口货物集运装板(箱)、进口货物分拨的理货部门，可以通过该系统及时将理货的电子数据实时传输至海关。

空运舱单管理是海关舱单管理的一个组成部分，其适用的法律法规、监管要求以及舱单申报程序等与水路运输舱单管理大致相同。但是，由于航空运输的方式特殊性和物流过程的差异等原因，空运的舱单申报与水运的舱单申报有所不同。本项目在介绍空运舱单申报的过程中，将重点突出空运舱单申报的特殊要求，对空运与水运相同的内容将不再过多地重复，如有需要，可以参考项目五的相关内容。

进入单一窗口系统后，用户可以在舱单申报系统中找到空运舱单申报系统，点击后即可进入主页面。主页面如图 6-2-1 所示。

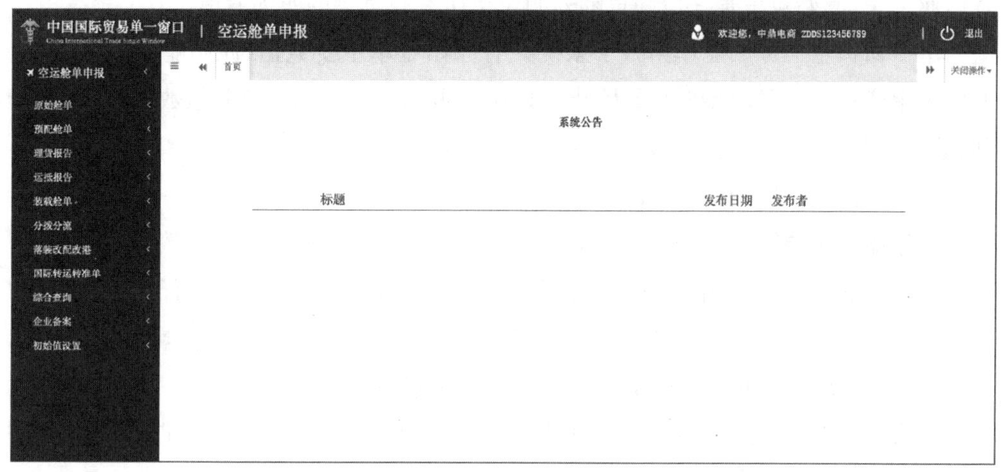

图 6-2-1　单一窗口空运舱单申报系统主页面

从主页面可以看到，空运舱单申报系统共有 11 项任务，各项任务的菜单下具备的业务功能，如表 6-2-1 所示。

表 6-2-1　　航空舱单申报系统功能列表

业务模块	原始舱单	预配舱单	理货报告	运抵报告
业务内容	原始舱单主要数据	预配舱单主要数据	进口理货申报	分拨分流运抵申报
	原始舱单其他数据	预配舱单其他数据	进口理货删除申请	分拨分流运抵删除申请
	原始舱单变更申请	预配舱单变更申请	出口理货申报	出口运抵申报
	原始舱单删除申请	预配舱单删除申请	出口理货删除申请	出口运抵删除申请
业务模块	装载舱单	分拨分流	落装改配改港	国际转运转准单
业务内容	装载舱单申请	分拨申报	出口直接改配申请	国际转运转准单
	装载舱单删除申请	分拨删除申请	出口落装申请	
		分流申报	出口落装改配申请	
		分流删除申请	进口改靠港申请	
业务模块	综合查询	企业备案	初始值设置	
业务内容	单证查询	总公司备案	原始舱单初始值设置	
	状态查询	分公司备案	预配舱单初始值设置	

二、原始舱单申报

航空运输的原始舱单是指航空公司、航空公司地面代理或国际快递经营人等舱单传输人向海关反映进境航空器所装载货物、物品或者乘载旅客信息等的舱单。在航空货运业务中，原始舱单是一份卸货港列明飞机所装载货物的明细清单。

单一窗口空运原始舱单申报子系统共有原始舱单主要数据、原始舱单其他数据、原始舱单变更申请和原始舱单删除申请四项业务功能。原始舱单其他数据、变更申请和删除申请必须在主要数据被海关接受以后操作。

1. 原始舱单主要数据申报

原始舱单主要数据分为表头和表体运单两个部分。原始舱单主要数据表头页面，如图 6-2-2 所示。页面左上方的蓝色“新增”“暂存”和“删除”为本页面操作按钮，它们的操作将影响当前的整票舱单数据。页面右上方的蓝色“申报”为舱单申报按钮。勾选“获取默认数据”前的方框，可以调取“初始值设置”中对应的数据。

填报操作时，点击“原始舱单主要数据”，可进入主要数据页面，再点击“新增”按钮，清空界面，便可进入原始舱单主要数据表头填报状态。

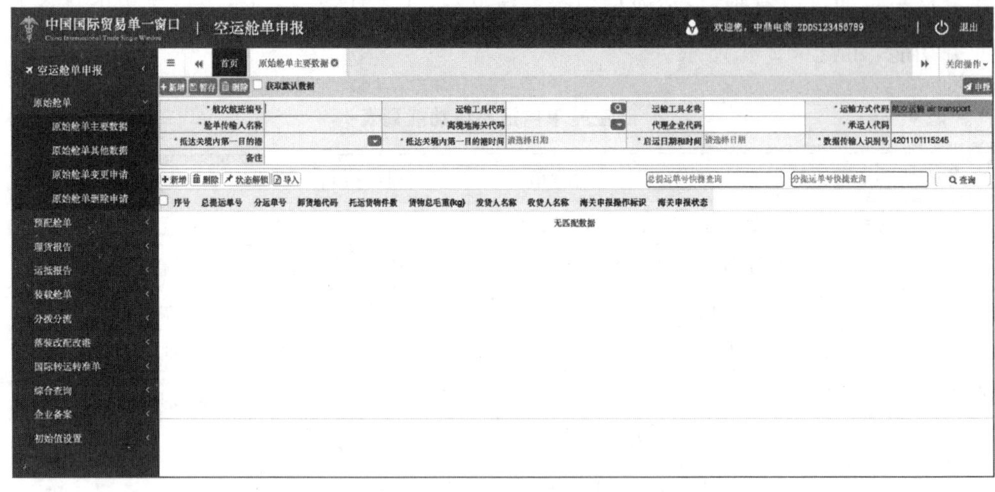

图 6-2-2　空运原始舱单主要数据表头页面

(1) 表头数据填报

空运原始舱单主要数据表头字段填报规范如表 6-2-2 所示。

表 6-2-2　空运原始舱单主要数据表头各栏目填报规范

货物信息			
项别	字段名称	填报要求	说明
必填	航次航班编号	航班号/预计到达时间	进境飞机航班号 到达时间:CCYYMMDD(北京时间)
	运输方式代码	系统自动填写	灰色字段
	舱单传输人名称	舱单传输人代码	企业统一信用代码或企业编码(4 位关区代码+9 位组织机构代码)
	离境地海关代码	离境地机场代码	所载货物离开境外的离境航站 IATA 3 字代码(见表 6-2-3)
	承运人代码	承运人代码	IATA 航空公司 2 字代码(见表 6-2-4)
	抵达关境内第一目的港	目的地机场代码	中国关境内第一个航站 IATA 3 字代码
	抵达关境内第一目的港时间	货物抵港日期和时间	在系统自带日期时间器勾选(北京时间)
	启运日期和时间	货物启运日期和时间	
	数据传输人识别号	传输人代码	企业统一信用代码或企业编码
选填	运输工具代码	航空器编号[1]	飞机在 IATA 注册的编号
	运输工具名称	航空器编号或名称	IATA 注册的航空器编号或名称
	代理企业代码	代理人代码	企业统一信用代码或企业编码
	备注	其他需要说明的信息	长度不超过 512 个字符

备注:1. 航空器注册编号,或称“机身编号”“机尾编号”,指的是民用航空器在使用前向一国的民航管理机构注册所获发的编号。

表 6-2-3　IATA 航空站代码表(节选)

三字代码	机场中文	机场英文名	国家
YOW	渥太华	OTTAWA	加拿大
YMQ/YUL	蒙特利尔	MONTREAL	加拿大
YVR	温哥华	VANCOUVER	加拿大
YTO/YYZ	多伦多	TORONTO	加拿大
WAS/IAD	华盛顿	WASHINGTON	美国
ATL	亚特兰大	ATLANTA	美国

（续表）

三字代码	机场中文	机场英文名	国家
BOS	波士顿	BOSTON	美国
CHI/ORD	芝加哥	CHICAGO	美国
HOU/IAH	休斯敦	HOUSTON	美国
LAS	拉斯维加斯	LAS VEGAS	美国
LAX	洛杉矶	LOS ANGELES	美国
LNK	林肯	LINCOLN	美国
MCO	奥兰多	OLLANDO	美国
MIA	迈阿密	MIAMA	美国
NYC/JFK	纽约	NEWYORK	美国
SEA	西雅图	SEATTLE	美国
SFO	旧金山	SAN FRANCISCO	美国
MEX	墨西哥城	MEXICO CITY	墨西哥
RIO	里约热内卢	RIP DE JANEURO	巴西
LON/LHR	伦敦	LONDON	英国
MAN	曼彻斯特	MANCHESTER	英国
ANR	安特卫普	ANTWERP	比利时
AMS	阿姆斯特丹	AMSTERDAM	荷兰
FRA	法兰克福	FRANKFURT	德国
HAM	汉堡	HAMBURG	德国
GVA	日内瓦	GENEVA	瑞士
ZRH	苏黎世	ZURICH	瑞士
MAD	马德里	MADRID	西班牙
BCN	巴塞罗那	BARCELONA	西班牙
LIS	里斯本	LISBON	葡萄牙
ROM	罗马	ROME	意大利
MIL/MXP	米兰	MILAND	意大利
MOW	莫斯科	MOSKVA	俄罗斯
KWI	科威特	AL KUWAIT	科威特
RUH	利雅得	RIYADH	沙特阿拉伯
BGW	巴格达	BAGHDAD	伊拉克
BEY	贝鲁特	BEIRUT	黎巴嫩

三字代码	机场中文	机场英文名	国家
AUH	阿布扎比	ABU DKABI	阿联酋
DOH	多哈	DOHA	卡塔尔
ANK	安卡拉	ANKARA	土耳其
IST	伊斯坦布尔	ISTANBUL	土耳其
CAI	开罗	CAIRO	埃及
PEK	北京	BEIJING	中国
SHA	上海	SHANGHAI	中国
CHN	广州	GUANGZHOU	中国
CKG	重庆	CHONGQING	中国
XMN	厦门	XIAMEN	中国
HKG	中国香港	HONGKONG	中国
TPE	台北	TAIPEI	中国
TYONRT	东京	TOKYO	日本
KIX/OSA	大阪	OSAKA	日本
KUL	吉隆坡	KUALA LUMPUR	马来西亚
DEL	新德里	NEW DELHI	印度
CBR	堪培拉	CANBERRA	澳大利亚
SYD	悉尼	SYDNEY	澳大利亚
WLG	惠灵顿	WELL INGTON	新西兰

表 6-2-4　　IATA 航空公司代码(节选)

IATA代码	三字代码	英文名称	中文名称	国家/地区
5X	406	United Parcel Service	UPS 联合包裹航空公司	美国
AA	001	American Airlines(AAL)	美国美洲航空公司	美国
AC	014	Air Canada (ACA)	加拿大航空公司	加拿大
AF	057	Air France (AFR)	法国航空公司	法国
AM	139	Aeromexico Cargo (AMX)	墨西哥航空公司	墨西哥
B7	525	EVA Airways (UIA)	中国台湾立荣航空公司	中国台湾
BA	125	British Airways p. l. c. (BAW)	英国航空公司	英国
BR	695	EVA Airways (EVA)	中国台湾长荣航空公司	中国台湾

（续表）

IATA代码	三字代码	英文名称	中文名称	国家/地区
CA	999	Air China Limited	中国国际航空公司	中国
CF	NKG	China Postal Airlines	中国邮政航空有限公司	北京
CK	112	China Cargo Airlines LTD.（CKK）	中国东方货运航空公司	中国
CP	003	Canadian Airlines	加拿大国际航空公司	加拿大
CX	160	Cathay Pacific Airways Ltd.（CPA）	香港国泰航空有限公司	中国香港
CZ	784	China Southern Airlines (CSN)	中国南方航空公司	中国
DL	006	Delta Air Lines (DAL)	美国达美航空公司	美国
EK	176	Emirates Airlines	阿联酋航空公司	阿联酋
ES	155	DHL International E. C. (DHX)	敦豪航空公司(DHX)	德国
FD	843	AirAsia	泰国亚洲航空公司	曼谷
FX	023	Fedex	美国联邦航空公司	美国
HX	851	Hong Kong Airways (CRK)	香港航空有限公司	中国香港
JL	131	Japan Airlines Company Ltd.（JAL）	日本航空公司	日本
KA	043	Dragon Air (HDA)	港龙航空公司	中国香港
KE	180	Korean Air Lines Co. Ltd.（KAL）	大韩航空公司	韩国
KL	074	KLM (KLM)	荷兰皇家航空公司	荷兰
LH	020	Lufthansa Cargo AG (DLH)	德国汉莎航空公司	德国
MU	781	China Eastern Airlines (CES)	中国东方航空公司	中国
NH	205	ANA All Nippon Airways	日本全日空航空公司	日本
NX	675	Air Macao Company Limited (AMU)	澳门航空有限公司	中国澳门
NZ	086	Air New Zealand (ANZ)	新西兰航空公司	新西兰
PC	624	Pegasus Airlines(PGT)	土耳其飞马航空公司	土耳其
PG	829	BANGKOK AIRWAYS(BKP)	泰国曼谷航空公司	曼谷
S7	421	Siberia Airlines	西伯利亚航空公司	俄罗斯
SQ	618	Singapore Airlines	新加坡航空公司	新加坡
TG	217	Thai Airways(THA)	泰国航空公司	泰国
TK	235	Turkish Airlines(THY)	土耳其航空公司	土耳其
SQ	618	Singapore Airlines	新加坡航空公司	新加坡
SS	923	Corsair Airlines	法国科西嘉国际航空公司	巴黎
SU	555	Aeroflot Russian Airlines (AFL)	俄罗斯航空公司	莫斯科
VS	932	Virgin Atlantic Airways	英国维珍航空公司	英国
WN	526	Southwest Airlines (SWA)	美国西南航空公司	美国

原始舱单主要数据中的表头数据填报完毕后，点击页面上方蓝色“暂存”按钮，可保存表头数据，填报并保存后的表头页面如图 6-2-3 所示。

图 6-2-3　空运原始舱单主要数据中的表头数据暂存后页面

(2) 运单数据——基本信息填报

原始舱单主要数据表头信息填报并保存后，点击页面中间白色“新增”按钮（见图 6-2-3），系统会弹出提运单编辑页面，如图 6-2-4 所示。提运单编辑页面有“基本信息”和“商品项信息”两个页签，点击后可以切换。

提运单信息

基本信息　商品项信息

* 总提运单号		分提运单号		运输条款代码		* 托运地点或国家	
包装种类代码		* 托运货物件数		* 货物总毛重(kg)		收货地点名称	
* 装货地代码		* 卸货地代码		*卸货地关区		收货地点代码	
货物装载时间	请选择日期	到达卸货地日期	请选择日期	中转地点代码		中转目的地代码	
* 运费支付方法代码		分批到/发货标识	请选择				

收货人信息

* 收货人名称		国家(地区)代码		AEO企业编码		
详细地址						联系方式

发货人信息

* 发货人名称		* 国家(地区)代码		AEO企业编码		
详细地址						联系方式

通知人信息

通知人名称		国家(地区)代码		
详细地址				联系方式

其他联系信息

危险品联系人姓名		危险品联系人方式	

变更原因代码　货物海关状态代码　　复制　保存　+新增

图 6-2-4　提运单信息编辑页面

图 6-2-4 中,“联系方式”“变更原因代码”和“货物海关状态代码”的编辑方法与水路舱单申报相同,可参考项目五中的相关介绍。

航空运输原始舱单运单信息填报规范如表 6-2-5 所列。

表 6-2-5　　原始舱单提运单信息——表体基本信息字段填报规范

<table>
<tr><th>项别</th><th>字段名称</th><th>填报要求</th><th>说明</th></tr>
<tr><td rowspan="8">必填</td><td>总提运单号</td><td>主运单编号</td><td>11 位编号</td></tr>
<tr><td>托运地点或国家</td><td>托运机场代码</td><td>机场 3 字代码</td></tr>
<tr><td>托运货物件数</td><td>货物件数</td><td>运输货物件数,裸装填“1”</td></tr>
<tr><td>货物总毛重(kg)</td><td>货物的毛重</td><td>计量单位为千克</td></tr>
<tr><td>装货地代码</td><td>装货机场代码</td><td rowspan="2">机场 3 字代码</td></tr>
<tr><td>卸货地代码</td><td>卸货机场代码</td></tr>
<tr><td>卸货地关区</td><td>卸货地关区代码</td><td>4 位关区代码</td></tr>
<tr><td>运费支付方法代码</td><td>支付方式代码</td><td>PP—预付,FF—全免,CC—到付</td></tr>
<tr><td rowspan="9">选填</td><td>分提运单号</td><td>分提单编号</td><td>11 位编码,适用于集运货物</td></tr>
<tr><td>运输条款代码</td><td>运输条款代码</td><td>交接代码</td></tr>
<tr><td>包装种类代码</td><td>包装种类代码</td><td>2 位包装种类代码</td></tr>
<tr><td>收货地点名称</td><td>实际交接地点</td><td>承运人与收货人交接货物的地点名称</td></tr>
<tr><td>收货地点代码</td><td>国内港口代码</td><td>机场 3 字代码</td></tr>
<tr><td>货物装载时间</td><td>货物装船日期和时间</td><td rowspan="2">在系统自带日期时间器勾选(北京时间)</td></tr>
<tr><td>到达卸货地日期</td><td>到达卸货地日期和时间</td></tr>
<tr><td>中转地点代码</td><td>国内口岸代码</td><td rowspan="2">机场 3 字代码</td></tr>
<tr><td>中转目的地代码</td><td>国内口岸代码</td></tr>
<tr><td></td><td>分批到/发货标识</td><td>选填</td><td>分批——货物分批运抵
不分批——货物不分批运抵</td></tr>
<tr><th colspan="4">收货人信息</th></tr>
<tr><th>项别</th><th>字段名称</th><th>填报要求</th><th>说明</th></tr>
<tr><td rowspan="2">必填</td><td>收货人名称</td><td>实际收货人名称</td><td>收货人为自然人,填报:××公司</td></tr>
<tr><td>国家(地区)代码</td><td>收货人所在国家(地区)代码</td><td>2 字国家/地区代码</td></tr>
<tr><td rowspan="2">选填</td><td>AEO 企业编码</td><td>CN+“AEO 企业编码”</td><td>如属于 AEO 企业,则填写,我国 AEO 编码为企业海关注册登记编码</td></tr>
<tr><td>详细地址</td><td>收货人地址</td><td>联系地址(当前系统要求必填)</td></tr>
</table>

（续表）

发货人信息			
项别	字段名称	填报要求	说明
必填	发货人名称	实际发货人名称	发货人为自然人，填报：××公司
	国家（地区）代码	发货人所在国家（地区）代码	2 字国家/地区代码
选填	AEO 企业编码	国别代码＋AEO 企业编码	如国外发货人所在国与我国无 AEO 协议，则无须填写
	详细地址	发货人地址	联系地址（当前系统要求必填）
通知人信息			
项别	字段名称	填报要求	说明
选填	通知人名称	通知人姓名	在集中托运等情况下需要填写货物的实际收货人
	国家（地区）代码	联系人所在国家（地区）代码	2 字国家/地区代码
	详细地址	通知人地址	联系地址
其他联系信息			
项别	字段名称	填报要求	说明
选填	危险品联系人姓名	危险品信息联系人姓名	能够提供危险品货物详细信息的联系人姓名

（3）运单数据——商品项信息填报

商品项信息填报页面如图 6-2-5 所示，填报规范如表 6-2-6 所列。

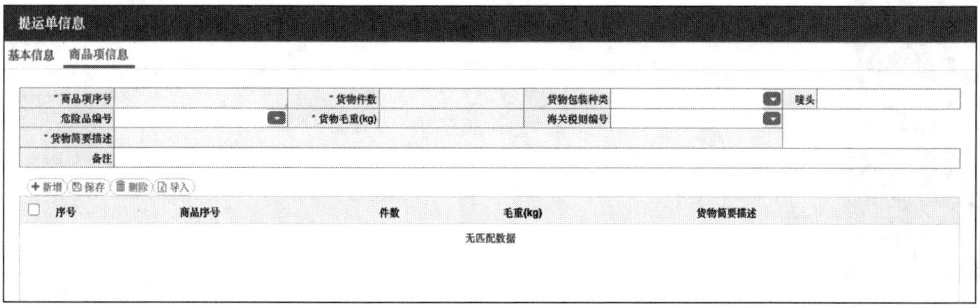

图 6-2-5　空运原始舱单商品项信息数据填报页面

表 6-2-6　　　　空运原始舱单商品项信息字段填报规范

项别	字段名称	填报要求	说明
必填	商品项序号	提单中序列号	每票提运单中不同商品项从"1"开始顺序填写
	货物件数	货物件数	运输包装数量
	货物毛重	货物毛重	单位:千克
	货物简要描述	货物名称	还可以补充足以鉴别货物性质的简明描述
选填	唛头	货物运输标志	最长 512 位字符
	货物包装种类	2 位代码	包装种类代码(见表 5-3-9)
	危险品编号	危险品标志代码	联合国危险品标志代码
	海关税则编号	6 位 HS 编码	
	备注	其他需要说明的信息	长度不超过 512 个字符

完成运单的"基本信息"和"商品项信息"填报后,须进行保存操作。"基本信息"的保存按钮为蓝色,在页面的右下侧;"商品项信息"保存按钮为白色,在页面中间的左侧。

多个运单申报时,须逐份填报。每一份运单保存后生成一条运单记录,完成运单数据填报后的页面如图 6-2-6 所示。

图 6-2-6　空运原始舱单商品项信息数据填报页面

小问答

问：图 6-2-6 中“状态解锁”按钮有什么作用？

答：可对提单记录解锁。选中所要解锁的记录，点击该按钮，即可将海关申报状态从“已申报”变为“暂存”。此时对应的提单变为可修改、删除的“暂存”状态。

---

(4) 原始舱单主要数据申报

原始舱单主要数据填报完成后，可以进行原始舱单申报。申报时，先要选中所要申报的运单记录，然后点击页面右上方“申报”按钮。申报完成后，运单记录的“海关申报状态”显示由“暂存”变为“已申报”。

2. 原始舱单其他数据申报

原始舱单其他数据申报是对原始舱单主要数据的修改和补充，只有在原始舱单主要数据的申报被海关接受后才可以操作。在实际运用中，主要数据申报大多用于舱单的预申报，其他数据申报为舱单的补充申报，即对预申报的数据进行补充和修正。因此，当海关接受原始舱单主要数据申报，并且“海关申报状态”显示为“海关接受申报”时，可以进行原始舱单其他数据操作。

原始舱单其他数据只能对提运单信息进行补充填报，但不能对表头数据进行操作。在对提运单数据进行补充操作时，只需点击所要修改的运单编号，在展开的表体中补充填报或修改。原始舱单其他数据填报方法与主要数据相同。

3. 原始舱单变更与删除申请

舱单变更与删除是海关接受舱单申请后，由于各种原因需要删改提运单。舱单的删改必须按照海关的有关规定办理。不同的关区舱单删改的操作手续不尽相同，用户须根据当地海关的规定执行，但舱单删改的条件和单一窗口操作要求是一致的。

(1) 原始舱单变更申请操作

舱单变更是指由于自身原因或海关的要求，对舱单数据进行更改的操作。根据海关规定，已经传输的舱单电子数据需要变更的，舱单传输人可以在原始舱单和预配舱单规定的传输时限以前直接予以变更。但是，货物、物品所有人已经向海关办理货物、物品申报手续的除外。舱单变更原因有舱单传输人变更和海关审核后需要更改两种原因。有时，变更申请人还需提供海关所需的文件，关于变更申请的具体要求，应咨询当地海关。

进行变更申请时，点击页面左侧菜单中“原始舱单变更申请”，并在表头“航次航班编号”“运输工具代码”字段中输入所要申请变更的飞机信息，按回车键后，系统会调出相应提运单列表，如图 6-2-7 所示。

图 6-2-7　原始舱单变更申请表头页面

点击需要修改的提运单编号，可以进入提运单信息页面更改。更改信息并保存后，还需填报变更申请的原因。需要指出，提运单页面中的灰色字段为不能修改项。

编辑“变更原因信息”时，将光标移至“变更原因”字段后，点击空格键，系统会展示变更原因菜单（如图 6-2-8 所示），选中需要填报的原因并按回车键保存。

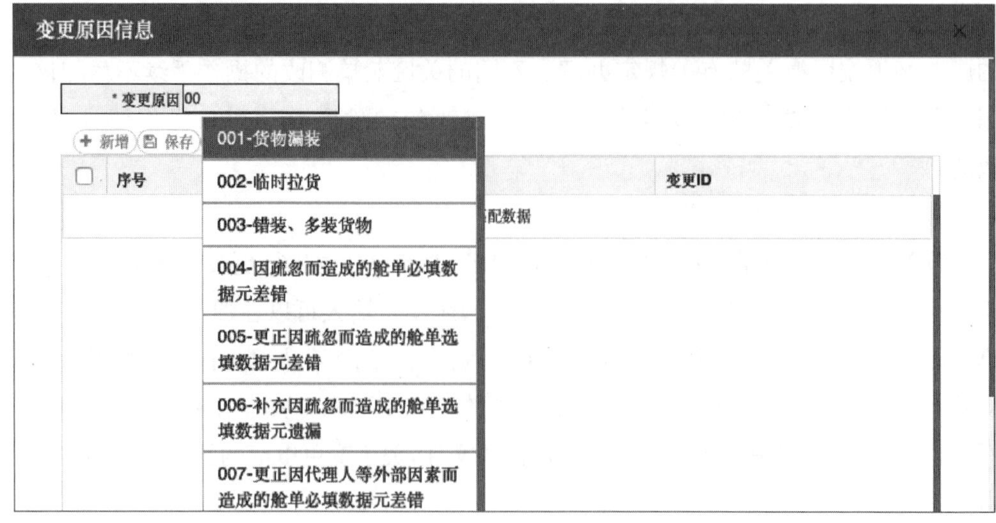

图 6-2-8　变更原因信息编辑页面

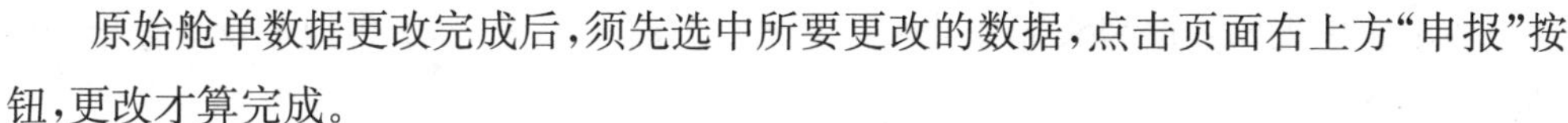

原始舱单数据更改完成后，须先选中所要更改的数据，点击页面右上方“申报”按钮，更改才算完成。

(2) 原始舱单删除申请

原始舱单删除申请是指由于各种原因需要撤销原始舱单中的某条提运单数据的操作。删除申请的操作与变更申请操作基本相同，无须重复阐述。需要提醒，一是在删除操作时，也许填报“变更原因信息”，其实是删除原因；二是删除申请是对舱单中的某份提运单而言，变更针对的是提运单的某些数据项。

三、预配舱单申报

航空货物的预配舱单是指反映出境航空器预计装载货物、物品或者旅客信息的舱单。预配舱单是一份准备由飞机预计载运出境货物或旅客的清单。预配清单可以由航空公司，或其在出运机场的负责人，或其地面代理人，以及出口货物的发货人向海关申报。单一窗口预配舱单申报有预配舱单主要数据、预配舱单其他数据、预配舱单变更申请和预配舱单删除申请四项业务功能。预配舱单其他数据、预配舱单变更申请和预配舱单删除申请三项业务操作的前提是预配舱单主要数据申报完成，且经过海关审核通过。

1. 预配舱单主要数据

与原始舱单一样，预配舱单主要数据由表头和表体两个部分组成，预配舱单主要数据申报页面如图 6-2-9 所示。表头部分主要填报预计出境船舶的基本信息，表体部分是船舶预配出运货物的运单记录列表。

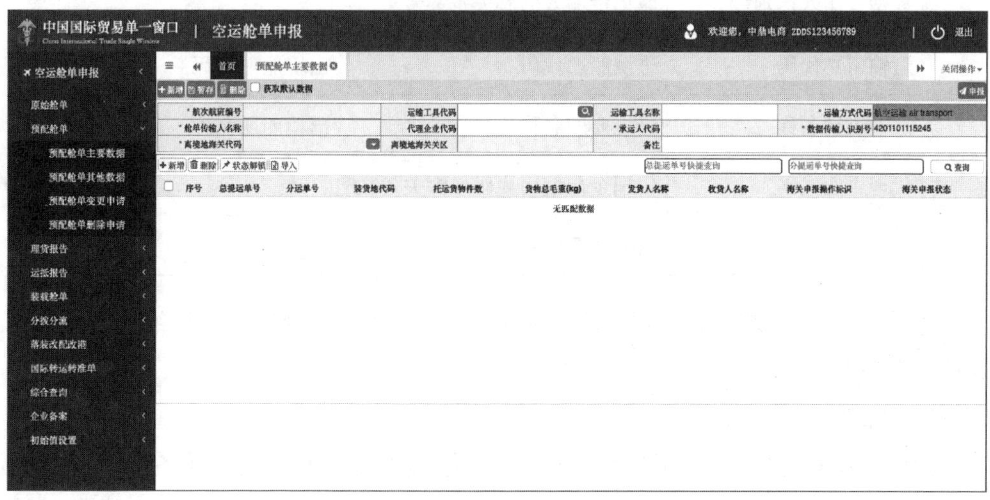

图 6-2-9　空运预配舱单主要数据界面

预配舱单主要数据表头部分字段与原始舱单略有差异，其填报规范及与原始舱单的差异如表6-2-7所示。

表6-2-7　　空运预配舱单表头填报规范及与原始舱单差异分析

项别	字段名称	填报要求比较	
		原始舱单	预配舱单
必填	航次航班编号	进境船舶航次编号	出境船舶航次编号
	运输方式代码	航空运输方式代码（系统自填）	
	舱单传输人名称	传输舱单企业信用代码或海关备案号	
	承运人代码	进境船舶企业代码	出境船舶企业代码
	离境地海关代码	境外离港机场3字代码	境内离港机场3字代码
	离境地海关关区	—	离境海关关区代码
	抵达关境内第一目的港	到达境内第一个机场3字代码	—
	抵达关境内第一目的港时间	到达境内第一个港口的日期	—
	启运日期和时间	货物启运的日期和时间	—
	数据传输人识别号	舱单传输人的海关备案号	
选填	运输工具代码	进境船舶代码	出境船舶代码
	运输工具名称	进境船舶名称	出境船舶名称
	代理企业代码	代理企业信用代码或海关备案号	
	备注	其他需要说明的事项	

预配舱单主要数据表体页面、填报要求和申报与原始舱单相同，详细内容可参考原始舱单主要数据申报章节中的相关介绍。

2. 预配舱单其他申报

预配舱单其他数据、预配舱单变更申请、预配舱单删除申请的适用条件、操作方法与原始舱单相仿，唯一不同的是货物的流向相反，不再重复阐述。具体的操作方法可参考原始舱单主要数据申报章节中的相关介绍。

四、理货报告申报

航空货运的理货报告是指存放航空运输货物的保税物流仓库，从事出口货物集运装板(箱)、进口货物分拨的理货仓库等海关监管作业场所经营人对进出境航空器所载货物、物品的实际情况予以核对、确认的记录。就是说，理货报告是货物到达境内的海关监管作业场所，由理货人员清点货物后，发送的电子数据。只有理货报告的数据与舱单数据一致，海关才准予进出口货物收发货人办理清关手续。

单一窗口空运舱单申报系统中，具有进口理货申报、进口理货删除申请和出口理货申报、出口理货删除申请四个业务功能，分别负责航空运输方式下的进口理货数据传输和出口理货数据传输的管理。

1. 进口理货

(1) 进口理货申报

航空运输进口理货申报是进境货物运抵海关监管作业场所后，货物清关前，向海关报告进境货物实际情况。单一窗口航空运输舱单系统进口理货申报页面，如图6-2-10所示。申报页面分表头和表体两个运单记录部分。

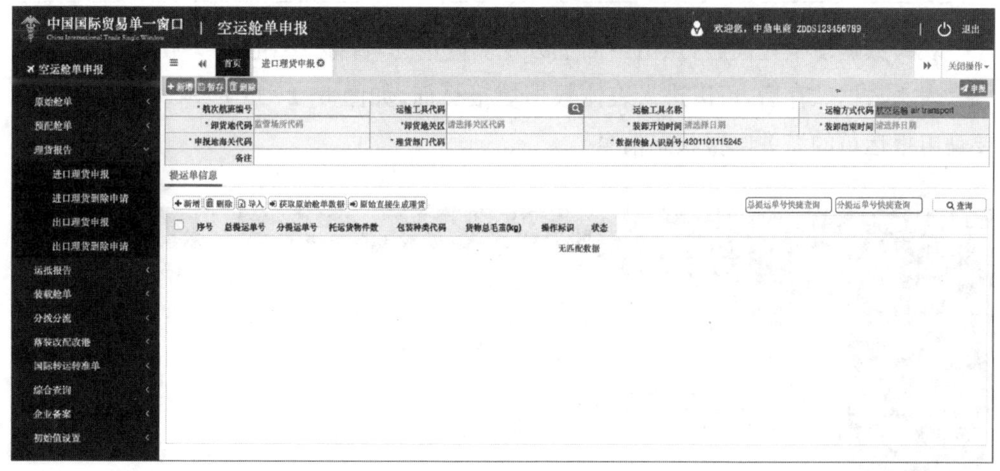

图6-2-10　空运进口理货申报页面

进口理货申报表头数据填报时，点击页面上方蓝色“新增”按钮，可进入表头字段信息填报状态。表头字段填报规范如表6-2-8所列。

表 6-2-8　　　　空运进口理货申报表头字段填报规范

类别	字段名称	填报要求	说明
必填	航次航班编号	航次编号	进境船舶航次号,由船公司提供
	运输方式代码	航空运输	系统自动生成
	卸货地代码	监管场所代码	理货场地的监管场所代码
	卸货地关区	关区代码	理货场地所在的关区代码
	装卸开始时间	开始卸货时间	在系统自带的时间器勾选
	装卸结束时间	结束卸货时间	在系统自带的时间器勾选
	申报地海关代码	关区代码	理货报告申报地海关关区代码
	理货部门代码	理货企业代码	企业统一信用代码或企业编码
	数据传输人识别号	传输人代码	企业统一信用代码或企业编码
选填	运输工具代码	航空器编号	飞机在 IATA 注册的编号
	运输工具名称	航空器编号或名称	IATA 注册的航空器编号或名称
	备注	其他需要说明的信息	长度不超过 512 个字符

表头数据填报完成后,点击页面上方左侧蓝色的“暂存”按钮,表头数据得到保存。

表头数据保存后,可以进入表体数据填报页面,如图 6-2-11 所示。表体部分主要是申报运单的海关申报状态信息。

图 6-2-11　空运进口理货申报运单编辑起始页面

在理货申请页面的提运单记录上方，有白色的“获取原始舱单数据”和“原始直接生成理货”按钮。“获取原始舱单数据”按钮的作用是从原始舱单数据中直接调取数据，“原始直接生成理货”按钮的作用是从原始舱单同步生成理货信息。通过这些按钮可以直接从原始舱单中获取运单信息，图 6-2-12 为“获取原始舱单数据”编辑页面。通过输入原始舱单总、分运单编号，可以调用已经申报的原始舱单数据。

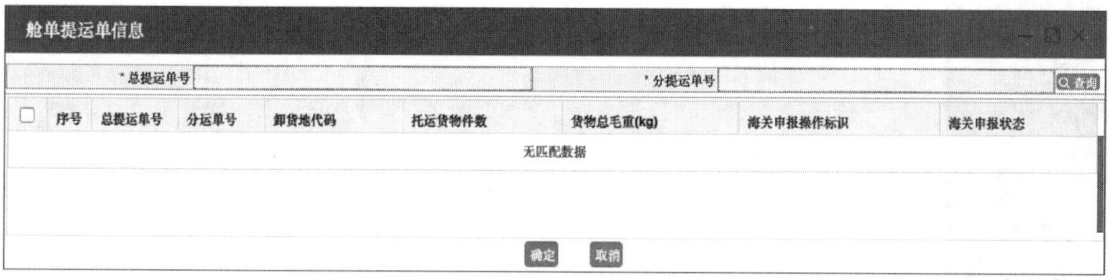

图 6-2-12 获取原始舱单数据编辑页面

录入运单信息时，点击页面中间白色“新增”按钮，系统会弹出“提运单信息”编辑页面，如图 6-2-13 所示。输入相应的提运单信息后，系统会生成理货的运单信息。

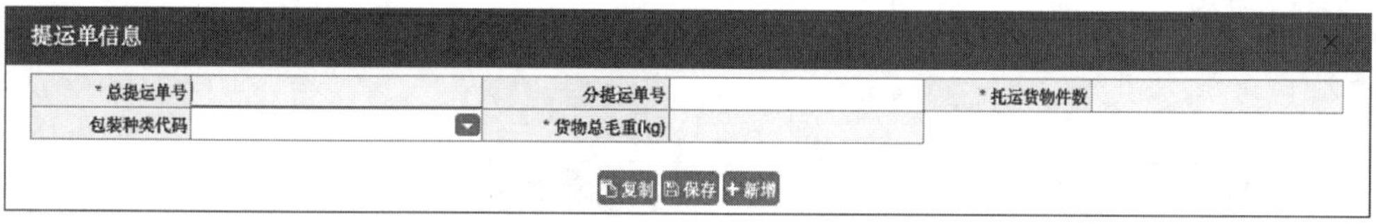

图 6-2-13 进口理货报告提运单数据编辑页面

理货报告数据填报完成并点击了“申报”按钮后，理货报告才算申报完成。

(2) 进口理货删除申请

进口理货删除申请是指应用户自身或海关要求，对所申报的进口理货运单的删除行为。进口理货删除申请操作时，点击左侧菜单“进口理货删除申请”，清空页面数据，在表头输入“航次航班编号”和“运输工具代码”并按回车键后，可调出相应的理货报告中的提运单记录，如图 6-2-14 所示。

勾选需要删除的提运单，打开“变更原因”编辑框(见图 6-2-15)，编辑“变更原因描述”“变更申请联系人姓名”“变更申请联系人电话”栏目和字段，并保存编辑内容。

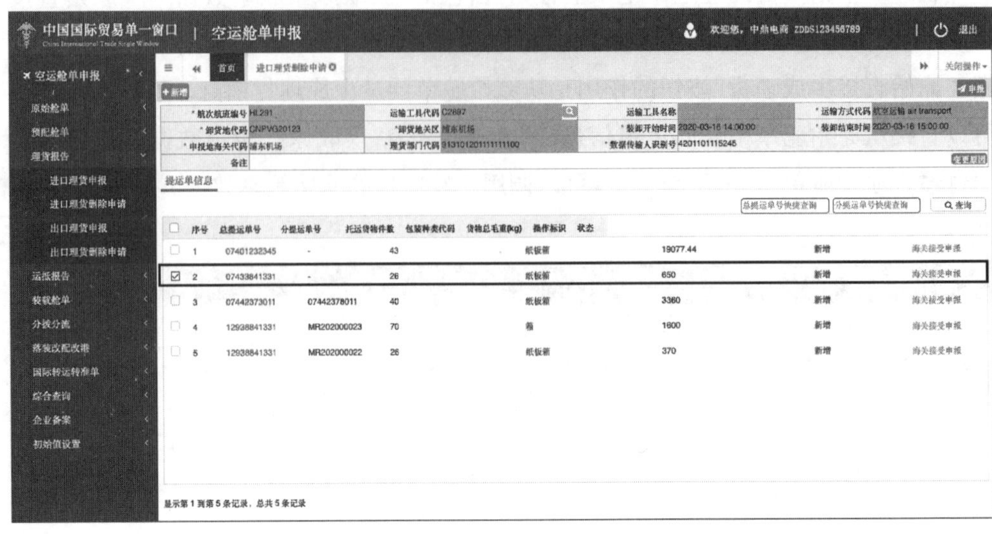

图 6-2-14　进口理货报告删除申请编辑页面

图 6-2-15　进口理货报告删除申请原因编辑页面

完成删除原因编辑后，保持所要删除记录的勾选状态，点击页面右上侧“申报”按钮，完成删除申报。

小问答

问：理货删除申请在什么状态下可以进行？

答：理货报告删除申请状态为申报失败、海关退单时，可进行删除申请操作。否则，系统可以给予无符合条件等提示。

2. 出口理货

航空运输出口理货报告是出境货物运抵货运代理企业的装板(箱)保税仓库或理货现场时,由负责装板(箱)经营人或理货公司向海关报告出境货物的集港情况。出口理货报告是货物出口报关的前提。出口理货业务有理货报告申报和出口理货删除申请两项。

单一窗口出口理货申报和出口理货删除申请的操作与进口相同,具体的操作方法可参考相关介绍。

五、装载舱单及其他申报

1. 装载舱单申报

航空运输装载舱单申报是指向海关报告出境航空器实际配载货物、物品或者旅客信息的舱单。空运配载舱单是出境航空器离境后向海关申报的舱单。航空运输的装载舱单分表头和表体两个部分。

输入表体数据并暂存后,可以进入新增运单记录状态。图 6-2-16 为进入运单新增状态的页面。

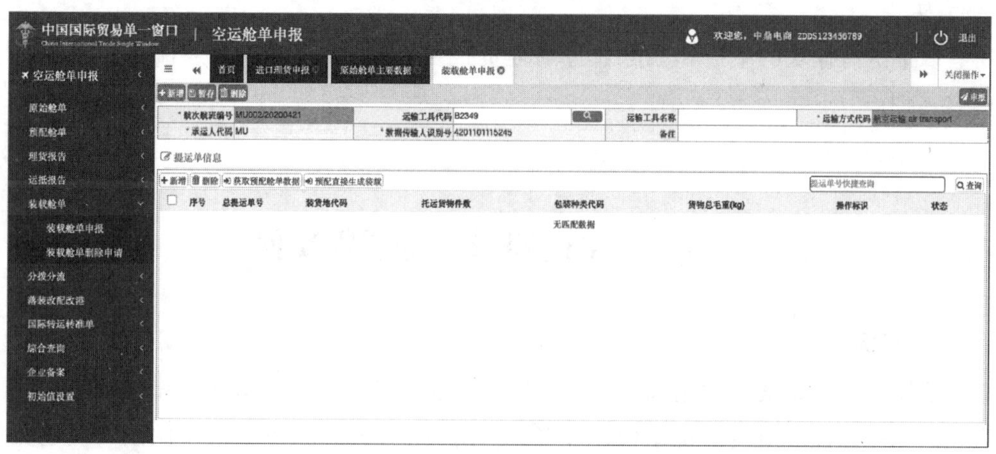

图 6-2-16 空运装载舱单申报页面

装载舱单信息填报,可通过图 6-2-17 所示的页面进行,也可以通过点击“获取预配舱单数据”或“预配直接生成装载”按钮,直接调取预配舱单数据。

2. 其他申报

除本项目前述舱单申报子系统外,航空舱单申报系统还设有运抵报告、分拨舱单申报等其他业务子系统。这些子系统都是配合航空运输需要和缓解航空港与保税的理货仓库压力而设置的。

航空运输的运抵报告是指进/出境货物运抵海关监管作业场所时,由监管场所经

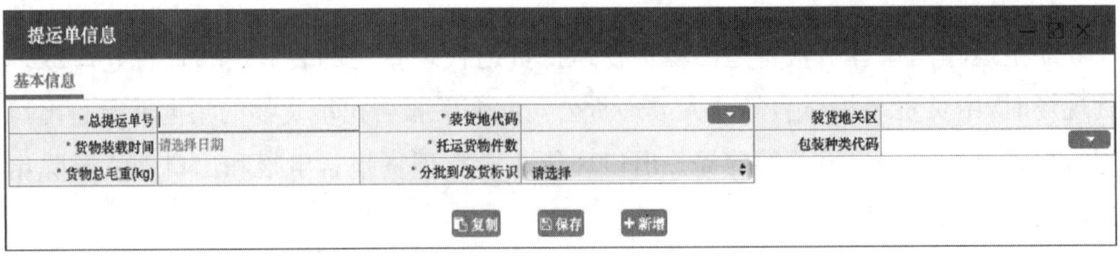

提运单信息

基本信息

*总提运单号		*装货地代码		装货地关区	
*货物装载时间	请选择日期	*托运货物件数		包装种类代码	
*货物总毛重(kg)		*分批到/发货标识	请选择		

复制 保存 新增

图 6-2-17 装载舱单编辑页面

营人向海关提交的反映货物、物品到货情况的记录。运抵报告设有分拨分流运抵报告和出口运抵报告两项业务。其中:分拨分流运抵报告是指向海关申报,为了防止货物、物品积压、阻塞港口,根据港口行政管理部门的决定,将相关货物、物品疏散到其他海关监管作业场所的情况。出口运抵报告是指出口货物抵达海关监管的货物装箱堆场或者码头后,由场所经营人向海关报告货物抵达情况。

分拨舱单申报共有分拨和分流业务模块,其中:分拨是指将海关未放行的进口货物或未出境的出口监管货物从一个海关监管场所分拨至另一个海关监管场所的行为;分流是指为了缓解海关监管场所的压力,将监管货物分流至另一个监管场所的行为。

以上这些模块的申报和删除业务与理货报告相同,详细操作可参阅本项目相关内容。

活动三 空运舱单申报操作实例

1. 实例背景

宏明国际航空货物运输代理有限公司长期以包班包舱的方式经营中国东方航空公司广州—新加坡航线的货运代理业务,专营广州白云国际机场口岸的出口货物集运、进口货物分拨和清关业务。

➢ 企业基本资料

• 中国东方航空公司,企业统一信用代码为 913101072003001234,承运人代码为 MU

• 宏明国际航空货物运输代理有限公司,海关注册登记代码为 4401120020,企业统一信用代码为 91440102123456789O,舱单传输人代码为 4201101115245

• 航空器资料,航班号为 MU805,运输工具代码为 B2867,起飞时间为 2020 年 3 月 28 日 19:00,广州机场关区代码为 5141

➤ 提运单

• 运单 1(集拼分运单)

补充资料：MASTER WEBILL NO. 781 1234 2134；　HOUSE WEIBILL NO. HM20011

宏明国际航空货物运输代理有限公司

HONGMING AIR CARGO INTERNATIONAL TRANSPORTATION AGENCY CO.,LTD.

广州市白云国际机场经纬六路航空大厦8层 TEL:86-20-86128888 FAX:86-20-86121516

8 / F, aviation building, Jingwei 6th Road, Baiyun International Airport, Guangzhou

国际货物托运书（SHIPPERS LETTER OF INSTRUTION）

托运人姓名及地址 SHIPPER'S NAME AND ADDRESS JINGDONG TRADE IMP&EXP CO.,LTD FUXIN RD.204#,GUANGZHOU,CHINA TEL/FAX:86-20-23451000 ,510213,	托运人账号 SHIPPER'S ACCOUNT NUMBER	供承运人用 FOR CARRIAGE USE ONLY 航班/日期 FLIGHT/DAY　航班/日期 FLIGHT/DAY MU805 28 MAR 2020
收货人姓名及地址 CONSIGNESS'S NAME AND ADDRESS INTRACO LIMITED #12-01 THE JTC SUMMIT,609434 TEL:+65-6-5866777	收货人账号 CONSIGNESS'S ACCOUNT NUMBER	已预留吨位 BOOKED 运费 CHARGES FREIGHT COLLECT
代理人的姓名和城市 ISSUING CARRIERS AGENT NAME AND CITY TIAN FU AIR INTERNATIONAL CARGO CO.,LTD 21,NATHAN ROAD SINGAPORE TEL:65-6-2550000 FAX:65-6-2551111		ALSO notify
始发站 AIRPORT OF DEPARTURE GUANGZHOU (CAN)		
到达站 AIRPORT OF DESTINATION SINGAPORE (SIN)		
托运人声明价值 SHIPPERS DECLARED VALUE 供运输用 FOR CARRIAGEES　供海关用 FOR COSTOMS 见商业发票	保险金额 AMOUNT OF INSURANCE	所附文件 DOCUMENT TO ACCOMPANY AIR WAYBILL 商业发票 装箱单 报关单

处理情况(包括包装方式、货物标志及号码)
HANDING INFORMATION(INGL.METHOD OF PACKING IDENTIFYING AND NUMBERS)

件数 NO. OF PACKAGES	实际毛重 ACTUAL GROSS WEIGHT(kgs)	运价种类 RATE CLASS	收费重量 CHARGEABLE WEIGHT	费率 RATE CHARGE	货物品名及数量（包括体积或尺寸） NATURE AND QUANTITY OF GOODS (INCL,DIMENSTON VOLUME)
25	112.0		150.0		STAINLESS BOTTLE DIM:40.00×45.00×24.00×25CTN

• 运单 2(集拼分运单)

补充资料：MASTER WEBILL NO. 781 1234 2134； HOUSE WEIBILL NO. HM20012

CN4402350001

宏明国际航空货物运输代理有限公司

HONGMING AIR CARGO INTERNATIONAL TRANSPORTATION AGENCY CO.,LTD.

广州市白云国际机场经纬六路航空大厦8层 TEL:86-20-86128888 FAX:86-20-86121516

8 / F, aviation building, Jingwei 6th Road, Baiyun International Airport, Guangzhou

国际货物托运书（SHIPPERS LETTER OF INSTRUTION）

托运人姓名及地址 SHIPPER'S NAME AND ADDRESS	托运人账号 SHIPPER'S ACCOUNT NUMBER	供承运人用 FOR CARRIAGE USE ONLY	
OTEX UNITED IMP&EXP CO.,LTD 3206 32FL, HUANMAO BUILDING YUEXIU DISTRICT, GUANGZHOU CHINA TEL/FAX:86-20-78961250 ,510003,		航班/日期 FLIGHT/DAY MU805 28 MAR 2020	航班/日期 FLIGHT/DAY
收货人姓名及地址 CONSIGNESS'S NAME AND ADDRESS	收货人账号 CONSIGNESS'S ACCOUNT NUMBER	已预留吨位 BOOKED	
BOSE IMP&EXP LIMITED 12FLOOR #2012 ARWCO STREET,SINGAPORE 601000 TEL:+65-6-3451230		运费 CHARGES FREIGHT COLLECT	
代理人的姓名和城市 ISSUING CARRIERS AGENT NAME AND CITY TIAN FU AIR INTERNATIONAL CARGO CO.,LTD 21,NATHAN RD SINGAPORE TEL:65-6-2550000 FAX:65-6-2551111		ALSO notify	
始发站 AIRPORT OF DEPARTURE GUANGZHOU (CAN)			
到达站 AIRPORT OF DESTINATION SINGAPORE (SIN)			

托运人声明价值 SHIPPERS DECLARED VALUE		保险金额 AMOUNT OF INSURANCE	所附文件 DOCUMENT TO ACCOMPANY AIR WAYBILL
供运输用 FOR CARRIAGEES	供海关用 FOR COSTOMS 见商业发票		商业发票 装箱单 报关单

处理情况(包括包装方式、货物标志及号码)
HANDING INFORMATION(INGL.METHOD OF PACKING IDENTIFYING AND NUMBERS)

件数 NO. OF PACKAGES	实际毛重 ACTUAL GROSS WEIGHT(kgs)	运价种类 RATE CLASS	收费重量 CHARGEABLE WEIGHT	费率 RATE CHARGE	货物品名及数量（包括体积或尺寸） NATURE AND QUANTITY OF GOODS (INCL,DIMENSTON VOLUME)
4	336.0	C	336.0	21.86	GETTERS ST15/15KLS/200 WS5 DIM:85.00×52.00×52.40×4CTN

• 运单 3(集拼总运单)

航空运单

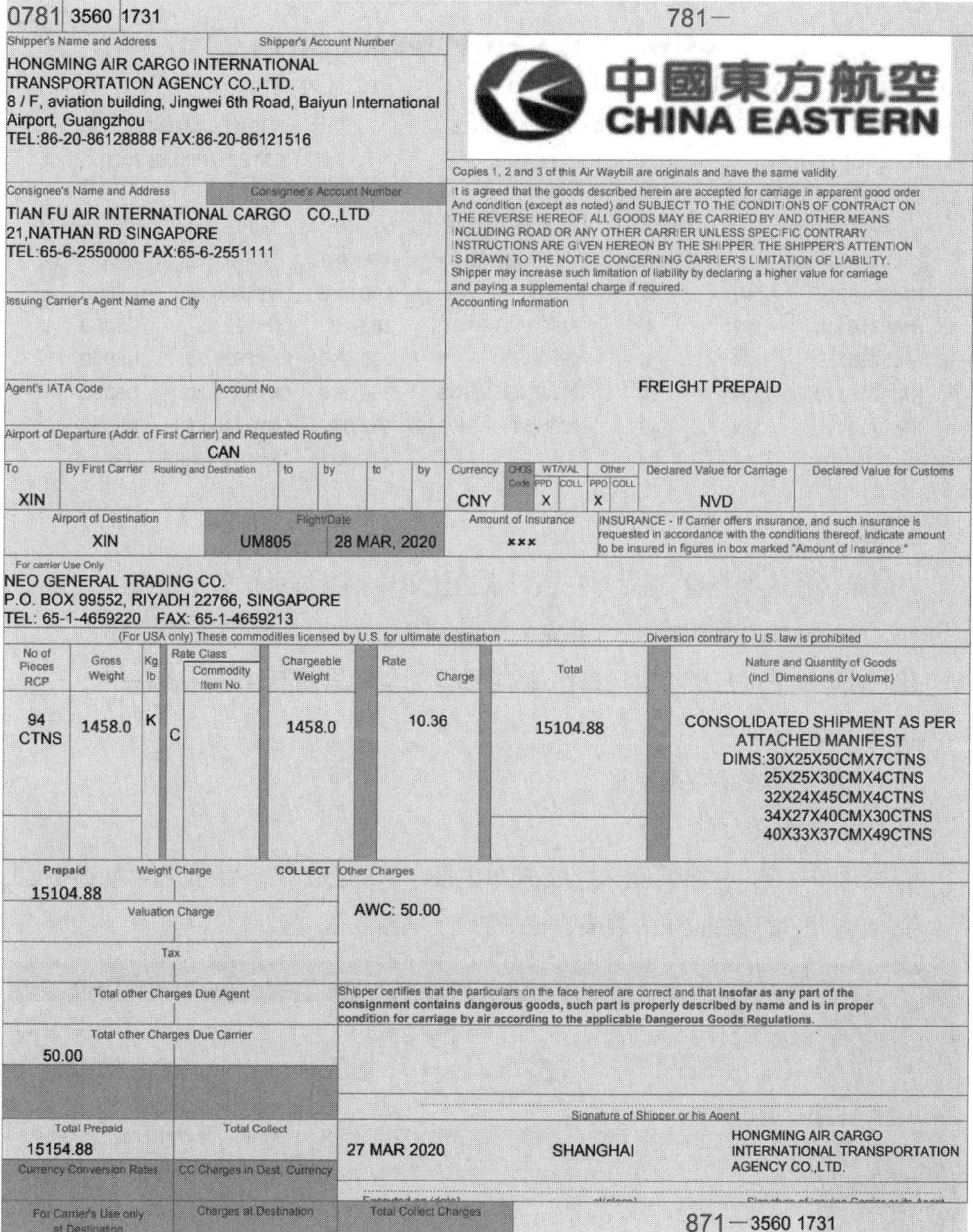

0781 3560 1731　　781—

Shipper's Name and Address / Shipper's Account Number

HONGMING AIR CARGO INTERNATIONAL
TRANSPORTATION AGENCY CO.,LTD.
8 / F, aviation building, Jingwei 6th Road, Baiyun International Airport, Guangzhou
TEL:86-20-86128888 FAX:86-20-86121516

中國東方航空 CHINA EASTERN

Copies 1, 2 and 3 of this Air Waybill are originals and have the same validity

Consignee's Name and Address / Consignee's Account Number

TIAN FU AIR INTERNATIONAL CARGO CO.,LTD
21,NATHAN RD SINGAPORE
TEL:65-6-2550000 FAX:65-6-2551111

It is agreed that the goods described herein are accepted for carriage in apparent good order And condition (except as noted) and SUBJECT TO THE CONDITIONS OF CONTRACT ON THE REVERSE HEREOF. ALL GOODS MAY BE CARRIED BY AND OTHER MEANS INCLUDING ROAD OR ANY OTHER CARRIER UNLESS SPECIFIC CONTRARY INSTRUCTIONS ARE GIVEN HEREON BY THE SHIPPER. THE SHIPPER'S ATTENTION IS DRAWN TO THE NOTICE CONCERNING CARRIER'S LIMITATION OF LIABILITY. Shipper may increase such limitation of liability by declaring a higher value for carriage and paying a supplemental charge if required.

Issuing Carrier's Agent Name and City

Accounting Information: FREIGHT PREPAID

Agent's IATA Code / Account No.

Airport of Departure (Addr. of First Carrier) and Requested Routing: CAN

To	By First Carrier Routing and Destination	to	by	to	by	Currency	CHGS Code	WT/VAL PPD	WT/VAL COLL	Other PPD	Other COLL	Declared Value for Carriage	Declared Value for Customs
XIN						CNY		X		X		NVD	

Airport of Destination	Flight/Date		Amount of Insurance	INSURANCE - If Carrier offers insurance, and such insurance is requested in accordance with the conditions thereof, indicate amount to be insured in figures in box marked "Amount of Insurance."
XIN	UM805	28 MAR, 2020	xxx	

For carrier Use Only
NEO GENERAL TRADING CO.
P.O. BOX 99552, RIYADH 22766, SINGAPORE
TEL: 65-1-4659220 FAX: 65-1-4659213

(For USA only) These commodities licensed by U.S. for ultimate destination .... Diversion contrary to U.S. law is prohibited

No of Pieces RCP	Gross Weight	Kg lb	Rate Class	Commodity Item No.	Chargeable Weight	Rate / Charge	Total	Nature and Quantity of Goods (incl. Dimensions or Volume)
94 CTNS	1458.0	K	C		1458.0	10.36	15104.88	CONSOLIDATED SHIPMENT AS PER ATTACHED MANIFEST DIMS:30X25X50CMX7CTNS 25X25X30CMX4CTNS 32X24X45CMX4CTNS 34X27X40CMX30CTNS 40X33X37CMX49CTNS

Prepaid	Weight Charge	COLLECT	Other Charges
15104.88			AWC: 50.00
	Valuation Charge		
	Tax		
	Total other Charges Due Agent		Shipper certifies that the particulars on the face hereof are correct and that **insofar as any part of the consignment contains dangerous goods, such part is properly described by name and is in proper condition for carriage by air according to the applicable Dangerous Goods Regulations.**
50.00	Total other Charges Due Carrier		Signature of Shipper or his Agent
Total Prepaid 15154.88	Total Collect		27 MAR 2020　SHANGHAI　HONGMING AIR CARGO INTERNATIONAL TRANSPORTATION AGENCY CO.,LTD.
Currency Conversion Rates	CC Charges in Dest. Currency		Executed on (date)　at (place)　Signature of issuing Carrier or its Agent
For Carrier's Use only at Destination	Charges at Destination	Total Collect Charges	871—3560 1731

航空货物集运舱单

HONGMING AIR CARGO INTERNATIONAL TRANSPORTATION AGENCY CO.,LTD.

8 / F, aviation building, Jingwei 6th Road, Baiyun International Airport, Guangzhou
TEL:86-20-86128888 FAX:86-20-86121516

CONSOLIDATION MENIFEST

MAWB：781-3560 1731

AIR LINE　　CHINA EASTERN AIRLINES　　FLIGHT：MU805

POINT OF LOADING　　GUANGZHOU（CAN）　　DATE：20.MAR 2020

POINT OF UNLOADING　　SINGAPORE（SIN）

HAWB NO. ACCORDING	DEST	NUMBER OF GOODS	NATURE OF GOODS	GROSS WEIGHT	PREPAID CHARGES	COLLECT CHARGES
HM8716117	SIN	7	CLOTH	160.5KG	CNY1460.74	USD50
HM8716118	SIN	4	AIRCRAFT PARTS	10.5KG	CNY122.95	USD50
HM8716119	SIN	4	OBOE	235.0KG	CNY1835.23	USD50
HM8716120	SIN	30	PLASTIC SHEBTS	360.0KG	CNY5939.30	USD50
HM8711621	SIN	49	PARTS POR SHOES	692.0KG	CNY5746.66	USD50
		94		1458KG	CNY151084.88	USD250

2. 操作要求

以舱单传输人的身份，通过单一窗口水运舱单申报系统进行如下操作：

(1) 预配舱单主要数据录入，并完成申报；

(2) 对运单 2 进行撤单申请操作，撤单理由为货物未能及时赶上航班。

3. 示范操作

(1) 预配舱单主要数据申报

1) 表头数据录入

◇ 登入单一窗口标准版，进入“空运舱单申报”—“预配舱单”—“预配舱单主要数据”。

◇ 点击“新增”按钮，录入表头数据后暂存(见图 6-3-1)。

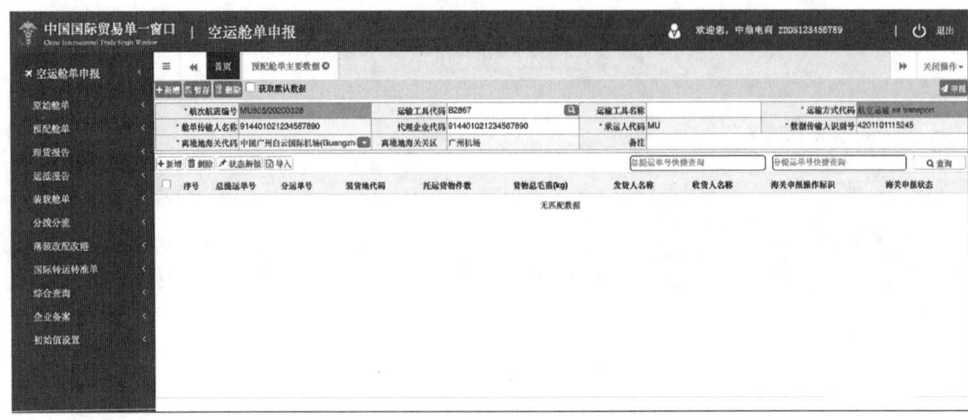

图 6-3-1　预配舱单表头数据暂存页面

2）运单数据录入

◇ 点击“新增”（页面中间白色按钮），进入基本信息页面，录入运单 1 基本信息数据。

基本信息录入并保存后的页面如图 6-3-2 所示。“联系方式”和“货物海关状态代码”等编辑方法与原始舱单相同，不再赘述。

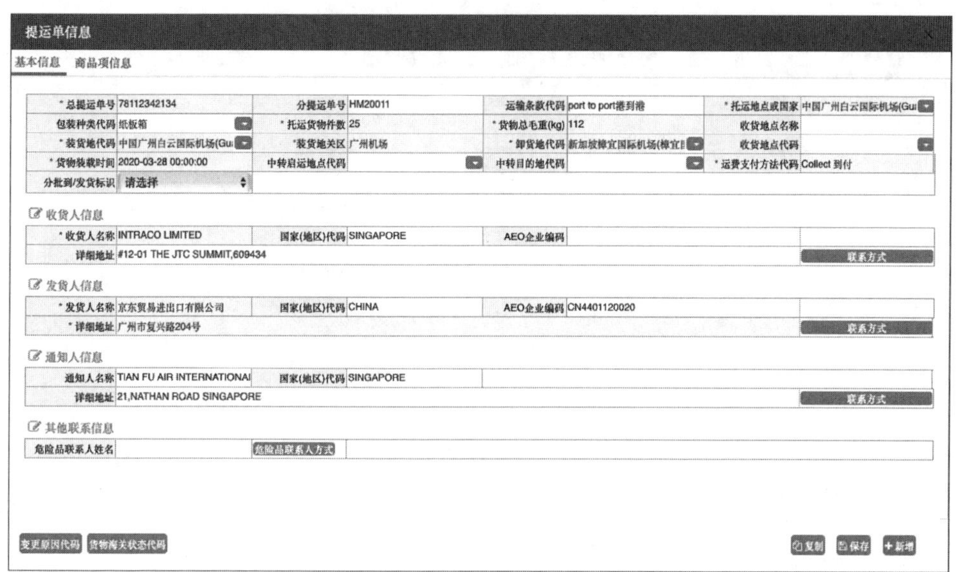

图 6-3-2　运单 1 基本信息编辑页面

◇ 进入“商品项信息”（展开页面），录入商品信息，保存页面（如图 6-3-3 所示）。

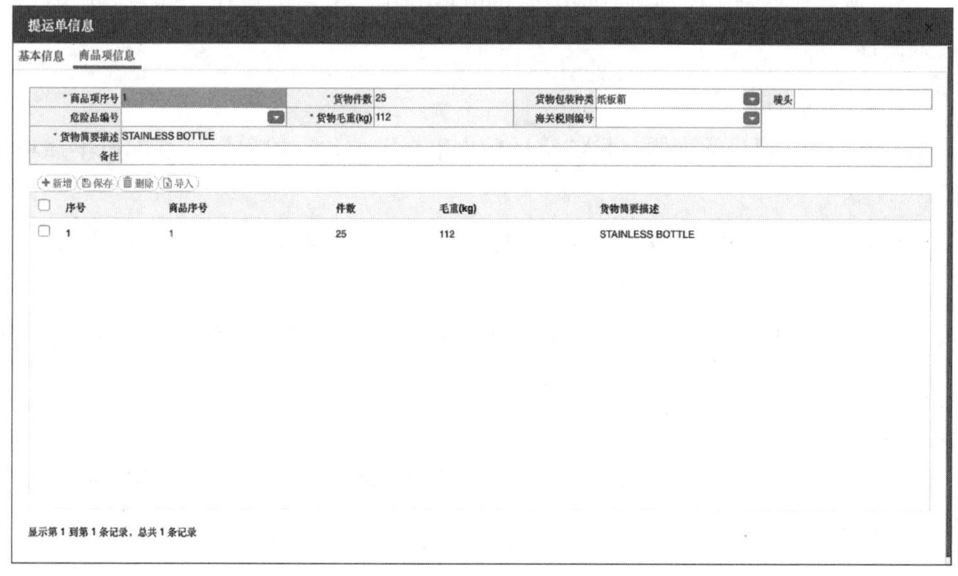

图 6-3-3　运单 1 商品项信息编辑页面

按照运单 1 的方法完成其他运单的数据录入。需要提醒，由于运单 3 为集运货物的总运单，通常情况下，商品项信息填报时须根据航空运输货物集运舱单(CONSOLIDATION MENIFEST)逐项填报，如图 6-3-4 所示。

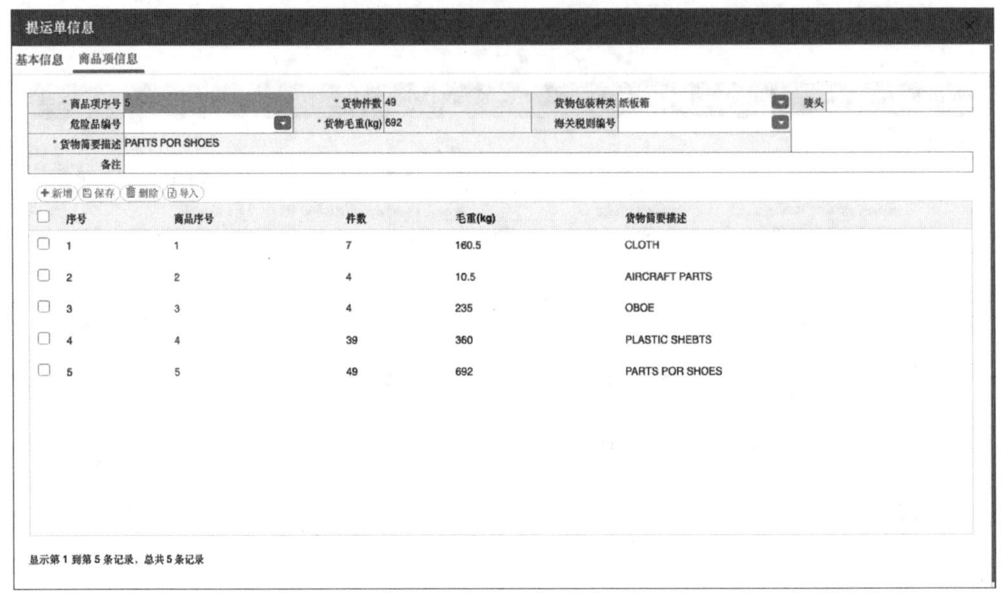

图 6-3-4　运单 3 商品项信息逐项编辑页面

3）预配舱单申报

完成所有数据录入后须进行预配舱单申报操作。申报的操作步骤与原始舱单一样，不做详细介绍。

(2) 运单 2 的撤单申请

◇ 登入单一窗口标准版，进入“空运舱单申报”—“预配舱单”—“预配舱单撤单申请”。

◇ 选中运单 2(总运单号为 78112342134，分运单号为 HM20012)，打开记录(如图 6-3-5 所示)。

◇ 点击“变更原因代码”，在“变更原因信息”页面编辑删除原因(选择“002-临时拉货”)。

编辑的页面如图 6-3-6 所示。

◇ 返回预配舱单删除申请页面，选中所要删除的记录，点击“申报”按钮(删除申请操作完成)

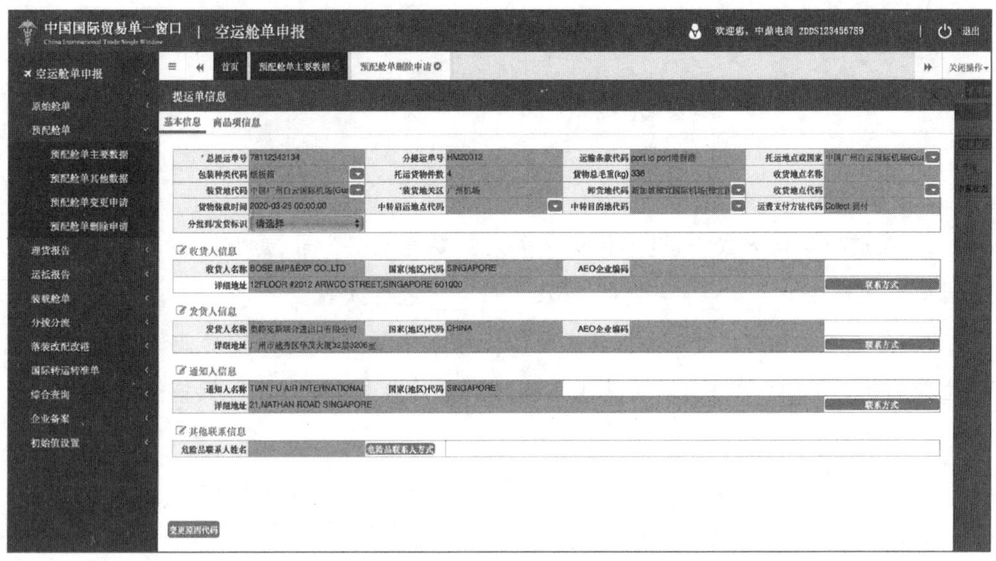

图 6-3-5　运单 2 删除的编辑页面

变更原因信息

*变更原因	临时拉货

新增　保存　002-临时拉货

序号	变更原因	变更ID
无匹配数据		

图 6-3-6　编辑删除原因页面

巩固练习

一、名词解释

1. 航空货运理货报告
2. 航空运输的运抵报告

3. 分拨分流

4. 分拨

5. 分流

二、填空题

1. 在航空运输方式下,舱单传输义务人主要是航空公司、受航空公司委托的航空公司地面代理企业、________企业,以及________经营人等。

2. 在航空运输方式下,舱单相关数据传输人主要是具有理货功能的国际货运代理企业的机场的________,以及其他具备集运货物装板装箱、拆板拆箱能力或分拨能力的________。

3. 原始舱单主要数据申报的时限规定:航程在4小时以下的,为________以前;航程超过4小时的,为飞机抵达________的4小时以前。

4. 航空原始舱单其他数据申报的截止时间为飞机________前。

5. 海关接受原始舱单主要数据申报后,进境货物才可以办理进口________手续。

6. 对于需要进行二次理货的航空货物,经海关同意后可以在货物卸载后的________小时以内,向海关提交理货报告。

7. 在进口理货中,发现有原始舱单中未列明的进境货物,海关可以要求运输工具负责人对货物进行________处理。

8. 在航空货运业务中,对于进境货物,一般采用飞机上卸下后________至各航空代理的保税理货仓库。

9. 分拨货物运抵海关监管作业场所时,接受分拨货物的海关监管作业场所经营人,应当向海关提交分拨货物的________报告。

10. 进境航空货物需要疏港分流的,需要由________公司向海关提出疏港分流申请,经海关同意后方可进行疏港分流。

11. 航空公司或其地面代理在飞机开始装载货物的________以前向海关传输装载舱单电子数据。

12. 因故无法以电子数据方式将装载舱单放行信息通知航空公司的,海关应当________告知。

三、判断题

(　　)1. 航空运输舱单传输义务人主要是航空公司、受航空公司委托的航空公司地面代理企业,以及快件经营人等。

(　　)2. 航空运输舱单相关数据传输人主要是具有货运代理企业的保税仓库,货物装板装箱、拆板拆箱或分拨的理货堆场。

(　　)3. 原始舱单主要数据传输前，航空公司必须预先向海关报告飞机确切抵达的时间。

(　　)4. 对于原始舱单中未列明的进境货物，但在理货报告中出现的情况，海关可以要求原始舱单进行补充申报。

(　　)5. 航程超过4个小时的，必须在运输工具抵达境内第一目的港前的4个小时之前，航空公司或其地面代理向海关传输原始舱单主要数据。

(　　)6. 对于需要申请提前报关的进口货物，可以在海关接受原始舱单主要数据之间进行申报。

(　　)7. 进境航空货物需要疏港分流的，需要由航空公司或其地面代理向海关提出疏港分流申请。

(　　)8. 航空运输的预配舱单其他数据申报截止时间是飞机开始装载货物半小时以前。

(　　)9. 出境货物运抵海关监管的货物装板(箱)理货仓库时，仓库经营人应当以电子数据方式向海关提交运抵报告。

(　　)10. 航空公司或其地面代理应当在飞机开始装载货物30分钟以前向海关传输装载舱单电子数据。

(　　)11. 单一窗口原始舱单主要数据的申报必须在其他数据申报之后。

(　　)12. 在航空运输舱单申报中，“托运地点或国家”字段特别的是IATA的航站3位字母代码。

四、单选题

1. (　　)不属于航空运输舱单申报义务人。

A. 航空公司或其地面代理　　B. 国际货运代理人

C. 国际机场地面服务企业　　D. 国际快件经营人

2. 下列关于航空运输原始舱单主要数据申报的时限规定中，不正确的是(　　)。

A. 航程4小时以下的，飞机起飞前申报

B. 航程4小时以上的，飞机起飞前4小时申报

C. 航程4小时以上的，飞机抵达境内第一个航空港前4小时申报

D. 航程4小时以上的，飞机抵达我国关境前4小时申报

3. 进境货物在(　　)情况下，海关才会办理货物的查验、征税和放行手续。

A. 原始舱单主要数据申报后

B. 原始舱单其他数据申报后

C. 分拨或疏港分流货物提交运抵报告后

D. 理货报告申报后

4. 关于航空运输舱单申报时限的表述中,错误的是(　　)。

A. 预配舱单主要数据在飞机起飞前4小时申报

B. 预配舱单主要数据在货物报关前申报

C. 预配舱单其他数据在货物装机前4小时申报

D. 装载舱单在货物装机前30分钟申报

5. 预配舱单主要数据申报属于(　　)。

A. 出境货物的货主海关申报　　B. 出境货物的运输工具正式申报

C. 出境货物的运输工具预申报　　D. 出境货物的运输工具离境申报

6. 出境货物在(　　),海关才会办理货物的查验、征税和放行手续。

A. 预配舱单主要数据申报后

B. 预配舱单其他数据申报后

C. 装载舱单申报后

D. 向海关提交运抵报告后

7. 海关规定的装载舱单传输的截止时间是(　　)。

A. 货物装机前30分钟　　B. 飞机起飞前30分钟

C. 货物装机前2小时　　D. 飞机起飞前2小时

8. 进口理货报告记录中有原始舱单中未列明的进境货物,海关可以要求运输工具负责人采取(　　)措施。

A. 补充原始舱单记录

B. 未列明货物海关拍卖

C. 理货报告下所有货物退运出境

D. 未列明货物直接退运出境

9. 出境货物离港(　　)小时以内,理货部门应当以电子数据方式向海关提交理货报告。

A. 2　　B. 4　　C. 6　　D. 8

10. 海关将装载舱单与理货报告进行核对,发现二者不相符的,运输工具负责人应当在(　　)向海关报告不相符的原因。

A. 装载货物、物品完毕后的4小时以内

B. 装载货物、物品完毕后的6小时以内

C. 装载货物、物品完毕后的12小时以内

D. 装载货物、物品完毕后的48小时以内

11. 航空运输舱单申报与水路运输舱单申报相比，少了(　　)功能。

A. 落装改配改港　　B. 空箱调运

C. 国际转运转准单　　D. 企业备案

12. 单一窗口空运舱单申报系统中，理货报告在(　　)海关状态下，可以进行删除申请操作。

A. 暂存　　B. 已申报

C. 海关接受申报　　D. 海关退单

五、多选题

1. 下列(　　)属于航空运输的舱单相关数据传输人。

A. 航空公司

B. 国际机场地面服务企业

C. 国际货运代理机场保税仓库

D. 航空货物装板(箱)和分拨的理货堆场

2. 下列关于航空飞行器海关申报的阐述中，正确的是(　　)。

A. 原始舱单数据传输前，必须预先向海关报告飞机预计抵达时间

B. 原始舱单其他数据必须在飞机实际抵港前向海关申报

C. 飞机抵港以前，须将确切的抵港时间通知海关

D. 飞机实际抵达空港时，需向海关进行运输工具抵港申报

3. 下列关于航空运输原始舱单主要数据传输时间的规定中，正确的是(　　)。

A. 航程 4 小时以下的，在飞机起飞前传输

B. 航程 4 小时以下的，在飞机起飞前 4 小时传输

C. 航程超过 4 小时的，在飞机抵港 4 小时以前传输

D. 航程超过 4 小时的，在飞机抵达境内第一目的港 4 小时以前传输

4. 在原始和预配舱单主要数据申报下的提运单信息页面中，(　　)字段必须在页面数据保存后填写。

A. 通知人名称　　B. 联系方式

C. 货物海关申报状态代码　　D. 变更原因代码

5. 下列关于航空运输舱单申报代码的表述中，正确的是(　　)。

A. “托运国家或地区”和“装/卸货地代码”字段填报 IATA 机场 3 字代码

B. “航次航班编号”字段填写实际进/出境航班编号

C. “承运人代码”字段填写 IATA 航空公司 3 字代码

D. “包装种类代码”字段填写 2 位包装种类代码

6. 下列(　　)海关申报状态时,可以对已经申报的原始舱单主要数据进行修改。

A. 暂存　　B. 已申报　　C. 海关退单　　D. 海关接受申报

7. 航空运输原始舱单表体提运单部分包含(　　)。

A. 货运信息　　B. 基本信息　　C. 集装箱信息　　D. 商品项信息

8. 下列(　　)操作必须在预配舱单主要数据被海关接受后进行。

A. 预配舱单其他数据申报　　B. 预配舱单变更申请申报

C. 出口理货报关申报　　D. 装载舱单申报